Peter Geißler (Hg.)
Psychoanalyse und Körper

Reihe »edition psychosozial«

Peter Geißler (Hg.)

Psychoanalyse und Körper

Psychosozial-Verlag

Die Deutsche Bibliothek - CIP-Einheitsaufnahme

Psychoanalyse und Körper /
Peter Geißler (Hg.). - Psychosozial-Verl., 2001
(Reihe „Edition psychosozial")
ISBN 978-3-89806-063-9

© 2001 Psychosozial-Verlag
E-Mail: info@psychosozial-verlag.de
www.psychosozial-verlag.de
Umschlagabbildung: Benjamín Palencia,
Surrealistische Komposition, 1933 (Ausschnitt)
©Fundación Benjamín Palencia
Umschlaggestaltung: Till Wirth nach Entwürfen
des Ateliers Warminski, Büdingen
Satz: Katharina Hohmann
Printed in Germany
ISBN 978-3-89806-063-9

Für Daniel, Andreas und Angelika

Inhaltsverzeichnis

7

Vorwort des Herausgebers

Peter Geißler

Die erfreulicherweise gute Aufnahme der Erstauflage von »Psycho-analyse und Körper« – 1998 als Heft in der Zeitschriftenreihe »Psychosozial« erschienen – machte es möglich, eine zweite Aufla-ge dieser Publikation, die ursprünglich als eine Dokumentation der Vorträge des 1. Wiener Symposiums »Psychoanalyse und Körper« (Juli 1998) gedacht war, in Angriff zu nehmen.

Inzwischen hat es eine Fortsetzungstagung des Wiener Sympo-siums gegeben, und das rege Interesse an ihr rechtfertigt die vorlie-gende Zweitauflage von »Psychoanalyse und Körper«, dieses Mal in Buchform, und soll die Bemühungen mittlerweile vieler Kollegen unterstützen, die – »an der Schnittstelle zwischen psycho-analytischer Psychotherapie und tiefenpsychologisch orientierter Körpertherapie arbeitend« – die Öffnung des analytischen Pro-zesses gegenüber körperbezogenen Interventionen als nützliche Erweiterung erleben.

Die Einbeziehung des Körpers in ein psychoanalytisches Behand-lungsverfahren kann, wie wir wissen, mittlerweile auf eine lange Tradi-tion zurückgreifen. Es war Ferenczi, der durch seine mutigen Experi-mente den Boden für eine neue Strömung in der Psychoanalyse vorbereitete, die sich allerdings im Mainstream der Psychoanalyse nie wirklich verankern konnte. Am ehesten hat sich diese Strömung, zu deren prominenten Vertretern auch Balint und Winnicott gehören, in England als »Middle Group«, als »Independet Mind of British Psycho-analysis« behaupten können, nicht aber in den USA und auch nicht im Deutschen Sprachraum. In Deutschland war es v. a. Tilmann Moser, der vor über zehn Jahren unser Augenmerk wieder vermehrt auf diese fruchtbare Möglichkeit der Erweiterung des psychoanalytischen Prozesses gelenkt hat. Heute kann man bereits eine Reihe von Namen von Kollegen nennen, die sich in verdienstvoller Weise um eine theoretische Untermauerung des neu entstehenden Verfahrens bemüht haben. Als Beispiele nenne ich Günter Heisterkamp, Gisela Worm, Jacques Berliner, Jörg Scharff, George Downing, Rudolf Maaser, Robert Ware und Hans Müller-Braunschweig. Einiges ist mittlerweile geschrieben worden, vieles ist noch zu tun.

Am ehesten werden die modereren Anknüpfungen an Ferenzi, Balint und Winnicott unter der Bezeichnung »analytische Körperpsychotherapie« erfaßt, wenngleich es bislang keinen institutionellen Zusammenschluß von gleichgesinnten Kollegen im deutschsprachigen Raum und daher auch keine offizielle Übereinkunft bezüglich einer gemeinsamen Bezeichnung gibt. Drei Arbeitskreise sind mir bekannt, die jeweils eine kleinere Zahl von Kollegen zusammenführen, sozusagen als Keimzellen analytischer Körperpsychotherapie wirken: der »Steißlinger Kreis« in Deutschland, die Gruppe um Maaz in Halle sowie der »AKP« (Arbeitskreis für analytische körperbezogene Psychotherapie) in Österreich. In letzter Zeit gibt es auch Bemühungen in der Schweiz, dort einen ähnlichen Kreis zu gründen. Verschiedene Gründe mögen eine Rolle spielen, daß man sich bisher abwartend verhält und nicht schon längst eine neue psychotherapeutische Schule gegründet hat.

Von Maaz stammt auch eine erste Definition analytischer Körperpsychotherapie, die Eingang in das kürzlich erschienene »Wörterbuch der Psychotherapie« (Stumm u. Pritz 2000) gefunden hat. Dort heißt es:

> Analytische Körperpsychotherapie arbeitet auf der Grundlage des Wissens und Erfahrungsfundus der Psychoanalyse, theoretisch vor allem auf ihren modernen Ausdifferenzierungen der Ich-Psychologie (Hartmann, Blanck), der Objektbeziehungstheorien (Balint, Winnicott, Mahler, Kernberg), der Selbstpsychologie (Kohut) und der neueren Säuglingsforschung (Lichtenberg, Stern). Die Widerstandsanalyse sowie die Analyse der Übertragungs-Gegenübertragungs-Dynamik zur Klärung unbewußten seelischen Konfliktmaterials sowie die Reaktivierung präverbaler und präsymbolischer Beziehungsdefizite und Traumatisierungen durch senso-affekt-motorische Körpererinnerungen zur weiteren Entwicklung und Differenzierung von Selbst- und Objektrepräsentanzen bilden die Essenz der therapeutischen Arbeit, wobei Interventionen an und mit dem Körper eingeschlossen sind (...). (Stumm u. Pritz 2000, S. 25).

Auch wenn analytische Körperpsychotherapie noch keine eigene Schule mit einem eigenständigen Ausbildungsbetrieb geworden ist, so kann man sie mittlerweile als mehr oder weniger eigenständige therapeutische Strömung ansehen. Denn von der Psychoanalyse grenzt sie sich augenfällig durch die Öffnung des Settings zu körpertherapeutischen Interventionen ab, die u. a. Berührung mit einschließen. Das Handlungs- und Berührungstabu bleibt nach wie vor ein unumstößliches Essential moderner Psychoanalyse und wird in vielfacher Hinsicht theoretisch untermauert, wie jüngere Arbeiten von Thea Bauriedl belegen (Bauriedl 1998). Aus psychoanalytischer Sicht passen Berührung und konkrete Handlung nicht ins Behandlungs-Setting, beide würden auch eine Art Stilbruch darstellen. Von den nicht-analytischen Körperpsychotherapien unterscheidet sich analytische Körperpsychotherapie dadurch, daß ihr primäres theoretisch-methodisches Orientierungsprinzip die Übertragungs-Gegenübertragungs-Beziehung darstellt. Wenngleich es mittlerweile viele Überschneidungen zu anderen körpertherapeutischen Verfahren geben dürfte (z. B. einer tiefenpsychologisch orientierten Bioenergetik), rechtfertigt sich dennoch m. E. die Identifizierung analytischer Körperpsychotherapie als eigene Strömung, neben den neoreichianischen Therapieverfahren und anderen schwerpunktmäßig funktionalen Körpertherapien, in deren Mittelpunkt – theoretisch wie technisch – Wahrnehmung und Bewegung stehen, nicht aber die annähernd systematische Analyse der Übertragungs-Gegenübertragungs-Beziehung.

Denn eine solche Zentrierung auf die therapeutische Beziehung hat ihren Preis. Sie engt die Möglichkeiten therapeutischer Aktivität entscheidend ein und kann ebenso wenig affektive Entladungsprozesse in den Vordergrund rücken, wie es bei den »energetischen« Körpertherapien der Fall ist. Die künftige Psychotherapieforschung wird die Indikationsspektren der genannten Verfahren klarer abstecken können als dies bisher der Fall ist. Meiner Auffassung nach kommt die Analyse der subtilen Beziehungsvorgänge in der Patient-Therapeut-Interaktion der Realität des Ernstfalls im Alltag der Patienten häufig sehr nahe und erweist sich klinisch als sehr hilfreich. Zusätzlich ist der theoretische Background der Psychoanalyse am ehesten geeignet, die komplexen interaktiven Prozesse in der Therapiesituation reflektierend zu erfassen.

Neben den vielen Vorbehalten von psychoanalytischer Seite, die man analytischer Körperpsychotherapie gegenüber ins Spiel bringen kann – sie sind in gesammelter und komprimierter Form nachzulesen bei Scharff (1994) – ist mit Sicherheit die Frage zu überprüfen, ob wir mit unserem Versuch einer Synthese von Psychoanalyse und Körperarbeit nicht in einem breiten Feld eklektischer Therapieverfahren anzusiedeln sind und damit jenseits von wissenschaftlicher Fundierung und Nachvollziehbarkeit des Verfahrens stehen. Oder unterliegen wir analytische Körperpsychotherapeuten gar der Illusion, eine »Quadratur des Kreises« zu vollziehen, Unmögliches auf der persönlichen Folie illusionärer Größenphantasien möglich machen zu wollen?

Eine vorläufige Antwort auf diesen Einwand könnte lauten: In einer Zeit, in der es immer mehr um eine Integration verschiedener Therapieschulen geht, in der das Verbindende zwischen den einzelnen Schulen wichtiger wird als das Trennende und Unterscheidende, ist ein gewisser Trend zum Eklektizismus nicht mehr so völlig obsolet, wie dies vor einiger Zeit noch der Fall war. Tatsächlich stehen andere Schulen- bzw. Methodengründer zu einem gewissen Maß an eklektischer Verwendung von einzelnen sich als klinisch nützlich erweisenden therapeutischen Methoden (z. B. Maurer 1999). Die »Integrative Therapie« Hilarion Petzolds ist m. E. das beste Beispiel dafür, daß Methodenintegration nichts grundsätzlich Anstößiges mehr ist – auch nicht in theoretischer Hinsicht.

In einem zweiten Teil einer vorläufigen Antwort wäre hinzuzufügen, dass man zwischen eklektischen Verfahren differenzieren muß. Ein sogenannter technischer Eklektizismus besteht darin, daß unterschiedliche Techniken aus unterschiedlichsten Quellen und Theorien in bunter Art und Weise und teilweise nicht-reflektierend aneinandergereiht und vermischt werden. Demgegenüber steht ein systematisch-kritischer Eklektizismus, dessen Ziele folgendermaßen zu umreißen wären (Huber 1996):

1. Auf theoretischer Ebene die Überwindung der durch die Schulen gesetzten Grenzen und der Aufbau einer empirisch begründeten Psychotherapie;

2. Eine pragmatische Auswahl von Methoden und Techniken auf

klinisch-praktischer Ebene zwecks Behandlungsoptimierung.
Begründbar erscheint dieser Standpunkt dadurch, daß die strukturellen Abläufe in psychotherapeutischen Prozessen unterschiedlicher Behandlungen recht ähnlich sind (vgl. Tschuschke, in Stumm u. Pritz 2000, S. 155). Allerdings ist zu bedenken, daß eine wissenschaftliche Prozeß-Ergebnis-Forschung noch nicht lange genug besteht und daß körpertherapeutische Verfahren hier noch kaum einbezogen worden sind, sodaß mögliche schulenspezifische Wirkfaktoren einzelner Behandlungsformen noch nicht entdeckt werden konnten.

Wie auch immer: die in diesem Buch versammelten Beiträge machen – wie ich meine – deutlich, daß analytische Körperpsychotherapeuten sich ernsthaft bemühen, ihre klinische Praxis durch einigermaßen kohärentes Theoriedenken zu fundieren. Eine entscheidende Unterstützung in unseren Bemühungen erhalten wir von den neuen Entwicklungspsychologien, vor allem von Daniel Stern. Pointiert meint er:»Die Zeit ist reif, den Körper wieder in die Psychoanalyse einzuführen«, (vgl. dazu Geuter 1999), und er liefert viele schlüssige Argumente für diese Behauptung (Stern 1991, 1992, 1998a, 1998b).

Nun ein kurzer Überblick zu den hier versammelten Beiträgen. Hans-Joachim Maaz, Begründer der »Sektion für analytische Körperpsychotherapie« in der Deutschen Gesellschaft für Analytische Psychologie und Tiefenpsychologie, zeigt in seinem Beitrag auf, daß auch der Körper eine »Via regia« zum Unbewußten sein kann. Seine Ausführungen schließen gesellschaftskritische Gedanken ebenso wie eine alternative Deutung der Ödipussage ein. Maaz ortet gesellschaftliche Entwicklungen, die frühe Defizite auf massive Weise fördern und behandlungstechnische Konsequenzen notwendig machen. Die Einbeziehung des Körpers allein schon auf der Ebene sensibilisierender Körperwahrnehmung möchte dem gesellschaflichen Trend der Körperentfremdung und –verdinglichung entgegenwirken. Die Unterscheidung und differenzierte Beschreibung einzelner Schritte im therapeutischen Verfahren, von einer Einbeziehung des Körpers über die Wahnehmung bis hin zu konkreter Interaktion auf der Handlungsebene, zeigt, daß sich Maaz sehr wohl der Gefahr bewußt ist, der manche Körpertherapien unterliegen: daß man als

Therapeut zu viel will und den Patienten manipuliert, anstatt ihm auf subtile Weise, unter Beachtung der Widerstände und Ängste, zu folgen. Resümierend meint Maaz, eine seriöse Psychotherapie werde sich immer bemühen, Fühlen, Verstehen und Handeln zu integrieren, sowie nicht nur das individuelle Leben kritisch zu hinterfragen, sondern auch gesellschaftliche Bedingungen zu würdigen.

Vom Handeln des Analytikers in der Redekur berichtet Günter Heisterkamp, Psychoanalytiker Adlerscher Prägung, im zweiten Beitrag dieses Buches. Er versucht nachzuweisen, dass das Prinzip der Handlung eine ubiquitär wirksame Dimension auch in einer psychoanalytischen Therapie darstellt und eigenständig repräsentiert wird, wenn auch das reife repräsentierende Verstehen auf basalen Formen des Sinnerfassens beruht. Als implizites oder prozedurales Wissen macht es an die 90% dessen aus, womit wir in der Therapie arbeiten. Allerdings ist implizites Wissen dem analytisch-verbalen Verstehen schwer zugänglich und wird daher oft leicht übersehen. Heisterkamp beschreibt verschiedene Handlungsdimensionen und die jeweiligen Bezüge zu dem anderen Verstehensmodus, dem »präsentischen Verstehen«, so z. B. atmosphärische Elemente in der Sitzung, »Now-moments«, freudige Begegnungen, passagere Übertretungen des Settings, Wendepunkte in der Therapie, Randkontakte sowie auch therapeutische High-lights. In sehr persönlicher Weise macht Heisterkamp plausibel, warum er sich bislang gescheut hatte, derartige Erfahrungen in der Rolle des Patienten zu publizieren. Am Beispiel von Balints Patientin, die in einer Analysestunde einen Purzelbaum schlug, möchte Heisterkamp zeigen, auf welche Weise präsentisches Verstehen zur Geltung kommen und einen Neubeginn beim Patienten einleiten kann.

Die neuen Entwicklungspsychologien stellen einige zentrale psychoanalytische Konzepte in Frage, wie die Vorstellung einer normalen autistischen und symbiotischen Phase in der frühkindlichen Entwicklung (vgl. dazu auch Dornes 1993, 1997). Die Metapher des kompetenten Säuglings kommt dabei nicht von ungefähr. Die Vorstellung einer frühen Triangulierung ist zwar in der Psychoanalyse nicht neu; daß der Säugling jedoch von Geburt an mit dem Vermögen ausgestattet sein soll, mit zwei oder mehreren Interaktionspartnern zugleich in Beziehung zu treten, versucht Elisabeth Fivaz-Depeursinge anhand von Videoanalysen aufzuzeigen. Dabei ist die Welt der primären Dreiecksbeziehungen eine beinahe ausschließlich nonverbal-affektive. Seit Jahren ist Fivaz-Depeursinge, Psychoanalytikerin und Familientherapeutin, mit ihrem Forschungsteam dieser nonverbal-affektiven Welt auf der Spur und hat eine Versuchsanordnung (die Lausanner »Triadic Play Situation« LTP) entwickelt, mit deren Hilfe es mittlerweile möglich ist, Familienkonstellationen einigermaßen systematisch in Hinblick auf das frühe Baby-Eltern-Zusammenspiel hin zu untersuchen. Erste Kriterien zum Vergleich der Interaktion wurden aufgestellt: 1. Der Grad der Beteiligung jedes einzelnen Interaktionspartners am gemeinsamen »Tanz«, 2. die Fähigkeit eingenommene Rollen beizubehalten, 3. die Fähigkeit einen Aufmerksamkeitsfokus gemeinsam zu teilen, 4. der Grad an affektiver Abstimmung. Abschließend äußert sich Fivaz-Depeursinge dahingehend, daß die klinischen Konsequenzen dieser Befunde langfristig von großer Bedeutung sein werden.

Einen in dieser Form ersten Vergleich zwischen dem »Erfahrungsraum der Psychoanalyse« und dem »Erfahrungsraum der inszenierenden Interaktion« gibt der Psychoanalytiker Jörg Scharff in einem sehr differenzierten Beitrag. Anhand zweier weiblicher Patientinnen, einer neurotischen und einer Borderline-Patientin, zeigt Scharff, ausgehend von den beiden Momenten des leibhaft-affektiven Erlebens und des Herstellens einer Situation, wie bestimmte Therapiesettings unterschiedliche Erfahrungen begünstigen. Von einem zwingenden Zusammenhang zwischen Settingangebot und Erleben des Patienten kann man nicht ausgehen, der eine Patient kann im Setting der Psychoanalyse womöglich alle körperlichen Empfindungen erleben, die ein anderer Patient nur in einem körpertherapeutischen Setting machen kann, und umgekehrt. Ein gewisser Zusammenhang besteht aber sehr wohl, und darüber hinaus verfügen beide Erfahrungsräume unter dem Oberbegriff der psychoanalytischen Situation über eine große gemeinsame Schnittmenge. Die Unterschiede zwischen beiden sind eher als Akzentsetzungen denn als fundamentale Differenzen anzusehen. In der Psychoanalyse schafft die introspektive Wendung im günstigen Fall einen differenzierten Raum hoher psychischer Beweglichkeit und Dichte. In einem handlungsermöglichenden Setting kann der modellszenenhafte Umgang die Basis für einen Erkenntnisprozess liefern. Beide Settings können sich aber auch nachteilig für den Patienten auswirken, sodaß die Eigenart des Patienten, die Kompetenz des Therapeuten und dessen unterschiedliche Fähigkeiten und Vorlieben darüber entscheiden, was im Einzelfall für die Entwicklung des Patienten zuträglich ist und was nicht.

Der Handlungsaspekt über den Körper ist für den Psychoanalytiker Mathias Hirsch im Sinne von Selbstbeschädigung, Autoerotismus und bei Essstörungen von Bedeutung. Ausgehend von der Mahlerschen Entwicklungspsychologie entwirft Hirsch psychoanalytische Theorien von Krankheitsbildern, die mit einer Körperpathologie einhergehen. Körpersensationen stehen dabei im Dienste der fantasierten Herstellung mütterlicher Anwesenheit. Für das Verständnis destruktiven Körperagierens ist es wichtig, zu verstehen, daß der geschädigte, schmerzende, juckende, blutende oder auch sexuell erregte Körper die Illusion der Anwesenheit eines mütterlichen Objekts herstellen soll. Aufgrund fehlender Integration von Körper und Mutterobjekt, von Innen und Außen, bleibt bei solchen Patienten eine Neigung zur regressiven Dissoziation von Selbst und Körperselbst, sodaß der Körper wie ein äußeres Objekt erlebt und verwendet werden kann. Über einen solchen Körper verfügen sie auch im Sinne einer Abwehr gegen ein bedrohlich erlebtes, intrusives Mutterobjekt, d. h. im Sinne einer Grenzsetzung. Für Hirsch ist diese Doppelfunktion von Objektersatz und Grenzziehungsfunktion charakteristisch und spiegelt das doppelte, widersprüchliche Verhalten der Mutter im Sinne einer Verzahnung von Zurückweisung und übermäßiger Kontrolle besonders der Körperfunktionen. Das Körpersymptom soll für den Patienten einen Ausweg aus der Verstrickung mit ihr liefern.

Noch bizarrer muten Körperbildphänomene psychotischer Patienten an, die der Grazer Psychoanalytiker Rainer Danzinger aufzeigt. Die eindrucksvollen Bilder – zeichnerische Ausdrucksformen des psychotischen Erlebens – führen uns viel unmittelbarer als Worte mitten hinein in die unheimliche Welt dieser Patienten, die auf ihre Weise immer noch, wenn auch wahnhaft verzerrt, eine Lösung aus ihren unheilvollen inneren Konflikten suchen. So wird auch das psychotische Verhalten, oft ein wahnhafter Restaurierungsversuch über die körperliche Ebene, als sinnvoller Versuch verstehbar, dem Identitätszerfall entgegenzuwirken. Körpertherapeutische Interventionen stehen für Danzinger im Dienste des Dialogs mit diesen Patienten, wobei ihm ein respektvoller und hinhörender Umgang besonders wichtig ist. Keinesfalls sollte man diesen Patienten durch Körperübungen, wie Abklopfen, Spüren oder Bewegen zu viel abverlangen. Was für uns langweilig wirken mag, kann für diese Patienten bereits überfordernd sein.

In dieser zweiten Buchauflage schien es mir wichtig, einen Beitrag einzufügen, der in den letzten Jahren zunehmenden Bekanntheitsgrad gewonnen hat. Gemeint ist der therapeutische Ansatz von George Downing, der sich dadurch auszeichnet, daß er zeitgenössische Säuglings- und Kleinkindforschung heranzieht, um körperbezogenes Arbeiten in einem psychoanalytischen Gesamtverständnis zu begründen. Downing ist beides: Säuglingsbeobachter und Psychotherapeut, und er hat neue Begriffe geprägt, wie die affektmotorischen Schemata und die Kinogramme. Auf differenzierte Weise gibt er Einblick in die »Körperregression«, wie er diese Form der Arbeit nennt. Überlegungen zum Regressionsbegriff im Kontext eines interaktionellen Therapieveständnisses runden diesen Beitrag ab.

Analytische Körperpsychotherapie gründet sich also immer mehr auf neue Erkenntnisse der zeitgenössischen Säuglings- und Kleinkindforschung. Es gibt dazu von psychoanalytischer Seite aber auch kritische Stimmen, und ein prominenter Vertreter analytischer Körperpsychotherapie, Jacques Berliner, befindet sich unter diesen Kritikern und bricht eine Lanze für traditionelle psychoanalytische Konzepte. Im Sinne der Meinungsvielfalt und des Diskurses ist es wichtig, daß auch solche Stimmen wie die Berliners vertreten sind, damit wir nicht in Gefahr geraten, in einer Euphorie über das Neue, das anscheinend so gut in unsere (Wunsch-)Vorstellungen paßt, alles Alte über Bord zu werfen. Berliner, ursprünglich Bioenergetiker, erweist sich nicht nur als Bewunderer Freuds, sondern auch – trotz sehr kritischer Bemerkungen zur Theorie – als Nachfolger

Reichs und Lowens (einem der Begründer der Bioenergetischen Analyse), indem er auf die große Bedeutung der Sexualität in der Psychopathologie vieler Patienten nachdrücklich hinweist. Tatsächlich ist die Sexualität als eigenständiges Motivationssystem in den letzten Jahren ein wenig aus dem Blickfeld geraten, und die empirische Kleinkindforschung kann zum sexuellen Erleben von Kindern bisher so gut wie keine Befunde beisteuern. Berliner untersucht in seiner Arbeit aus überwiegend theoretischer Perspektive den Zusammenhang zwischen Einzel- und Gruppenprozeß bei Patienten, die in beiden Settings bei ihm Patienten waren – eine Setting-Kombination, die m. E. ein äußert potentes Therapieinstrument darstellt. Es ist ein wichtiges und verdienstvolles Unterfangen, den Gruppenprozeß mit den ihm eigenen Wirkfaktoren mehr in das Blickfeld zu rücken, als dies bisher der Fall war, zumal es zu körperbezogener Gruppenarbeit psychoanalytisch orientierter Prägung bislang kaum Literatur gibt.

In streckenweise recht persönlicher Art und Weise setzt sich Berliner mit seinen eigenen – verbalen und körperbezogenen – Gruppenerfahrungen auseinander und berichtet über seine ersten Erfahrungen als Gruppenleiter. In späteren Jahren war er übrigens lange Zeit internationaler bioenergetischer Trainer und einer der engeren Mitarbeiter von Alexander Lowen. Er war an vielen Ausbildungsprogrammen in Europa als Trainer beteiligt. Seine Kritik an der Bioenergetischen Analyse ist also eine von innen, Berliner kennt die bioenergetische Szene sehr genau. In seinem Beitrag in diesem Buch geht er u. a. auf den Stellenwert des realen Körpers in Gruppen ein, auf seine Sichtweise chronischer Muskelverspannungen und damit einhergehender Phänomene wie Muskelzittern, sowie auf seine Meinung zu Körperlesen und kathartischem Gefühlsausdruck. Obwohl Berliner viele zentrale Konzepte der Bioenergetischen Analyse in Frage stellt, hat er doch nie Körperarbeit aufgegeben, sondern benutzt sie – freilich unter neuen theoretischen Gesichtspunkten – als wirkungsvollen Einstieg in die Psychodynamik des Patienten. Ein ausführliches Fallbeispiel legt Zeugnis über eine »Einzelarbeit in der Gruppe« ab. Den Abschluß dieses Beitrags bilden v. a. auf Bion gestützte Überlegungen zur Theorie der Gruppe.

Ich hoffe, der Leser dieses Buchs kann den Eindruck gewinnen, daß sich der Versuch, psychoanalytische Therapie mit körperbezogenen Elementen anzureichern, in einem fruchtbaren Entwicklungsprozeß befindet.

Literatur

Bauriedl, T. (1998): Ohne Abstinenz stirbt die Psychoanalyse. Über die Unvereinbarkeit von Psychoanalyse und Körpertherapie. In: Forum der Psychoanalyse, 14, S. 342-362.

Dornes, M. (1993): Der kompetente Säugling. Die präverbale Entwicklung des Menschen. Frankfurt a. M. (Fischer).

Dornes, M. (1997): Die frühe Kindheit. Entwicklungspsychologie der ersten Lebenjahre. Frankfurt a. M. (Fischer).

Geuter, U. (1999): Freie Assoziationen auf der Couch. Eine Psychotherapie, die berührt. In: Süddeutsche Zeitung, 20.10.1999, S. V2/10.

Huber, W. (1996): Entwicklung der integrativen Psychotherapie. In: Senf, W., Broda, M. (Hg.): Praxis der Psychotherapie. Ein integratives Lehrbuch für Psychoanalyse und Verhaltenstherapie. Stuttgart (Thieme).

Maurer, Y. (1999): Der ganzheitliche Ansatz in der Psychotherapie. Wien, New York (Springer).

Scharff, J. (1994): Therapeutische Interventionen mit szenischem Einbezug des Körpers. In: Volker, F. (Hg.): Wege und Irrwege der Psychoanalyse. Vortragsband zur DPV-Tagung im Mai 1994. Mannheim (Geber & Reusch), S. 157-184.

Stern, D. N. (1991): Tagebuch eines Babys. Was ein Kind sieht, spürt, fühlt und denkt. München (Piper).

Stern, D. N. (1992): Die Lebenserfahrung des Säuglings. Stuttgart (Klett-Cotta).

Stern, D. N. (1998a): Die Mutterschaftskonstellation. Eine vergleichende Darstellung verschiedener Formen der Mutter-Kind-Psychotherapie. Stuttgart (Klett-Cotta).

Stern, D. N. (1998b): »Now-moments«, implizites Wissen und Vitalitätskonturen als neue Basis für psychotherapeutische Modellbildungen. In: Trautmann-Voigt, S., Voigt, B. (Hg.): Bewegung ins Unbewusste. Beiträge zur Säuglingsforschung und analytischen KörperPsychotherapie. Frankfurt a. M.(Brandes & Apsel), S. 82-96.

Stumm, G., Pritz, A. (2000): Wörterbuch der Psychotherapie. Wien, New York (Springer).

Integration des Körpers
in eine analytische Psychotherapie

Hans-Joachim Maaz

In diesem Beitrag spreche ich von analytischer Psychotherapie (nicht von Körperpsychotherapie), die den Körper theoretisch und praktisch integriert, und damit soll auch an die Leistungen der Pioniere – Dissidenten für die orthodoxen Psychoanalytiker – wie z. B. Ferenczi, Groddek und Reich wieder angeknüpft werden. Bei einer historischen Replik scheint es so zu sein, daß es erst der Trennung von der Psychoanalyse bedurfte, um ein vielfältiges theoretisches und methodisches Wissen und vor allem technisches Repertoire in den sogenannten Körpertherapien oder Körperpsychotherapien anzuhäufen, um sich derart angereichert wieder der Psychoanalyse zuzuwenden, um deren Möglichkeiten wesentlich zu erweitern. Hier seien auch die Arbeiten und Schriften von Psychoanalytikern gewürdigt, die sich seit vielen Jahren bereits diesem Thema widmen – wie z. B. Günter Heisterkamp (1991, 1993), Tilman Moser (1989, 1991, 1992) und Gisela Worm (1992) –, durch die ich mich auch beeinflußt und für die eigene Arbeit ermutigt erlebe.

Daß eben der Körper auch eine via regia zum Unbewußten ist, daß sich neurotische Konflikthaftigkeit und strukturelle Defizite immer auch körperlich darstellen, daß mit und über den Körper Widerstand geleistet und Widerstandsanalyse betrieben werden kann, daß im Grunde genommen nur der Körper ein emotionales Durcharbeiten von Traumata, Defiziten und Konflikten ermöglicht und daß über körpertherapeutische Interventionen Übertragung und Gegenübertragung wie auch die Regression wesentlich reguliert werden und reale lustvolle Neuerfahrungen unterstützt werden können, das alles kann und sollte aus den Erfahrungen der Körperpsychotherapien wieder in ein analytisches Setting integriert werden. Peter Geißler (1997) hat in einer sehr schönen Übersichtsarbeit die verschiedenen Möglichkeiten der Körperarbeit und Körpererfahrung in der analytischen körperbezogenen Psychotherapie dargestellt. Diese neue integrative Strömung, die sich im Moment am ehesten mit dem Begriff der »analytischen Körperpsychotherapie« verbindet, hat viele Quellen, von denen ich vor allem die folgenden hervorheben möchte:

- die nicht mehr zu verleugnenden therapeutischen Grenzen der analytischen Psychotherapie im Standardverfahren,
- die Erkenntnisse der modernen Säuglingsforschung mit den behandlungstechnischen Fragen und Möglichkeiten für die ich-strukturellen Frühstörungen,
- den immer härter werdende Kampf auf dem Psychomarkt um effektive und wirtschaftliche Psychotherapieverfahren.

Zugleich muß die anfangs zunächst relativ große Gruppe unter den Körperpsychotherapeuten, die den »Energieaspekt« der Körpertherapien ganz in den Vordergrund gerückt hatten und immer mehr den mechanistischen Tendenzen (Katharsis durch Übungen) oder dem Heiler-Mythos (Heilung durch Berührung) verfallen waren, nun auch die Begrenztheit der therapeutischen Dauerwirkungen und Heilerfolge ihres Behandelns erkennen, so daß sich immer mehr Körpertherapeuten wieder des »Goldes« der Psychoanalyse erinnern, nämlich der bewährten behandlungstechnischen Möglichkeiten, die durch die unvermeidbare interpersonelle Beziehungsdynamik von Übertragung und Gegenübertragung und die verbale Widerstandsanalyse gegeben sind. Das kann und muß man auch anders herum formulieren: daß nämlich in den Körperpsychotherapien ohne Beachtung der Übertragungs-Gegenübertragungs-Dynamik auch viel Schaden angerichtet werden kann, vor allem wenn die Illusion genährt wird, daß die Patienten durch die »heilenden Kräfte« des Therapeuten von ihren Leiden befreit werden und ihre frühen Defizite durch heutige Zuwendung »aufgefüllt« werden könnten, und sich damit ein Mythos des »technisch« Machbaren oder des schnellen Erfolgs durch »richtige« und »intensive« Übungen, die der Therapeut empfehlen könnte, ausgestalten kann. Erfolgsillusionen entstehen häufig auch durch die suggestiven und entspannenden Effekte einer emotionalen Katharsis und Schäden werden dadurch verursacht, daß durch eine zu intensive Arbeit am und mit dem Körper die Abwehr mißachtet und dann eine bedrohliche und verwirrende Überschwemmung mit affektiven Inhalten ausgelöst wird.

Der Schnittpunkt des Problems ist die Frage, wann und wozu kann, darf oder soll der Therapeut aktiv werden und wann, wie und weshalb ist Berührung erlaubt oder sogar notwendig und wann ist das Handanlegen gefährlich oder schädlich. Analytisch arbeitende Körperpsychotherapeuten stimmen inzwischen wohl darin überein, daß sie das Nichtberühren auch als retraumatisierend (als Wiederholung mütterlicher Defizite) verstehen und sich damit natürlich von klassischen Psychoanalytikern unterscheiden; wie sie wissen aber auch von der Möglichkeit, daß Berühren auch Ausagieren sein kann und grenzen sich damit von den klassischen Körpertherapeuten ab, die häufig hiervon nichts wissen wollen.

Die ehemals offensichtlich notwendige Tabuisierung des Körpers in der Psychoanalyse mit ihrem exklusiven und intimen Beziehungsangebot, das sicher so manchem Therapeuten innigere und ehrlichere Beziehungen mit Patienten ermöglichte, als sie privat zu leben vermochten, noch dazu in einer sexualfeindlichen Gesellschaft, dürfte in einer sexuell wesentlich liberaleren Gesellschaft mit einer inzwischen viel umfassenderen Möglichkeit zur Selbsterfahrung von Therapeuten im Grunde genommen kein Thema mehr sein – ist es aber, wie wir wissen, immer noch, so daß noch ganz andere Erklärungen dafür herangezogen werden müssen, weshalb die Sexualisierung der Beziehung so gefürchtet oder als Gefahr an die Wand gemalt wird. Die westlichen Industrienationen verzeichnen ja seit Jahrzehnten eine wachsende hysterische Sexualisierung in der Gesellschaft: Sex als Leistung, Sex als Ware und Geschäft – Viagra als letzter Gipfel einer absurden Fehlentwicklung –, und darin kann ein Abwehr- und Kompensationscharakter erkannt werden, weil sich ungestillte frühe Ich-Bedürfnisse an Triebwünsche anschließen und diese zur süchtigen Perversion treiben. Wobei der sexuelle Trieb gut geeignet ist, Liebessehnsucht und primäre Nähe- und Kontaktwünsche zu transportieren, da die sexuelle Betätigung ein Minimum an Körperkontakt und Zuneigung für kurze Zeit erzwingt und zugleich durch die sexuelle Erregung garantiert wird, daß der frühe Schmerz abgewehrt bleibt. Höchstens post coitum werden manchmal eine tiefe Traurigkeit und Leere empfunden, die noch etwas von der eigentlichen unerfüllten Bedürftigkeit signalisieren.

Aus meiner praktischen Arbeit noch zu DDR-Zeiten, in der Auseinandersetzung mit den politischen Verhältnissen in Deutschland, mit ihren psychosozialen Ursachen und Folgen bis hin zu den psychosozialen Schwierigkeiten der Wiedervereinigung (Stichwort: Massenpsychologie des Faschismus, Massenpsychologie des Stalinismus, das autoritäre Syndrom als Herrschafts-Unterwerfungs-Kollusion zwischen West- und Ostdeutschland, s. Maaz 1990, 1991, 1992) bin ich mit einem Befund konfrontiert, daß nämlich Frühstörungsanteile bei sehr vielen Menschen zu diagnostizieren sind, praktisch also ein Massenphänomen darstellen. Um die Ernsthaftigkeit eines solchen Befundes zu unterstreichen, habe ich die provokante Metapher vom »inneren Faschismus« geprägt, mit der ich die Persönlichkeitsspaltung als Folge der frühen Deprivation zu beschreiben versuche: eine Spaltung in die überwertige soziale Fassade von Ordnung, Disziplin, Gehorsam und von Freundlichkeit und Höflichkeit – darunter verborgen ein »Gefühlsstau« – vor allem von mörderischer Aggressivität – und ganz in der Tiefe eine ungestillte narzißtische Bedürftigkeit und Sehnsucht nach einer Daseinsberechtigung, ohne Leistungen erbringen oder sich übermäßig entfremden und anpassen zu müssen. Der »innere Faschismus« besteht darin, daß diese unbewältigte Spaltung entweder permanent selbstzerstörerisch wirkt oder bei persönlichen oder sozialen Krisen sich jederzeit wieder destruktiv individuell oder kollektiv entladen kann, vor allem wenn die mühevoll erworbene soziale Fassade nicht mehr durch Ersatzbefriedigung (Karriere, Macht, Konsum) gestützt wird.

Der Zugang zu den hochbesetzten Gefühlen aus der frühen Lebensgeschichte ist uns erst über körperorientierte Methoden möglich geworden, über die die frühen Defizite in ihrer zumeist existentiellen Bedrohung um Sein- oder Nicht-Sein-Dürfen oder Nicht-So-Sein-Dürfen offengelegt werden konnten. In der DDR-Gesellschaft konnte die klinische Manifestation dieser frühen Störungen, die durch ein dominierendes autoritäres Geburtsregime, durch die so weit verbreitete traumatisierende Trennung von Mutter und Kind durch Krippenerziehung und durch den häufig anzutreffenden narzißtischen Mißbrauch der Kinder durch ihre Eltern zum Massenphänomen geworden waren, durch die Enge des politischen Systems und durch die Fürsorge des vormundschaftlichen Staates meistens verhindert und kompensiert werden. Und da die westliche Form von sekundärem Halt und Ersatzbefriedigung durch materiellen Wohlstand und Vergnügungssucht im Osten wenig greift und damit der schnelle Umstieg in eine andere Kompensationsform nicht funktioniert, sind die frühen Defizite und Traumatisierungen vielfach reaktiviert, was die neue Anpassungssucht, die wachsende Gewalt und die Häufung entsprechender Symptomatik (existentielle Ängste, Depressivität und Psychosomatik) erklärt.

In diesem Zusammenhang beschäftigt mich die Frage, inwieweit die Gesellschaft mit ihren Psychotherapiemethoden die Neurose braucht und kultiviert, um Ersatzbefriedigungen zu sichern, um damit die bedrohliche Erfahrung der frühen Störungen zu verleugnen und zu verdecken. Auch die Psychoanalyse könnte dafür dienstbar geworden sein, z. B. mit dem Wandel von der Verführungstheorie zur Triebtheorie. In diesem Zusammenhang kann der sogenannte Ödipus-Komplex auch ganz anders als zumeist üblich verstanden werden. So lese ich heute den Ödipus-Mythos als eine Symbolisierung des Schicksals vieler Kinder, die nicht gewollt sind oder nicht angenommen werden, die ausgesetzt werden und sich überlassen bleiben, denen eine frühe liebende Verbundenheit verweigert wird oder die für die narzißtischen Bedürfnisse ihrer Eltern mißbraucht und nach deren falschem Selbst durch Erziehung entfremdet werden. Es geht um einen doppelten Verrat der Eltern an ihrem Kind Ödipus: Zuerst setzen sie das Kind dem Tode aus, dann versucht der Vater, den Sohn »aus dem Wege zu räumen«, und die Mutter mißbraucht den Sohn, indem sie ihn zum Manne nimmt (sie wußte von ihrer verbrecherischen Tat und hätte den Sohn an den »Schwellfüßen« erkennen können). Ich vermag darin keinen Triebkonflikt zu erkennen, sondern die symbolisierte Ungeheuerlichkeit einer frühen Wahrheit, die unaufgelöst zu Gewalt und Mord und zu unglücklich fluchbelasteten Beziehungen führt. Iokaste und Laios, die Eltern des Ödipus, haben den delphischen Orakelspruch – daß das Kind zum Mörder werde – wohl aus der eigenen narzißtischen Verstörung nicht besser verstehen können, den ich heute so deute: Wenn Mann und Frau den Höhepunkt ihrer Selbst-Erfüllung gefunden haben, indem sie neuem Leben einen Weg eröffnen, sich also ganz in den Dienst der neuen Selbst-Entfaltung stellen, der nicht Erziehung, sondern Beziehung ist, wenn sie sich also in den Dienst des Kindes, der nächsten Generation stellen, dem Wachsen und Werden öffnen, dann akzeptieren sie für sich auch das Vergehen und Sterben. Dem waren sie als Eltern nicht gewachsen, sie wollten ihrem Schicksal entfliehen, indem sie lieber ihr Kind dem Tode weihten. Eine Symbolisierung, die im Sohnes-Opfer am Kreuz in unserer christlichen Kultur wieder aufgenommen wurde: als die Symbolisierung des frühen Schicksals, des ungewollten (unehelichen!) Kindes, als Symbol für die Tötung des lebendigen Menschen, entgegen den christlich-neurotisierenden Deutungsbemühungen des sich für andere opfernden Erlösers. Die Pest, von der der Ödipus-Mythos zu berichten weiß, steht für die ausagierten Folgen der kollektiven Lüge über das frühe Schicksal, die uns Deutschen ja nicht fremd sein dürfte. So beschreibt die Ödipus-Sage nicht die sexuelle Entwicklungsgeschichte des Menschen, sondern ist eine Metapher für die Genese mörderischer Gewalt in der Gesellschaft einerseits und für die Beziehungs- und Partnerschaftsprobleme mit ihrer sexuellen Symptomatologie andererseits, die als Folge der frühen Beziehungsdefizite und Traumatisierungen nahezu zwangsläufig, auf jeden Fall aber kompensatorisch und abwehrend, eine weite Verbreitung gefunden haben: in der Idealisierung des Partners, in der Erlösungshoffnung durch ihn oder sie, in der Liebessehnsucht und Verliebtheit als projektiver Identifikation, in der Sexualisierung von frühen Nähewünschen und in der Rivalität und Eifersucht um das begehrte Objekt – als Abwehr des frühen lebensbedrohlichen Schmerzes auf spätere Beziehungsmöglichkeiten, die sozusagen mit Hilfe der sexuellen Energie möglich werden. Das Leiden an den partnerschaftlichen Beziehungskonflikten, dem alltäglichen Kleinkrieg und den sich ewig wiederholenden Enttäuschungen und Kränkungen, die häufig die Ehe-Kultur prägen, kann dann als Reaktion auf die auf ein erträgliches, aber permanentes Leidensmaß verdünnten frühen Erfahrungen verstanden werden. Und Ödipus – er blendet sich selbst und will die Schuld seiner Eltern nicht sehen, sondern sich selbst bestrafen und praktisch sein frühes Schicksal durch Sich-Ausgrenzen selbst vollenden.

Unter dieser Perspektive muß der Widerruf Freuds – sein Weg von der »Verführungstheorie« zur »Triebtheorie« – evtl. auch als ein Symptom seiner eigenen unbewältigten narzißtischen Problematik verstanden werden, daß die erfahrene Ablehnung seiner Traumatheorie und die damit verbundene schwere Verunsicherung und Kränkung auch seine frühe Not reaktivierte, für die es Indizien in seiner frühen Lebensgeschichte gibt, und er ein umfassendes Abwehrgebäude errichten mußte, um sozusagen die frühe Katastrophe »ödipal« abzuwehren. Der Jude Freud steht mit diesem Thema nicht nur vor der Frage nach seinem persönlichen Schicksal (gewolltes Kind, geliebtes Kind?), sondern vor der Schicksalsfrage seines Volkes – der in Frage gestellten Existenzberechtigung des jüdischen Volkes –, was die Ungeheuerlichkeit der Schmerzenslast durch das Ur-Trauma verdeutlichen mag.

Wollen wir den Körper in eine analytische Psychotherapie also ernsthaft integrieren, dann nähern wir uns behandlungstechnisch den sehr bedrohlichen Wahrheiten der frühen Erfahrungen und den daraus resultierenden gefährlichen und destruktiven, individuellen und gesellschaftlichen Fehlentwicklungen. Das löst in aller Regel solche Angst aus, daß Tabuisierungen, Verleugnungen und Diffamierungen körper-therapeutischer Arbeit durchaus verständlich werden. Die Distanzierung von der frühen Wahrheit und die Verfeinerung der Abwehr, die durch Neurotisierung in der Gesellschaft, durch Ödipalisierung und Intellektualisierung, wie häufig in der Psychoanalyse – und durch kurzschlüssige Entspannung durch Katharsis, wie häufig in den Körpertherapien oder z. B. auch durch Akupunktur – praktiziert werden, dies wird in einer ernstgenommenen analytischen Körperpsychotherapie aufgegeben, und es entsteht letztlich die Frage, wieviel Wahrheit, wieviel emotionale Offenheit und Gesundheit wirklich lebbar sind, ohne in reale Konflikte und Gefahren zu geraten, wie sie Wilhelm Reich bereits im »Christusmord« beschrieben hatte. Patienten auf diesem Weg wurden zu DDR-

Zeiten politisch »subversive Elemente«, und heute gefährden Patienten ihren Marktwert, wenn sie sich auf Therapie an ihren basalen Bedürfnissen einlassen, weil sie dann weniger agieren müssen, aber wieder besser fühlen können, was mit ihnen in einer Konsum- und Leistungsgesellschaft geschieht.

Die theoretische Begründung, den Körper in ein analytisches Behandlungssetting zu integrieren, ergibt sich vor allem aus den seit Wilhelm Reich erforschten Erkenntnissen von der körperlichen Manifestation der Strukturdefizite, der neurotischen Konflikthaftigkeit und der Abwehrvorgänge. Hieraus ergibt sich eine erste ganz wesentliche und psychoanalytisch noch unbedenkliche Möglichkeit, den Körper in die therapeutische Arbeit einzubeziehen: durch Wahrnehmung des Körpers als Selbst- und Fremdwahrnehmung. So kann im Therapievertrag nicht nur die analytische Grundregel der freien Assoziation, die Einbeziehung von Traummaterial und die Deutung von Fehlleistungen vereinbart werden, sondern auch die Beachtung von Körperempfindungen, Körperhaltungen, von Mimik und Gestik, von Bewegungsimpulsen und Atemvorgängen durch den Patienten selbst oder durch den Therapeuten. Das körperlich Wahrgenommene kann dann in die Deutungen einfließen, wie über die Körperlichkeit die aktuelle Beziehungsdynamik zwischen Therapeut und Patient sich ausdrückt, wie Erinnerungen und Erkenntnisse körperlich abgewehrt werden (z. B. durch Atemverflachung oder Atemanhalten, durch Schluckbewegungen, durch Abwehrbewegungen und akute Muskelverspannungen) oder auch wie sich seelische Vorgänge somatisieren, oder anders herum, daß körperliche Wahrnehmungen durch Assoziieren und Reflektieren wieder ins Seelische übersetzt werden (Was nehmen Sie wahr? Was fällt Ihnen dazu ein? Woran erinnert Sie das? Was bedeutet das für Hier und Jetzt?).

Ein zweiter Schritt wäre das weitere Verfolgen und Aktivieren des Wahrgenommenen. Der Therapeut wird dabei gegenüber dem Patienten aktiver, indem er Vorschläge und Angebote macht, was der Patient verstärken, unterlassen und probieren könnte, indem vorhandene Impulse aufgegriffen und ihre mögliche unbewußte Bedeutung auf diese Weise gesucht und reaktiviert bzw. reinszeniert wird, z. B. Achten Sie auf Ihre Atmung! Vertiefen Sie Ihre Atmung! oder Atmen

Sie dorthin! Legen Sie Ihre Hand auf die schmerzende oder verspannte Stelle! Verstärken Sie diesen Impuls (z. B. Fäuste ballen, Schlag- und Tretbewegungen, Abwehrbewegungen)! Verändern Sie diese Körperhaltung! oder Versuchen Sie die gegenteilige Körperhaltung! Achten Sie auf die Schluckbewegung, Geben Sie Ton! und vieles andere mehr.

Die Gefahren, die dabei entstehen, liegen darin, daß der Therapeut zuviel will oder zu aktiv wird. Ich glaube, daß es besonders wichtig ist, daß man von den Impulsen des Patienten ausgeht, ihn also von dort abholt, was er selbst wahrnimmt, anbietet und probieren möchte. Wenn der Therapeut selbst Vorschläge unterbreitet, sollte er auf keinen Fall drängen und auch jederzeit bereit sein, seinen Vorschlag zu modifizieren oder auch wieder zurückzunehmen. Ein entscheidender Maßstab und Orientierungspunkt ist die Reflexion der therapeutischen Aktivität unter dem Aspekt der Übertragungs-Gegenübertragungs-Dynamik. Braucht der Patient des Therapeuten Aktivität, um Hemmung und Blockierung zu überwinden (der Therapeut also als Hilfs-Ich), um damit wesentliche neue Erfahrungen und Erkenntnisse zu gewinnen, oder wird der Therapeut verführt, Aktivität, Risiko und Verantwortung zu übernehmen oder Zufuhr zu geben, um neurotische Bedürftigkeit zu befriedigen? Ein wichtiges Unterscheidungskriterium dafür dürfte sein, ob der Patient affektiv erschüttert und labilisiert wird oder sich »befriedigt« fühlt ohne größere Betroffenheit. So kann auch das Gegenübertragungsbedürfnis des Therapeuten, wenn er meint, jetzt gebraucht zu werden, daß er etwas tun müsse, daß er hilfreich sein und Unterstützung geben solle, einem ausagierten narzißtischen Bedeutungswunsch entspringen und mit dem neurotischen Abhängigkeits- und Erlösungswunsch des Patienten korrespondieren, oder es kommen auf diese Weise tatsächlich frühe Ich-Bedürfnisse zur Geltung, die der Therapeut auf Grund seiner Erfahrung entsprechend einordnen und dann körpertherapeutisch angemessen beantworten kann.

Das führt uns zum möglichen dritten Schritt körpertherapeutischer Interventionen im analytischen Setting, nämlich zur Berührung, die geeignet ist, frühen Halt, Unterstützung, Sicherheit, Geborgenheit und Begrenzung zu übermitteln. Dabei kommt es vor allem auf das Wie und die Qualität der Berührung an. Sie muß aus dem Eltern-Ich des Therapeuten kommen, das verletzte und defizitäre Kind im Patienten meinen und auch in angemessener Form übermittelt werden. Die Zuwendung und Sorge einer Mutter für ihren Säugling übermittelt sich ja vor allem körperlich durch Hochnehmen, Halten, Streicheln, Schützen, Kuscheln, durch Bewegungsspiele. Über die körperliche Kommunikation spürt das Kind den Zustand seiner Mutter und wie diese zu ihm steht. Eine Mutter kann formal ihr Kind nach allen Regeln der Kunst versorgen und doch Ablehnung unbewußt körperlich übermitteln. Dies trifft auch für den Therapeuten zu, der Körperkontakt herstellt und sich hierdurch viel weniger verstecken kann, als wenn er hinter der Couch sitzen bliebe. Beide Positionen können also Vorteile oder Nachteile bedeuten, je nachdem wieviel Offenheit und Ehrlichkeit im momentanen Therapieprozeß gefordert ist. Das Nicht-Berühren läßt dem Patienten mehr Raum für Übertragungsphantasien, aber mit dem Risiko, daß auch frühe Kontaktdefizite wiederholt und erneut nicht zur Klärung kommen; das Berühren dagegen kann dem Patienten die basale Erfahrung liebevollen und einfühlenden Kontaktes vermitteln und die vorhandenen Defizite zur emotionalen Verarbeitung bringen, aber auch mit dem Risiko der Retraumatisierung verbunden sein, wenn dabei von seiten des Therapeuten unbewußte Ängste und Ablehnungen übermittelt werden.

Diese Berührungen, die aus der empathischen Intuition um die frühe Bedürftigkeit erwachsen, stehen den Berührungen gegenüber, die praktisch körperlich in die neurotische Konflikthaftigkeit greifen. Es geht um punktuelle Massagen, um die Unterstützung von Impulsen oder um körperlich gegebenen Widerstand, wodurch muskuläre Blockaden aufgeweicht, emotionaler Ausdruck unterstützt und die traumatischen Einflüsse von Einengung, aber auch von Kontakt- und Begrenzungsmangel, wie auch die Klärung von Ambivalenzimpulsen befördert werden. Hierbei erscheint es mir besonders wichtig, sich über den möglichen Körperkontakt mit dem Patienten zu verständigen, sich praktisch die Erlaubnis dafür bei ihm zu holen und die Erfahrungen dabei sehr gründlich mit ihm zu analysieren. Damit soll gesichert werden, daß die Berührungen nicht der Bedürfnisbefriedigung dienen, sondern helfen, Defizite, Traumata und Konflikte bewußt werden zu lassen.

Die sinnvolle Abstinenzregel verletzt dabei nur der Therapeut, der den Patienten über diese intensive Zuwendung manipulieren will, für eigene narziβtische oder sexuelle Bedürfnisse miβbraucht oder einem solchen Angebot des Patienten (meist aus eigener abgewehrter früher Bedürftigkeit) verfällt. Auch hier scheint mir das beste Kriterium für die Orientierung zu sein, daβ der Patient durch die körpertherapeutischen Interventionen in seine schmerzlich unerfüllte Sehnsucht und Bedürftigkeit geführt wird und eben nicht in ein hysterisiertes Wohlgefühl, daβ er endlich die Zuwendung nun bekomme, derer er immer so bedürftig gewesen sei. Meiner Erfahrung nach gibt es keine nachträgliche Befriedigungsmöglichkeit, kein Auffüllen früher Defizite, sondern nur die Wahrnehmung und das Fühlen der frühen Verletzungen und der vorhandenen Mangelerfahrungen in einer akzeptierenden Beziehung, wodurch die Spaltungs- und Verdrängungsvorgänge überflüssig werden und der Patient die Ermutigung erfährt, sich seiner bedrohlichen Wahrheit emotional zu öffnen und nach tiefem Schmerz auch wieder Energie zur Verfügung hat, sich seinen heutigen Befriedigungsmöglichkeiten aktiv zuzuwenden.

Das Ziel der körpertherapeutischen Interventionen besteht also vor allem darin, die frühe Deprivation fühlend zu erinnern, und dies bedarf vor allem der Körpererinnerung, da verbale und symbolische Erinnerungs- und Ausdrucksformen noch nicht gegeben sind. Das Wesentliche, das wir für die analytische körperpsychotherapeutische Arbeit aus der modernen Säuglingsforschung entnehmen können, ist die Erkenntnis, daβ das Kern-Selbst als Körper-Selbst verstanden werden muβ, daβ die ersten Erfahrungen und Erinnerungen als senso-affekt-motorische Körpererinnerungen gespeichert sind und entsprechend über den Körper reaktiviert werden können, wie auch erste Beziehungserfahrungen zwischen Mutter und Kind als Interaktionsmuster repräsentiert sind und szenisch wiederbelebt werden können. So bietet die emotionale und körperbezogene Reaktivierung der frühen Erfahrungen die beste – vielleicht auch die einzige – Möglichkeit für die angemessene therapeutische Durcharbeitung.

So kommen wir zu einem vierten Schritt des analytisch-körperin-
tegrierten Settings, der nach Wahrnehmung und Aktivierung von
Körpervorgängen, nach der Entwicklung und dem Ausdruck darin
enthaltener blockierter und somatisierter neurotischer Triebkonflik-
te und defizitärer Ich-Bedürfnisse, nun die notwendige Integration in
das Verständnis des Patienten und seine realen Beziehungsgestal-
tungen verlangt. Nach den Körpererinnerungen und dem entwickel-
ten Gefühlsausdruck entstehen die Fragen: Was bedeutet das?,
Woher kommt das?, Wie war es wirklich? – es geht also um die Rekonstruktion der Wahrheit der frühen Lebensgeschichte und dann auch
um die Bedeutung für das bisherige und gegenwärtige Leben und für
die Bedeutung der realen Beziehungskonflikte, wie z. B. auch der
therapeutischen Beziehung hier und jetzt, und gipfelt schließlich in
der Auseinandersetzung, wie die Erfahrungen und Erkenntnisse nun
auch ins gegenwärtige und zukünftige reale Leben transformiert
werden können. Es geht also darum, wie für das Bewußt-Gewordene
Verantwortung übernommen werden kann.

Das Verhältnis einer intensiven körperbezogenen Intervention zur
Integrationsarbeit ist mindestens 1:5, wenn eine solche Relation
überhaupt Sinn macht, da es ja mehr um eine selbst-verständliche
und dynamische Integration des Körpers geht und nicht um eine
exklusive.

So empfiehlt sich auch ein Setting, das von vornherein die Integration des Körpers erlaubt, ohne daraus erst eine Besonderheit zu
machen, z. B. eine Schaumgummimatratze auf dem Fußboden, in
sportlicher Kleidung, in einem Raum, der auch Bewegung erlaubt
und mit jeder Zeit verfügbaren Hilfsmitteln wie Bataka, Decken und
Handtücher und – wie wir das in unserer Klinik seit Jahren praktizie-
ren – auch sogenannten »Übergangsobjekten« (z. B. ein großer, fest-
er und schwerer Lumpensack, der als »Therapeut« oder »Vater«
besetzt werden kann, oder ein ebenfalls großer, aber weicherer und
kuscheliger gestalteter, mit Schaumgummi gefüllter runder Zylinder,
der als »Mutter« genommen werden kann). Die Benutzung solcher
Übergangsobjekte ist für viele Patienten leichter möglich, als direkt
mit den Therapeuten in körperlichen Kontakt zu kommen. Dies
schont auch den Therapeuten vor allem bei Gefühlsentladungen, z.

B. bei der ja oft mörderischen Aggressivität der frühen Traumata oder einer gierigen Bedürftigkeit nach Nähe, Kontakt und Zuwendung als Folge des frühen Mangels. Der Therapeut ist nicht nur real anwesend, sondern auch körperlich symbolisiert, was die körperbezogene Übertragungsmöglichkeit ganz wesentlich erweitert und vertieft, in einer Art und Weise, die verbal oder in der Phantasie niemals einen solchen Erlebens- und Erfahrungsumfang erlauben würde. Ein solches Übergangsobjekt kann nahezu unbegrenzt getreten, geschlagen, gefoltert, zerrissen und »ermordet«, aber auch gestreichelt, liebkost, umkämpft und für Halt und Unterstützung benutzt werden.

Die prinzipielle Möglichkeit zur Körperarbeit, der Raum und die zur Verfügung gestellten Vehikel sollten also über die Selbstverständlichkeit der Integration des Körpers betonen, so daß durch Therapievereinbarung, durch die integrative Einstellung des Therapeuten und durch das Setting eine entsprechende therapeutische Normalität für den Patienten hergestellt wird.

Der vorhin betonte vierte Schritt, die Wichtigkeit der Integrationsarbeit, ist auch eine Maßnahme, analytische Normalität herzustellen, indem die Aktivität des Therapeuten und seine Berührungen vor möglicher Mißdeutung durch den Patienten dadurch geschützt werden, daß der Patient zur Reflexion, Mitteilung und Selbstdeutung viel stärker angeregt und verpflichtet ist, wenn er intensive körpervermittelte Erfahrungen gemacht hat. Eine Verweigerung dieser therapeutischen Mitarbeit wäre ein dringendes Zeichen, keine weitere Körperarbeit anzubieten, sondern verbale Widerstandsanalyse zu bevorzugen.

Es kann heute keinen Zweifel mehr geben bezüglich der vielen Vorteile und besonderen Möglichkeiten, die durch die Integration des Körpers in ein analytisches Setting bestehen. Wie aber diese Vorteile praktisch umzusetzen und zu nutzen sind und wie mögliche Gefahren durch Manipulation, Mißbrauch und affektive Überschwemmung bzw. Hysterisierung früher Bedürfnisse und Gefühle verhindert werden können, das ist heute die entscheidende Frage. Wenn wir uns dabei auf eine Grundregel der analytischen Behandlungstechnik besinnen, alles Tun oder Lassen unter dem Gesichtspunkt von Übertragung und Gegenübertragung zu verstehen und dabei die Abstinenzregel nicht auf die Frage des Körperkontaktes reduzieren, sondern als eine Notwendigkeit auffassen, für die Belange des Patienten zur Verfügung zu stehen und sich von ihm leiten zu lassen und Abwehrvorgänge als notwendig und sinnvoll zu respektieren und dabei die Widerstandsanalyse zur Leitschiene der therapeutischen Arbeit zu machen, dann erzielen wir durch die Integration des Körpers nicht nur eine wesentliche behandlungstechnische Bereicherung, sondern schaffen auch eine Möglichkeit, sogenannte Frühstörungen sinnvoll und effektiv behandeln zu können.

Aber ob diese Vorteile überhaupt gewollt sind und angenommen werden, bleibt fraglich. Denn ich habe auch versucht, deutlich zu machen, daß die Integration des Körpers in eine analytische Psychotherapiekonzeption dann gesellschaftspolitische Relevanz bekommt, wenn Frühstörungsanteile wesentlich durch gesellschaftliche Verhältnisse mit verursacht und in ihren Machtstrukturen kompensatorisch verankert sind. Auch der Methodenstreit würde sich relativieren lassen, weil deutlich werden könnte, daß die Methodenwahl eines Therapeuten vor allem mit seiner eigenen Abwehr zu tun hat, besonders damit, wie intensiv frühe Defizite abgewehrt und im Therapeutenberuf kompensatorisch kultiviert werden können.

Die Therapeuten, die sich der Verbindung von Psychoanalyse und Körper widmen, sind ja vermutlich vor allem darin verbunden,
– daß sie gegen die Enge und Starre der klassischen Psychoanalyse rebellieren (gegen eine autoritäre väterliche Instanz, die das Verstehen über das Fühlen stellt),
– daß sie auf der Suche sind, die eigenen frühen Verletzungen und Defizite zu verstehen (auf der Suche nach der frühen Mutter), mit der Gefahr einer neuen körpertherapeutischen Abwehrform (Katharsis und Fühlen ohne Integration und Verhaltensänderung).

Eine seriöse Psychotherapie wird immer bemüht sein, Fühlen, Verstehen und Handeln zu integrieren, und dabei wird nicht nur das individuelle Leben kritisch zu reflektieren sein, sondern es werden auch die gesellschaftlichen Lebensbedingungen und die berufsständischen und behandlungstechnischen Implikationen entsprechend kritisch zu würdigen sein.

Literatur

Geißler, P. (1997): Überlegungen zur Körperarbeit und Körpererfahrung in der analytischen körperbezogenen Psychotherapie. In: Psychotherapie Forum, S. 8-20.

Heisterkamp, G. (1993): Heilsame Berührungen, München.

Heisterkamp, G. (1991): Zur Behandlung blockierter Selbstbewegungen in der Psychotherapie. In: Prax Psychotherapie Psychosom. 36, S. 297-307.

Maaz, H.-J. (1989): Der Gefühlsstau. Berlin (Argon).

Maaz, H.-J. (1991): Das gestürzte Volk. Berlin (Argon).

Maaz, H.-J. (1992): Die Entrüstung. Berlin (Argon).

Moser, T. (1989): Körpertherapeutische Phantasien. Frankfurt (Suhrkamp).

Moser, T. (1991): Der Körper in der Psychotherapie und die Angst vor der Sexualisierung. In: Prax. Psychotherapie Psychosom. 36, S. 283-296.

Moser, T. (1992): Vorsicht Berührung. Frankfurt (Suhrkamp).

Worm, G. (1992): Über die Schwierigkeit therapeutischer Beziehung anhand des Schicksals der »Verführungstheorie«. In: Hoffmann-Axthelm, D. (Hg.): Verführung in Kindheit und Psychotherapie, Oldenburg (Transform), S. 67-68.

Vom Handeln des Analytikers in der »talking cure«

Günter Heisterkamp

1. Prinzip »Handlung«

In diesem Beitrag versuche ich aus der Position eines Analytikers, der bewegungs- und körperpsychotherapeutische Verfahren in seine Arbeit einbezieht, eine Brücke zu den Kolleginnen und Kollegen zu schlagen, die im traditionellen Setting arbeiten. Die Pfeiler dieser Brücke sind jene Züge der analytischen Psychotherapie, in denen es um mehr als nur um einen verbalen Austausch zwischen Patient und Analytiker geht. Entgegen der These Freuds, es ginge »nichts anderes zwischen ihnen vor, als daß sie miteinander reden« (GW XIV, S. 213), läßt sich nach einer mehr als 80jährigen Weiterentwicklung der tiefenpsychologischen Konzepte herausarbeiten, daß sich die psychoanalytische Therapie mittlerweile als mehr und als etwas anderes erweist als eine bloße Redekur. Eine mögliche Brücke der Verständigung liegt im Handeln des Analytikers. Deswegen befasse ich mich hier einmal ausdrücklich mit dem Tun und Lassen des Analytikers in der traditionellen talking cure. Was machen Analytiker eigentlich, wenn sie das machen, was sie machen?

Die Antwort auf diese Frage legt nahe, neben die Prinzipien der »Deutung« und der »Beziehung« noch das in der herkömmlichen Psychoanalyse latent wirksame Prinzip der »Handlung« zu stellen. Es steht für die präsentischen Selbsterfahrungen und Selbstbehandlungen im Interaktionsgeschehen, für die impliziten Wirkungen eines unmittelbaren zwischenmenschlichen Kontakts. Im Kontrast dazu steht das für die analytische Therapie typische hermeneutische Verfahren. Es bedarf der sprachlichen Repräsentierung des Seelischen und bleibt deswegen ein mittelbares Verstehen. Mit Stern läßt sich sagen, daß sich die Psychoanalyse mit »explizitem Wissen« befaßt und es ihr darum geht, gelebte Erfahrungen »symbolisch und deklarativ« darzustellen und daß ihr deswegen Nachträglichkeit »das einzig wirklich Wichtige ist« (1998).

Das reife repräsentierende Verstehen gründet in basalen Formen der Sinnerfassung: dem präsentischen Verstehen. Ihm entspricht nach Stern das »implizite Wissen« oder das »Prozeßwissen« bzw. das »Prozeßgedächnis« (s. Dornes 1998). Im Sinne von Piaget (1948) könnte man auch von einem operativen Verstehen sprechen. Hier geht es immer um Gegenwärtigkeit. Wenn wir in Worte zu fassen versuchen, wie man z. B. Fahrrad fährt oder wie man jemanden umarmt und küßt, erleben wir uns sprachlich überfordert. »Solche Situationen können nur evoziert werden und sind nicht wirklich in Worte zu fassen« (1998). Stern ist der Meinung, daß »etwa 90 % von dem, was wir klinisch bearbeiten, aus implizitem Wissen besteht« (1998). Mit den restlichen 10 %, so möchte ich fortfahren, befassen sich vorwiegend unsere Lehrbücher der analytischen Psychotherapie.

2. Präsentisches Verstehen

Die Unterschiede von mittelbarem und unmittelbarem Verstehen sowie ihre Übergänge lassen sich gut an den Kontakten zwischen Analytiker und Patient zeigen, die im Grenzbereich zwischen dem alltäglichen und dem therapeutischen Raum stattfinden; nennen wir sie Randkontakte. Da die Phänomene des präsentischen Verstehens nicht so leicht zugänglich sind und beim Patienten erst über den mittelbaren Weg der nachträglichen Symbolisierung zugänglich werden, bin ich bei diesem Thema oft auf eigene Analyseerfahrungen angewiesen. Die bisherige Vernachlässigung und insbesondere die Eigenqualität dieser Erscheinungen machen das Verfahren der Selbstbeobachtung phänomenologisch erforderlich. Ich untersuche hier nämlich die Fähigkeit des Seelischen, sich immanent zu verstehen und sich immanent zu behandeln. Dieses implizite Selbstverstehen, wie ich es kurz nennen möchte, bleibt oft sowohl dem Analytiker als auch dem Analysanden verschlossen, obwohl es von grundlegender Bedeutung für alle therapeutischen (und nicht nur für diese) Wirkungen ist.

Ich möchte hier zunächst auf Nachwirkungen meiner mittlerweile fast 25 Jahre zurückliegenden ersten Analyse eingehen. Zu den wenigen Erinnerungen, die mir allerdings seinerzeit nicht verfügbar waren, gehört z. B. die angenehme Situation, wenn mein Analytiker mich freundlich begrüßte bzw. sich freundlich von mir verabschiedete und wenn ich ihm dabei in die Augen schaute, die meinen Blick – nach meinem Erleben – warmherzig erwiderten. Zu dieser Erinnerung assoziiere ich sogleich eine weitere, nämlich wie ich mich im Klang seiner lieben und gütigen Stimme wohl und geborgen fühlte. Da mein damaliger Analytiker die entsprechenden Situationen seinerseits nie angesprochen hat, gehe ich davon aus, daß auch er sie nicht als bedeutsam bzw. nicht bewußt wahrgenommen hatte, zumindest nicht verstanden hatte, sie therapeutisch zu nutzen. Daß die warme Responsivität meines Analytikers offenbar nachhaltig gewirkt hatte, mir aber nach der Behandlung symbolisch nicht verfügbar war und daß ich mir diese heilsamen Wirkungen erst in späteren Analysen, zu denen auch körper- und bewegungsbezogene gehörten, wieder erarbeiten mußte – ähnlich wie man die Ressourcen seiner eigenen Selbstentwicklung immer wieder vom Schutt notdürftiger Abwehrformen und Selbstsicherungen befreien muß –, hat mich immer mehr gewundert. Bedeutet es doch, daß die Wirkfaktoren der damaligen Analyse nicht tief genug verstanden und nicht sinnvoll ausgeschöpft worden waren, wenn es weiterer Analysen bedurfte, um ihre Fruchtbarkeit erst verstehen zu können. Zumindest stellt sich hier die Frage, ob man das unmittelbare Kontaktgeschehen nicht mehr beachten sollte. Es blieb damals – wie es auch heute noch immer geschieht – im Schatten der psychoanalytischen Praxeologie.

Mittlerweile verstehe ich die Vorgänge als basale Formen des Wahrnehmens und des Verstehens, die dem repräsentierenden Verstehen vorangehen bzw. dieses begründen. In der »Handlungseinheit« (Salber 1965) des warmherzigen Dialogs und/oder des liebevollen Begrüßens und Verabschiedens habe ich – trotz der streng triebtheoretischen Orientierung meines Analytikers, der in der unmittelbaren Nachfolge Freuds steht – eine dem Entwicklungsniveau meiner Störung adäquate Form des prozeduralen Verstehens erhalten. Ohne daß mein damaliger Analytiker und ich es merkten, konnte ich eine implizite Erfahrung, quasi einen operativen Begriff meines Selbstwertes, wiederfinden.

Diese schwer zugänglichen und deswegen immer wieder in den Bereich des Symbolischen verschobenen Momente möchte ich nun an einem Beispiel aus einer späteren Reanalyse bringen. Als selbsterfahrener Analysand wurde mir hier eine analoge präsentische Erfahrung deutlich, die das psychologische Verständnis für diese Phänomene noch weiter zu vertiefen hilft. Es ist wieder eine Begrüßungsszene, ich schätze, daß sie sich etwa um die 100. Stunde ereignete. Wie immer schellte ich an der Tür meiner Analytikerin, hörte eine Zwischentüre im Innern des Hauses sich öffnen und ihre Schritte näherkommen, bis sich die Haustüre öffnete und sie mich freundlich begrüßte, indem sie mich anschaute, mir die Hand entgegenstreckte und mir, mich dabei herzlich anschauend, einen »Guten Tag« wünschte. Auch ich, der ich ihr ebenfalls freundlich begegnete, schien zuerst unser Begrüßungsritual in derselben Weise wie schon viele Male vorher zu wiederholen. Vom Ablauf her schien alles gleich, jedoch mit einer wichtigen Ausnahme, die sich in Bruchteilen von Sekunden abspielte und für mich zu einem therapeutisch hochbedeutsamen »Augenblick« wurde. Ich hielt plötzlich inne und merkte, daß ich erstmalig in anderer Weise in ihre Augen schaute. Ich sah in schöne blaue Augen, die meinen Blick strahlend und sicher erwiderten. Ich merkte, wie ich Sekundenbruchteile länger, als es üblich war, in diesem Augenkontakt blieb. Dabei spürte ich, wie der Hauch eines neuen Selbstverstehens mich durchwehte. Es war mir sofort klar: In dieser Weise hatte ich bisher noch nie (wieder) in blaue Augen mir bedeutsamer Frauen zu schauen gewagt. Ein wesentliches »schema of being with« (Stern 1989, 1996) hatte sich, davon war ich unmittelbar überzeugt, verändert.

Ich möchte hier aus didaktischen Gründen einen Einschub machen, um die Aufmerksamkeit auf eine bestimmte Stelle zu lenken: Wenn der Leser jetzt seinen analytischen Verstand einsetzt und diese Übertragungsszene zu deuten versucht, ist er schon vom präsentischen zum repräsentierenden Verstehen gesprungen: Er versucht – nachträglich und sprachsymbolisch vermittelt – ein Ereignis zu verstehen, dessen Wesen und Wirkung gerade in der Gegenwärtigkeit und der Unmittelbarkeit der Begegnung lag. Mir ist es wichtig, durch diese Unterbrechung meiner Darstellungen auf die Grenze und den Unterschied zwischen dem präsentischen und dem repräsentierenden Verstehen hinzuweisen. Wir setzen nämlich gewöhnlich das allvertraute mittelbare Verstehen dem unmittelbaren gleich bzw. drängen es damit in den Hintergrund der Beachtung. Nach diesen ausdrücklichen Hinweisen auf den Unterschied folge ich nun auch meinem repräsentierenden Verstehen. Auch mir wird nach diesem innigen Augenkontakt und durch ihn, noch bevor ich auf der Couch liege, die Bedeutung des Geschehens, worauf sich die Aufmerksamkeit des Lesers ja vermutlich sofort gerichtet hatte, deutlich: Ich habe unvermittelt – d. h. im direkten Augenkontakt, also nicht durch kognitive Erkenntnisse – gemerkt, wie sehr ich mich bisher im Augenkontakt mit Frauen vorbeugend davor geschützt habe, eine panische Angst, eine flackernde Unsicherheit und eine aufsaugende Bedürftigkeit wahrzunehmen.

Im Rahmen einer positiven Übertragungsbeziehung verringerten sich meine unbewußten Ängste vor einer narzißtischen Be*nötigung*, und ich konnte es wagen, meiner Analytikerin in die Augen zu schauen und zu sehen, wie sie wirklich ist: ein zugewandtes und konturiertes Gegenüber, das mir offen begegnet und dem ich ebenso offen antworte. In der Begrüßungshandlung, insbesondere im Blickdialog, wagte ich eine korrigierende Beziehungserfahrung mit einer bedeutsamen Frau. Noch genauer formuliert: Ich habe auf einer tieferen Ebene, als es mir in meinen vorausgegangenen Analysen, in denen ich selbstverständlich immer wieder meine Mutter-Beziehung bearbeitet hatte, eine differenziertere und grundlegendere Erfahrung mit der Dialektik des Bezogenseins und des Getrenntseins gemacht.

Dieses Beispiel macht noch etwas deutlich, was die Vernachlässigung dieses Phänomens in der Praxeologie erklärt. Dieser hochbedeutsame Vorgang spielte sich zwar im Kontext einer Übertragungsbeziehung ab, aber der fruchtbare Augenblick ereignete sich in der Form einer Art Selbstbehandlung, die unbemerkt von der Analytikerin, obwohl sie einen großen Anteil daran hatte, ablief. In meinem Fall war ich aufgrund meiner ausgiebigen psychoanalytischen und meiner zusätzlichen körperpsychotherapeutischen Selbsterfahrung in der Lage, meiner Analytikerin zu vermitteln, was sich zwischen mir und ihr ereignet hatte. Leider habe ich von dem Erleben der Analytikerin nicht soviel erfahren, daß ich auch noch die andere Seite mit in die Erklärung einbeziehen könnte. Diese Phänomene werden so selten behandelt, weil die betreffenden Wirkungszusammenhänge dem Analytiker nicht auffallen bzw. überhaupt nicht auffallen können und dem Patienten selten bewußt werden.

Ein weiterer Grund liegt in der subtilen Verschiebung, auf die ich oben hingewiesen habe. Indem die unmittelbaren Wirkungen an den Horizont des Erkennens projiziert werden, vermitteln sie dem Analytiker das Bewußtsein, daß sein Verstehen oder seine Deutung den therapeutischen Effekt bewirkt haben. Das dient sicherlich seinem Selbstbewußtsein, blendet aber die schöpferischen Kräfte des Seelischen, die hier in basaler Weise am Werke sind, aus. Diese Phänomene werden besonders deutlich, wenn der Patient sie dem Analytiker erst einmal erläutern muß, insbesondere in den Fällen, in denen es gegen die konzeptuellen Widerstände des Analytikers geschieht. Das erklärt wohl auch, daß in Untersuchungen zur Wirksamkeit von Therapien häufig so viele Hinweise auf unspezifische Faktoren gefunden werden.

Ich möchte die obigen Phänomene als implizite Wandlungserfahrungen bezeichnen und versuchen, sie näherungsweise zu beschreiben. Der Leser wird merken, wieviel Mühe es macht, diese präsentischen Ereignisse sprachlich zu fassen. Es setzt bei dem, der sie erlebt, und auch bei dem, der sie nachvollziehen will, eine hohe Sensibilität für die Prozesse seelischer Selbstwahrnehmungen voraus sowie eine gewisse Frustrationstoleranz, wenn es nicht so ganz gelingt, diese auch sprachlich zu fassen. Ich versuche es, so gut es geht. Ohne noch so vorläufige Beschreibungsversuche würden sich die betreffenden Vorgänge und Erscheinungen wieder verflüchtigen und im Hintergrund der psychoanalytischen Praxeologie verschwinden.

1. Die implizite Wandlung wird nicht gemacht, sondern sie ereignet sich, geschieht mit einem. Sie ist für Analytiker und Analysand nicht

planbar. Dennoch erscheint sie abhängig vom Übertragungs- und Gegenübertragungsgeschehen, noch präziser von den zirkulären Wirkungszusammenhängen, die wir mit diesen Begriffen meinen.
2. Auch das Erleben ist schwer zu fassen. Am besten paßt noch für mich, daß ich etwas gewahr oder eines seelischen Geschehens inne werde. Es ist deutlich verschieden von den klar fokussierten Erlebensprozessen kognitiver Umstrukturierungen. Eher ist es mit dem Strömungserleben vergleichbar, das sich ergibt, wenn sich muskuläre Verspannungen als leibfundierte Abwehr- und Sicherungsformen auflösen. Aber auch diese Erlebensprozesse sind noch zu spezifisch, körperlich meistens ziemlich genau zu lokalisieren, um mit den Erfahrungen impliziter Wandlung gleichgesetzt werden zu können. Es war, als wenn mich ein Hauch des Verstehens ganzheitlich durchwehte. Es ist weder nur mental noch nur leiblich zu qualifizieren. Der Prozeß erfaßte mich jedenfalls ganzqualitativ. Es sind Erfahrungen, die im religiösen Bereich wohl mit »Erleuchtung« und »Offenbarung« umschrieben werden. Wenn man von dem theologischen Kontext der Begriffe absieht und das Erleben mit den schöpferischen Tendenzen des Seelischen in Verbindung bringt, würden diese Begriffe wieder besser passen: Ich werde meiner eigenen schöpferischen Lebensbewegung inne. Ich merke, wie sich meine Wirklichkeit wandelt. Erlebensmäßig durchzieht mich tatsächlich ein neuer Geist. In mir erhellt sich etwas, das bisher nicht zugänglich oder nicht da war. Ich glaube, daß sich in den Therapien immer wieder derartige »Pfingsterlebnisse« ereignen.
3. Die impliziten Wandlungserfahrungen gehören zu bestimmten Situationen, die man mit Adler (1929) als prototypisch oder mit Lichtenberg (1987) als modellhaft bezeichnen kann. Ich lebe meine lebensstiltypische Wirklichkeit und diese erfährt über die Anregungen einer besonderen Bezugsperson einen Wandlungsruck. Diese Veränderung wird staunend erfahren und nachträglich erinnerlich. Anders als bei den von Stern (1998) beschriebenen »now-moments« geht dieser impliziten Wandlungserfahrung keine Prägnanzphase voraus, in der sich der Analytiker bewußt in einer kritischen Situation erlebt, die zu einer Entscheidung nötigt. Die Erfahrungen kommen quasi unvermittelt über einen.

4. Wenn die beschriebenen Beispiele auch Ereignisse sind, die nicht planbar sind, ja durch den Versuch, sie zu arrangieren, schon verhindert werden, so kann der Analytiker wiederum vieles tun und bereitstellen, damit solche Erfahrungen möglich werden. Meine Erfahrung von Spiegelung und Akzeptanz hätte ich in den beschriebenen Situationen wohl nie machen können, wenn sie nicht durch analoge explizite und implizite Verstehensprozesse in vorausgegangenen Phasen dieser und früherer Analysen vorbereitet worden wären.

5. Aus der Sicht des Analytikers gesprochen, scheint mir seine Fähigkeit, authentisch zu reagieren, ohne dabei die therapeutische Asymmetrie aufzugeben, sehr wichtig. Deswegen sei hier noch ein kurzes Beispiel aus der Perspektive des Analytikers angeführt: Ein sehr gewissenhafter, teilweise skrupulöser Analysand kommt, obwohl er immer ein größeres Zeitpolster einkalkuliert, wegen eines langen Verkehrsstaus zehn Minuten zu spät. Während er sich für sein Zuspätkommen entschuldigt und lange Erklärungen abgibt, merke ich, wie sehr er in seiner bisherigen Entwicklung hat lernen müssen, sich zu erklären und sich zu rechtfertigen, und wie sehr seine Wirklichkeit durch die Antizipation von Beschuldigungen geprägt ist, denen er auch bei mir glaubt vorbeugen zu müssen. Ich spüre, wie ich traurig werde über die Mühsal eines solchen Lebensweges. Ich hätte mich schon »lege artis« verhalten, wenn ich mich in seine Angst, wieder angeschuldigt zu werden, und in seine Not, den fiktiven Beschuldigungen zuvorkommen zu müssen, eingefühlt hätte. Diese Empathie hätte ihm sicher gut getan und den therapeutischen Prozeß gefördert. Da ich mich aber noch tiefer auf diese Interaktion einließ, indem ich ihm auch nicht vorenthielt, wie sehr mich seine Not berührte und wie wenig seine Rechtfertigungen zu meinem Gefühl paßten, ergab sich eine sehr fruchtbare *Begegnung*, die eine berührende Stunde vorstrukturierte und wie ein advanced organiser eine ganze Reihe bisher unzugänglicher, impliziter »väterlicher« Förderungen bzw. Hilfen freilegte. In diesem therapeutischen Wirkungsgeschehen zwischen Patient und Therapeut bildete sich vermutlich eine neue Repräsentanz bzw. ein operativer Begriff für Unterstützung.

3. Handlungsdimensionen analytischer Psychotherapie

Die psychotherapeutische Relevanz des präsentischen Verstehens und seiner jeweiligen Bezüge zum repräsentierenden Verstehen läßt sich wenigstens an folgenden 12 Handlungsdimensionen der psychoanalytischen Psychotherapie zeigen:

1. Rahmung
2. Setting
3. Atmosphärisches
4. Randkontakte
5. Übertragungsszenen
6. Stellvertretendes Nacherleben
7. Now-moments
8. Freudige Begegnungen
9. Therapeutische High-lights
10. Passagere Übertretungen des Settings
11. Die leibliche Dimension des therapeutischen Dialogs
12. Übergänge und Wendepunkte

zu 1.: Rahmung
Die substantivische Rede vom therapeutischen Rahmen verdeckt die grundlegenden externen und internen Handlungen, durch die sich die Als-ob-Situation der Therapie immer wieder konstituiert: Der Patient kommt und geht zu abgesprochenen Zeiten, und der Analytiker steht in dieser Zeit seinem Patienten zur Verfügung. Dasselbe Muster wiederholt sich nach dem bekannten Theaterbild (inszenieren und reflektieren) innerhalb der analytischen Situation. Die Dosierung der Stundenfrequenz hinsichtlich Indikation und Therapiephase ist eine Selbstverständlichkeit unseres beruflichen Alltags. Psychoanalytiker, die die hochfrequente analytische Psychotherapie von mindestens vier Wochenstunden für die vertragsärztliche Versorgung erhalten möchten (z. B. Danckwardt u. Gattig, 1996), heben die spezifischen Auswirkungen einer hohen Frequenz auf den analytischen Prozeß hervor, »wobei sie die besondere Dichte der Deutun-

gen und Intensität des Übertragungs-Gegenübertragungsgesche-
hens herausstellen, mit deren Hilfe der analytische Prozeß die
emotionale Unmittelbarkeit erreicht, die zur Erlangung eines
bestimmten Behandlungserfolges erforderlich ist.« (Lehmkuhl 1997,
S. 245) Es sei hier auch an die vielen Handlungseinheiten erinnert,
die sich ergeben, wenn Patienten durch ihr Verhalten die Konstitu-
ierung oder die Erhaltung des therapeutischen Rahmens gefährden,
und an die wie auch immer geartete Reaktion des Therapeuten, die
ihrerseits besondere Wirksamkeiten zwischen beiden entfalten. In
diesen Fällen wird also mehr oder weniger ausdrücklich oder unaus-
drücklich gehandelt. Hier konstituieren sich zwischen Analytiker und
Patient Wirkungseinheiten, die ihre eigenen heilsamen oder unheil-
samen Effekte erzeugen.

zu 2.: Setting
Man kann die von Freud entwickelte Technik, den Patienten anzuregen, sich auf die Couch zu legen und »frei« zu assoziieren, als eine
grandiose körper- und bewegungstherapeutische Handlungsprobe
ansehen. Es entstehen sehr unterschiedliche Basierungen für das
anschließende Interaktionsgeschehen, wenn der Psychoanalytiker
dem Patienten aus indikatorischen Gründen die Sitzposition
vorschlägt. Der Übergang vom repräsentierenden zum präsentischen
Verstehen sowie ihr Zusammenwirken lassen sich mustergültig beobachten, wenn dem Patienten die Gelegenheit geboten wird, handelnd
die verschiedenen Positionen – am besten eine zeitlang ohne Sprache – erlebensmäßig zu erproben und auszuloten. Selbst Analysanden, die sich schon längst an eine Position gewöhnt zu haben scheinen, werden verblüffender Selbsterfahrungen, die auch den Analytiker erstaunen bzw. verunsichern können, gewahr.

zu 3.: Atmosphärisches
In welchem sozialen Umfeld auch immer die Praxis des Analytikers
oder der Analytikerin liegt, wie auch immer er oder sie sich eingerichtet haben und wie auch immer er oder sie sich kleiden und geben,
es offenbart eine persönliche Wirklichkeit, auf die der Patient, insbesondere bei der ersten Begegnung, seine in der Literatur selten

thematisierte »Gegenübertragung« hat. Dieses unausdrückliche soziale Feld wirkt wie die Basierung für die sich daraus entwickelnden Handlungseinheiten. Sie können die therapeutischen Prozesse des Patienten erleichtern und behindern. Sie können mit dem Widerstand des Patienten in eine Kollision geraten oder trotz einer grauen Theorie zu einer unausdrücklichen klimatischen Heilkur werden. Die in seiner Praxis austrahlende Wirklichkeit des Analytikers steckt die geographischen Bedingungen für die sich im Therapieprozeß entwickelnden seelischen Jahreszeiten ab.

zu 4.: Randkontakte
Auf diese Wirkungszusammenhänge, die sich an der Kontaktstelle zwischen Lebens- und Therapieraum ergeben, bin ich ja bereits eingegangen.

zu 5.: Übertragungsszenen
Unter diesem Stichwort möchte ich nur auf die vielfältigen Übertragungssituationen hinweisen, in denen die Störungen des Patienten »konkret und manifest« (Freud GW VIII, S. 374) werden und der Analytiker die vielfältigsten Gegenübertragungsgefühle zu regulieren und zu transformieren hat. Unsere einschlägigen Lehrbücher stellen diese Vorgänge überwiegend im repräsentierenden Modus dar und blenden dabei die Dimension des präsentischen Wirkungsgeschehens aus. Sie suggerieren dadurch eine besondere Wichtigkeit der sprachlichen Interpretation und Deutung und drängen die unmittelbaren Beziehungserfahrungen in den Hintergrund.

zu 6.: Stellvertretendes Nacherleben
Fromm-Reichmann (1959) schlägt in Situationen, wenn bloßes Zuhören die unbewußte Bedeutung und den tiefen psychologischen Sinn nicht erschließt, als therapeutisches Hilfsmittel vor, die vom Patienten berichteten körperlichen Erlebnisse absichtlich nachzuahmen. Im Nachahmen oder Nachspielen – wie es Hirsch (1994) nennt – findet der Analytiker hier also Zugang zu den Bedeutungen, die sonst jenseits der Deutung geblieben wären. Die Frage ist allerdings, warum das quasi hinter dem Rücken des Patienten geschehen

soll und warum er als der Betroffene nicht selber angeregt und angeleitet wird, seine Körpersprache zu erkunden. Ähnliche Fragen stellen sich bei der Behandlung der projektiven Identifikation, bei der der Analytiker einem Patienten in einem manchmal geradezu heroischen Masochismus vieles von dem abnimmt, was dieser zu seiner eigenen Gesundung besser selbst erforschen könnte (s. Heisterkamp 1999).

zu 7.: Now-moments

So kennzeichnet Stern (1998) die fruchtbaren Augenblicke im Therapieprozeß, in denen Patient und Analytiker einander unmittelbar begegnen. Der Analytiker erlebt sich dabei in einer kritischen und verunsichernden Phase, in der er in seine Routinetechnik ausweichen oder den Mut zu einer authentischen Antwort finden kann. Selbst Deutungen enthalten diese Momente des gegenwärtigen Kontaktes und stellen nach Stern unter dieser Perspektive eigentlich auch eine nonverbale Vorgehensweise dar.

zu 8.: Freudige Begegnungen

Die Freude ist ein in der analytischen Psychotherapie – mit Ausnahme der Selbstpsychologie (s. Kohut 1981, 1987) – weitgehend tabuisierter Bereich. Es würde allen unseren analytischen Erfahrungen widersprechen, wenn sich zu der salutogenen Bedeutung der Freude im Austausch zwischen Eltern und Kindern nicht ein Analogon im therapeutischen Dialog wiederfinden ließe. Wenn Analytiker und Analysand sich miteinander freuen, könnte man von einer basalen wechselseitigen Resonanz sprechen, die der Heilung des Patienten und der Psychohygiene des Analytikers sehr dienlich ist. Wenn das präsentische Geschehen in Sprache übersetzt würde, was nur unzureichend gelingt, könnte es heißen: »Ich freue mich, daß es mich gibt, und ich freue mich, daß es dich gibt, wir freuen uns, daß wir uns hier begegnen.« Die Heilwirkung des Humors wird ja derzeit entdeckt (Frings 1996, Titze 1995), die der Freude steht noch weitgehend aus (s. Heisterkamp 1990, 1991, 1998a).

zu 9.: Therapeutische High-lights

Im Laufe von mehreren Reanalysen habe ich eine Reihe von nachhaltigen Analyseerfahrungen gemacht. Darunter sind High-lights, die ich wohl wie frühe Kindheitserinnerungen nie vergessen werde. Ich hatte mich bis vor kurzem gescheut, sie zu publizieren, und zwar aus zwei Gründen: Es handelt sich nämlich, wie ich zunächst überrascht feststellte, oft um Situationen, in denen sich meine Analytiker oder Analytikerinnen nicht lehrbuchmäßig verhielten, und ich befürchtete, daß ich sie damit der oft unerbittlichen Kritik von Kollegen ausliefern würde. Der andere Grund lag darin, daß ich mich auch davor schützen wollte, daß diese liebgewonnenen und kostbaren Erfahrungen, die mich so zentral betreffen, von besserwisserischen Kollegen demontiert worden wären. Mittlerweile weiß ich durch Rückmeldungen einiger Analysanden und durch Befragungen von Analytikern, daß hier noch ein weiterer Forschungsbereich wartet, der wichtige Resultate für die Psychoanalyse verspricht.

zu 10.: Passagere Übertretungen des Settings
Hier sind die allen vertrauten Szenen angesprochen, in denen die Patienten nichts mehr im Sessel oder auf der Couch hält und sie durch ihr spontanes Verhalten von sich aus den Analytiker in eine »inszenierende Interaktion« (Scharff 1995) hineinziehen, also den therapeutischen Raum quasi um Bewegungs- und Berührungsproben erweitern. Was auch immer der Analytiker tut oder läßt, er handelt, und es ereignen sich dabei unmittelbare Begegnungen mit ihren basalen Erfahrungen. Es sei hier auf einen Aufsatz von mir zum Umgang des Analytikers mit passageren Übertretungen des Settings durch den Patienten hingewiesen (1998b).

zu 11.: Die leibliche Dimension im therapeutischen Dialog
Hier geht es darum, was der Analytiker mit seinen und den leiblichen Assoziationen seines Patienten macht: den Impulsen der Hände, Arme, Beine usw., seinen Selbstberührungen, seinem Atemrhythmus und seinen Atemtönen, seinen Modulationen der Stimme usw. Der Umgang mit diesen Phänomenen ist üblicherweise durch das Prinzip »Ansprechen und Deuten« gekennzeichnet. Statt dem Patienten den Raum zu bieten, daß er seinen Körper in der ihm gemäßen Weise sprechen läßt, wird vorschnell reflektiert, was der Körperausdruck

bedeutet. Der körpersprachliche Dialog wird dann, noch ehe er sich weiter entfalten konnte, durch eine verbalisierende Intervention unterbrochen. In diesen Dimensionen sind die Gegenübertragungswiderstände noch die Regel (s. Heisterkamp 1997a und b, 1998c).

zu 12.: Übergänge und Wendepunkte
Den letzten Punkt möchte ich hier wieder ausführlicher behandeln.

4. Ein Wendepunkt (in) der analytischen Psychotherapie

In seinem Buch über die Grundstörung erläutert Balint (1970) sein Konzept des »Neubeginns« sowie die dazu notwendige »Regression um der Progression willen« (S. 161) und veranschaulicht die entsprechenden Vorgänge an folgendem Beispiel:

In der zweiten Hälfte der zwanziger Jahre nahm ich eine attraktive, lebhafte, ziemlich kokette junge Frau Ende der Zwanzig in analytische Behandlung. Ihre hauptsächliche Beschwerde war, daß sie nichts durchführen konnte. Sie hatte schon vor mehreren Jahren ihr Studium praktisch beendet, brachte es aber nicht fertig, sich zum Abschlußexamen zu melden. Sie war sehr beliebt, mehrere Männer hatten sich ihr genähert, einige mit ernsthaften Heiratsabsichten, aber sie konnte ihre Liebe nicht erwidern. Allmählich kam heraus, daß ihre Hemmung mit einem lähmenden Gefühl der Unsicherheit einherging, sobald sie ein Risiko eingehen und eine Entscheidung fällen sollte. Sie hatte eine enge Bindung zu ihrem energischen, ziemlich zwanghaften, aber äußerst zuverlässigen Vater; sie verstanden und schätzten einander, während ihre Beziehung zu der etwas eingeschüchterten Mutter, die sie als unzuverlässig empfand, offenkundig ambivalent war.

Es dauerte fast zwei Jahre, ehe diese Zusammenhänge für sie einsichtig wurden. Es war etwa zu jener Zeit, als ich ihr einmal die Deutung gab, es sei für sie sehr wichtig, immer den Kopf oben und die Füße fest auf den Erdboden zu behalten. Darauf erwähnte sie, daß sie es seit frühester Kindheit nie fertiggebracht habe, einen Purzelbaum zu schlagen, obwohl sie es oft versucht hatte und ganz verzweifelt war, wenn es nicht ging. Ich warf ein: ›Na, und jetzt?‹ – worauf sie von der Couch aufstand und zu ihrer eigenen größten Überraschung ohne weiteres auf dem Teppich einen tadellosen Purzelbaum schlug.

Dies erwies sich als ein wahrer Durchbruch. Es folgten Veränderungen in ihrem gefühlsmäßigen, sozialen und beruflichen Leben in Richtung auf größere Freiheit und Elastizität. Sie erreichte es, zu einer schwierigen Prüfung zugelassen zu werden, bestand sie, verlobte sich bald darauf und heiratete. (Balint 1970, S. 156 f.)

Wenn Psychoanalytiker, die eine Integration bewegungs- und körperpsychotherapeutischer Verfahren in die analytische Psychotherapie vertreten, dieses Beispiel veröffentlichen würden, könnten sie mit heftiger Kritik rechnen. Das Beispiel weicht nämlich in eklatanter Weise von dem klassischen psychoanalytischen Behandlungsverständnis ab (s. Scharff 1995). Wer dieses zu bewahren versucht, könnte alle Kritikpunkte, die bisher gegenüber der analytischen Körperpsychotherapie angeführt worden sind, bemühen:

– Die Behandlung ist keine bloße Rede- und Liegekur mehr, die ohne Augenkontakt durchgeführt wird. Damit verstößt Balint gegen die geforderte Neutralität des Analytikers und verfälscht die Übertragung des Patienten.

– Ebenso verletzt er die fundamentalen Regeln der freien Assoziation und der gleichschwebenden Aufmerksamkeit sowie das Prinzip der Nicht-Aktivität. Dadurch ist eine erhebliche Einbuße an tiefenpsychologischer Erkenntnis zu befürchten.

– Gleichzeitig verstößt Balint gegen das eherne Prinzip Deutung und versäumt damit, Einsicht in die infantilen Wünsche und die triebbestimmten Phantasien zu gewinnen und sie in einem Prozeß mühsamen Durcharbeitens zu sublimieren, um dabei die Übertragung aufzulösen.

– Die psychoanalytische Kur wird nicht mehr in der Versagung durchgeführt, sondern die Analysandin wird vom Analytiker geradezu zum Agieren aufgefordert und in ihren Triebbedürfnissen befriedigt. Das geradezu unverschämte »Na, und jetzt?« Balints rüttelt mit einer einzigen Replik an den Grundfesten der Übertragungsanalyse.

– Geradezu unfaßbar ist Balints Verstoß gegen das die psychoanalytische Behandlung fundierende Abstinenzprinzip. Kriegt er denn nicht mit, was er hier macht? Drängt sich nicht in diesem Beispiel der Verdacht auf, daß Balint dem Charme »der attraktiven, lebhaften und ziemlich koketten Frau Ende der Zwanzig«, die wohl zur Zeit ihres Purzelbaumes auch noch Kleider trug, erlegen ist und eigene libidinöse Bedürfnisse voyeuristisch befriedigt?

– Dieses Beispiel ist exemplarisch für die psychologischen Konsequenzen, daß ein Therapeut, wenn er körper- oder bewegungstherapeutische Interventionen in seine Arbeit einbezieht, unweigerlich die Patient-Therapeut-Beziehung erotisiert oder sexualisiert und dabei in eine maligne Mesalliance gerät, in der er seine Analysandin entweder zur eigenen Bedürfnisbefriedigung mißbraucht oder sich von ihr zur Bedürfnisbefriedigung mißbrauchen läßt.

- Liegt in der Aufforderung zu einer konkreten Handlung nicht wie in jeder Anregung von Bewegungs- und Berührungsproben oder gar schon in der Fokussierung leiblicher Ausdrucksbewegung ein manipulativer Eingriff in den Erlebensprozeß des Patienten? Hier kehrt Balint zum suggestiv-autoritären Verfahren zurück, das doch Freud anfänglich selber ausprobiert und dann aus guten Gründen wieder aufgegeben hat.

- Ein so suggestives Vorgehen, das dem Patienten zu Bewegungs- und Berührungsproben anregt, bringt doch auch die Gefahr mit sich, daß der Widerstand des Patienten gewaltsam gebrochen, seine Abwehr überrumpelt wird und die Triebdurchbrüche oder die Leiderfahrungen die Verarbeitungsmöglichkeiten des Patienten überfordern. Dabei würden dann besonders die Ich-Leistungen, die sich im Symptom ausdrücken und die die entscheidenden Wachstumsimpulse enthalten, vernachlässigt.

- Das Beispiel weckt auch die Befürchtungen des Analytikers, den Patienten durch einen direkten Kontakt zu verwöhnen und ihn dabei an das Stadium seiner verbliebenen Kindlichkeit zu fixieren. Hier müssen dieselben gegen Ferenczi und Kohut gezielten Vorbehalte wiederholt werden. Diese verkennen ebenso wie die Körperpsychotherapeuten die Möglichkeiten und Grenzen des Therapeuten, da sie realiter die frustrierten Bedürfnisse zu stillen und die individuelle Mangellage des früheren Kindes zu kompensieren versuchten, so als wollten sie das frühe Leid ungeschehen machen und die realen Eltern ersetzen.

- Schließlich glaubt der traditionell arbeitende Analytiker auch einem vermeintlichen Irrglauben entgegentreten zu müssen, in körperlichen Aktionen ließe sich mehr und Tieferes als in der analytischen Imagination und Verbalisation ausdrücken. Dabei trifft eigentlich das Gegenteil zu: Wieviel differenzierter wäre der analytische Dialog zwischen Balint und seiner Patientin verlaufen, wenn er sich, statt sie zu einer anstößigen Handlung zu verführen, unter kontinuierlicher Beachtung der Gegenübertragung mit ihr über ihre Einfälle und Phantasien gesprochen und dabei die unbewußten Motive aufgedeckt hätte. Das Seelische wurzelt zwar im Körperlichen, aber die körperlichen Ausdrucksbewegungen bleiben immer mehrdeutig und verengen den seelischen Ausdruck auf das, was im Rahmen der allgemeinen Sitte gestisch-szenisch darstellbar ist, und das ist viel weniger als das, was symbolisch vermittelbar ist.

– Wenn der Analytiker direkt auf den Patienten eingeht und auf ihn reagiert, klammert er die bewußten und unbewußten Phantasien als zentralen Bereich der analytischen Psychotherapie aus. Von welchen Phantasien wird Balint geleitet, wenn er nicht auf die Phantasien der Patientin bezüglich ihres Bedürfnisses, einen Purzelbaum zu schlagen, eingeht? Hier steht das Handeln eindeutig im Dienste des Widerstands des Patienten. Auf seiten des Analytikers handelt es sich hier um einen eklatanten Fall von Gegenübertragungswiderstand und Gegenübertragungsagieren.

Ich möchte Balint hier einmal fiktiv auf eine solche Kritik antworten lassen, indem ich seinem Buch die entsprechenden Gedanken über die therapeutischen Aspekte der Regression entnehme:

– Die obige Kritik ist generell zurückzuweisen, da ich in dem Purzelbaumbeispiel einen regressiven Prozeß schildere, der offensichtlich im Dienste der Progression steht. Die Patientin ist im Übertragungsprozeß mit mir auf die Ebene der Grundstörung zurückgekehrt, um dort in einer arglosen und geschützten Atmosphäre eine neue Beziehungserfahrung zu machen, die ihr Leben heilsam verändert hat. Im einzelnen möchte ich auf folgende therapeutisch relevante Gesichtspunkte meiner Behandlungsmethode verweisen:

– Zunächst ist einem geläufigen Mißverständnis vorzubeugen, wenn »Übertragung« nur als Gefühlsübertragung von einer Person (z. B. in der Vergangenheit) auf eine andere Person (z. B. in der Gegenwart) verstanden wird. Wir, und hier schließe ich besonders Ferenczi mit ein, meinen nämlich mit Übertragung

»die ganze analytische Situation« (S. 158). Wenn meine Patientin in meinem Praxisraum den Einfall hat, einen Purzelbaum zu schlagen, und ich sie dabei ermutige, das zu tun, unterstütze ich sie gerade dabei, eine Übertragung in Szene zu setzen, da sie auf diesem Regressionsniveau auf die handelnde Reinszenierung angewiesen ist.

– Dabei fasse ich den Prozeß der Regression als ein interaktives Geschehen auf, das von meiner Patientin und mir in einem einmaligen dialektischen Vorgang geschaffen wird. Der Purzelbaum geschieht in einer Objektbeziehung und drückt auch deren Veränderung handlungssymbolisch aus. Die Patientin wagt, unterstützt durch die Erfahrungen mit mir, im umfassenden Sinne des Wortes, sich freier zu bewegen.

– Während des therapeutischen Prozesses regrediert die Patientin auf die Ebene ihrer Grundstörung, die völlig verschieden ist von der ödipalen Konfliktdynamik und mehr als Mangel oder Defekt zu verstehen ist. Wie bei meiner Patientin mit ihrer ängstlichen Mutter und ihrem zwanghaften Vater wird deutlich, daß das Kind und die Bezugspersonen, die seine Welt ausmachen, nicht richtig zueinander passen, daß es in den primären Objektbeziehungen an etwas gemangelt hat, das zu einer gesunden Entwicklung notwendig gewesen wäre. Eine solche Regression geschieht »mit dem Ziel des Erkanntwerdens« (S. 176 f.). Mein Beispiel zeigt auch, wie früh frustrierte Entwicklungsbedürfnisse wieder spürbar werden und wie sie ihrem Entwicklungsniveau entsprechend wahrgenommen und nachbehandelt werden können. Damit die Grundstörung ausheilen kann, »muß der Patient die Möglichkeit haben, auf die spezielle Form seiner Objektbeziehungen zu regredieren, in welcher der ursprüngliche Mangelzustand aufgetreten war, oder sogar auf eine noch darunter liegende Stufe. Dies ist eine Vorbedingung, die erfüllt sein muß, bevor der Patient, zunächst nur sehr versuchsweise, sein starres Verhaltensschema aufgeben kann. Erst dann kann er ›neu beginnen‹, d. h. neue Weisen der Objektbeziehung entwickeln, durch die er die aufgegebenen ersetzen kann.« (S. 202)

– Die Rückkehr auf die Ebene der Grundstörung wird getragen und gefördert durch eine einfache und gewährende Beziehung. Die

Atmosphäre ist arglos, und der Patient fühlt sich in einer schlich-
ten, vertrauensvollen Situation, in der ihm von seiner Umwelt
nichts Schädliches droht und in ihm auch nichts Schädliches
gegen die Umwelt gerichtet ist. Die Rolle des Analytikers gleicht
hier derjenigen der primären Substanzen oder Objekte.»Meiner
Ansicht nach besteht das wichtigste dieser Mittel darin, dem Patienten zu helfen, eine primitive Beziehung in der analytischen
Situation einzugehen, die seinem eingeschliffenen Schema
entspricht, und sie in ungestörtem Frieden aufrechtzuerhalten,
bis er die Möglichkeit neuer Formen der Objektbeziehung
entdecken, erleben und mit ihnen experimentieren kann.« (S.
201)
– Der Purzelbaum markiert genau einen der wenigen Wendepunkte, die sich während einer analytischen Psychotherapie ereignen.
Die Patientin hatte zu mir eine primäre Objektbeziehung
entwickelt, um in der gewährenden und unterstützenden Atmosphäre einen Durchbruch hinsichtlich ihres bisherigen Lebens-
musters zu wagen, d. h. ihre Wirklichkeit neu zu gestalten.
– Auf dieser Ebene verlieren die Worte ihre konventionelle Bedeutung, wird »die Erwachsenensprache oft unbrauchbar und irreführend« (S. 26).»Die Worte hören in solchen Perioden auch auf,
Vehikel für freie Assoziationen zu sein; sie werden leblos, repeti-
tiv und stereotyp. Sie klingen wie alte, abgespielte Grammo-
phonplatten, bei denen die Nadel immer in derselben Rille läuft.
Das gilt übrigens oft auch für die Deutungen des Analytikers;
auch sie scheinen während dieser Periode endlos das gleiche zu
wiederholen.« (S. 212)
– Es ist keineswegs so, daß ich das Übertragungsgeschehen, aus
welchen Gegenübertragungswiderständen auch immer, verfälscht
oder übersehen hätte, sondern ich habe ganz bewußt auf okno-
phile Übertragungsdeutungen verzichtet, weil sie in dieser Phase
von meiner Patientin als aufdringlich erlebt worden wären und die
regressions- und entwicklungsförderliche Atmosphäre zwischen
der Patientin und mir gefährdet hätten. Der Neubeginn meiner
Patientin wurde gerade erst dadurch möglich, daß ich mich ihr
nicht als ein zu scharf konturiertes Objekt gegenüberstellte und

mich hütete, mich für meine Patientin in ein kenntnisreiches, mächtiges oder gar omnipotentes Objekt zu verwandeln. Übertragungsdeutungen im herkömmlichen Sinne hätten den regressiven Prozeß blockiert.

> Über mehrere Jahre des Experimentierens mit nonverbaler Kommunikation habe ich zu einer Technik gefunden, »die es dem Patienten erlaubt, eine Zweier-Beziehung zu erleben, die nicht in Worten ausgesprochen werden kann und auch nicht ausgesprochen zu werden braucht, ja vielleicht nicht einmal ausgesprochen werden darf, die vielmehr gelegentlich nur durch das ausgedrückt wird, was man »agieren« in der analytischen Situation nennt. Ich beeile mich hinzuzufügen, daß alle nichtverbalen Mitteilungen und das Agieren natürlich durchgearbeitet werden, nachdem der Patient aus der Regression wieder aufgetaucht und auf die ödipale Ebene zurückgelangt ist – aber eben erst dann und nicht eher. (S. 211f.)

- Für mich »kann kein Zweifel darüber herrschen, daß etwas befriedigt werden muß, aber es ist recht schwierig, dieses »Etwas« als Abkömmling einer bestimmten Triebkomponente zu identifizieren.« (S. 164) Beispiele sind neben dem Purzelbaum: einen Finger oder die ganze Hand halten; den Sessel des Analytikers berühren; sich krankschreiben lassen; Extrastunden; Telefonate usw. Diese Regression führt zu einem Sehnen und Verlangen, und ich reagiere positv darauf, d. h., ich befriedige sie. (s. S. 164) Ich ersetze die Deutung nicht durch die Befriedigung, sondern die Befriedigung kommt als etwas Zusätzliches hinzu, je nach den Erfordernissen geht mal die Deutung und mal die Befriedigung voraus. So war ich z. B. in der entsprechenden Phase meines Purzelbaumbeispiels »nicht ein stimulierendes, erregendes oder verbietendes erwachsenes Objekt, in dessen Gegenwart eine junge Dame niemals daran denken könnte, einen Purzelbaum zu schlagen, sondern ein sicheres Objekt, in dessen Gegenwart ein Patient sich ein kindliches Lusterleben erlauben konnte.« (S. 165).

- Die tiefenpsychologischen Merkmale des Neubeginns kennzeichnen eine gutartige Regression, da sie der Fortentwicklung der Patienten dient. In diesem Prozeß spürt der Patient deutlich, daß er mit seinen seelischen Problemen weiter kommt und mehr zu sich bzw. seiner Wirklichkeit findet. Auch der Analytiker merkt an den Wirkungen seines Tuns und Lassens, ob er sich mit dem Patienten in einem benignen oder malignen Prozeß befindet.

Die gutartige Regression führt zu einer oder einigen wenigen Perioden eines echten Neubeginns, zur Entdeckung neuer Möglichkeiten des Liebens und Hassens. Damit tritt diese Form der Regression in den Dienst der Progression. Im Gegensatz dazu führt die maligne Regression in eine suchtartige Spirale: Die Patienten meinen niemals genug bekommen zu können. Sobald einer ihrer primitiven Wünsche befriedigt worden ist, stellte sich ebenso drängend ein neues Verlangen ein. In diesem Fall zielt die Regression auf die Befriedigung von Triebverlangen hin.

– Schließlich bitte ich meine Kritiker in Hinsicht auf die beobachtbaren Auswirkungen meiner therapeutischen Interventionen, es als eine Erfahrungstatsache zu respektieren, daß sich der beschriebene Neubeginn meiner Patientin katamnestisch über 30 Jahre hinweg als stabil erwiesen hat (S.157)

5. Weiterführung

Um Balints Gedanken weiterzuführen, möchte ich das Fallbeispiel aus meiner heutigen Perspektive erläutern, die sich aus den methodologischen Fesseln der Trieb- und Ichpsychologie befreit hat und sich einer beschreibungsnahen Analyse des Geschehens verpflichtet fühlt. Dabei wird dann die Wirkungsweise analytischer Körperpsychotherapie erläutert.

Die eingeschüchterte Mutter und der zwanghafte Vater von Balints Patientin fühlen sich in ihren eigenen Selbstsicherungen durch die spontane Lebendigkeit ihrer Tochter tief geängstigt und müssen sich vor der als bedrohlich erlebten Unberechenbarkeit seelischer Veränderungen schützen. Zur Abwehr sie bedrohender Gefühle und Affekte mußten die aufkeimenden Impulse des Kindes solange chronisch unterdrückt werden, bis sie auf das für die Eltern erträgliche Vitalitätsmaß reduziert waren. Die mißbilligenden Behinderungen lustvoller und interessanter Erlebniseinheiten können bei der Patientin auch zu tiefen Schamgefühlen geführt haben (Lichtenberg u. a. 1996). In der unausdrücklichen Teilhabe an der Einschränkung des frühen

Handlungsdialogs entwickelte die Patientin prozedural bzw. operativ ein gehemmtes Bewegungsmuster, das als basale Matrix ihre künftige Wirklichkeit strukturierte.

Durch die chronische Behinderung ihrer vitalen Handlungs- und Erlebenseinheiten (s. Freud, Spitz, Winnicott) geriet Balints Patientin bereits in der präverbalen Phase ihrer Entwicklung in den existentiellen Konflikt von Sein oder Nichtsein (Kutter 1981), d. h. in ein existenzbedrohendes Dilemma: Wenn sie ihre vitalen Tendenzen aus Angst vor deren Annullierung unterdrückte, würgte sie sich selber ab. Wenn sie sie zu leben versuchte, wurde sie durch die ihr unverzichtbaren primären Objekte, bzw. Objektrepräsentanzen abgewürgt. Das wirkte als implizites Wissen oder als implizite Phantasie bis in die aktuelle Wirklichkeitsgestaltung der Patientin nach. In der Regression setzte sich diese Grundstörung, nämlich die notgeborene Selbstabtötung im Dienste des Überlebens, wieder in Szene.

Nachdem sich nun dieses frühe Bewegungsmuster immer deutlicher herausformte, bot sie Balint ein schönes Bild für ihre Ängste vor der Realität seelischer Wandlungen, wie es prototypisch für sie und ihre Eltern ist, an. Mit dem seit frühester Kindheit vergeblich gehegten Wunsch, einmal einen Purzelbaum schlagen zu können, vermittelt sie Balint in anschaulicher Weise: Ich würde mich so gerne auf die Verwandlungswirklichkeit des Seelischen und das damit geahnte Lebensglück einlassen, wenn ich nicht so katastrophale Folgen befürchten würde. Das Grandiose von Balint ist nun: Er vermeidet eine adultomorphe Bearbeitung des Problems im repräsentierenden sprachlichen Verstehen, das in der guten alten Tradition der Übertragungsanalyse gestanden hätte. Er versteht das von der Patientin vorgebrachte Problem auf ihrem entsprechenden Entwicklungs- und Regressionsniveau. Seine grundlegende Intervention besteht darin, sie zu ermutigen, dieses frühe Individuationsproblem entwicklungsanalog zu begreifen und – was er ohne Piaget, Lichtenberg und Stern noch nicht sehen kann – selbst zu behandeln. Durch die Aufforderung: »Na, und jetzt?« bietet er ihr eine basale und präsentische Form des Verstehens an, welche die sprachliche erst begründet und ein »Erinnern« im Sinne Freuds erst möglich macht. Gleichzeitig ist dieser frische Einwurf Balints die basale therapeutische Hilfestellung, daß sich ihre traumatischen Erfahrungen in der Übertragung nicht wiederholen, sondern daß sie eine exemplarische neue Erfahrung macht, indem eine elterliche Figur ihr die nötige Sicherheit in der »Verwandlungswirklichkeit« (Salber 1993) des Seelischen bietet und sich an ihrer Existenz (ex-ire) erfreut.

Wenn man von der Notwendigkeit entwicklungsanaloger Sinnerfassungs- und Behandlungsmodi ausgeht, wird deutlich, daß eine Bearbeitung des Einfalls im Sinne der Übertragungsanalyse (z. B. daß sie vielleicht dem Vater/Therapeuten gefallen oder ihn gar verführen wolle) auf diesem Regressionsniveau einer Retraumatisierung gleichgekommen wäre. Wieder wäre sie durch die Reaktion eines gehemmten Gegenübers selber in ihrer Lebendigkeit gedämpft und latent beschämt worden. Balints Behandlungsbeispiel ist für mich eine beeindruckende historische Stelle in der Entwicklung der Psychoanalyse, und meine Wertschätzung für Balint wächst mit der Dauer der Schwierigkeiten der psychoanalytischen Forschung, seinen Beitrag an dieser Stelle voll zu würdigen und zu integrieren. Der Neubeginn der Patientin und die Wende in Balints Therapieverständnis haben innerhalb der Psychoanalyse noch keine Schule gemacht. Seine revolutionären bewegungs- und körpertherapeutischen Gedanken und Erfahrungen tradieren sich nur in der nachsichtig belächelten Akzeptanz des Händchenhaltens bei Patienten in gewissen Phasen der Regression.

Oben wurde die aktuelle Kritik an der analytischen Bewegungs- und Körperpsychotherapie retrospektiv auf das mittlerweile klassisch zu nennende Purzelbaumbeispiel angewendet und durch die Theorie von Balint selber, die mittlerweile eine breite Anerkennung gefunden hat, widerlegt. Dieses Vorgehen ist angeregt worden durch die Annahme von Jörg Scharff (1995) und ist vielleicht auch ein zusätzlicher Beleg dafür, daß die oft sehr heftige und nicht selten entwertende Kritik an Analytikern, die psychodynamische Verfahren in ihre Arbeit einbeziehen, eine Verschiebung des Methodenstreits zwischen den Vertretern der klassischen und den Vertretern neuerer Positionen innerhalb der psychoanalytic community auf die Körper- und Bewegungspsychotherapie generell bzw. auf die Minderheit der Psychoanalytiker, die Bewegungs- und Körperpsychotherapie in die

Behandlung ihrer Patienten einbeziehen, darstellt. Wir kennen ja bereits seit Adler (1909, 1911, 1912) und spätestens seit Mentzos (1984, 1988) interpersonale Formen der Abwehr und wissen, wie sehr diese psychosozialen Arrangements der Sicherung des individuellen Selbst und/oder der korporativen Identität dienen.

Literatur

Adler, A. (1909): Über neurotische Disposition. In: Adler, A.: Heilen und Bilden. Frankfurt a. M. (Fischer, 1973), S. 67-84.

Adler, A. (1911): Zur Kritik der Freudschen Sexualtheorie des Seelenlebens. In: Adler, A.: Heilen und Bilden. Frankfurt a. M. (Fischer, 1973), S. 94-113.

Adler, A. (1912): Über den nervösen Charakter. Frankfurt a. M. (Fischer, 1972).

Adler, A. (1929): Lebenskenntnis. Frankfurt a. M. (Fischer, 1978).

Balint, M. (1970): Therapeutische Aspekte der Regression. Stuttgart (Klett).

Danckwardt, J. F., Gattig, E. (1996): Die Indikation zur hochfrequenten analytischen Psychotherapie in der vertragsärztlichen Versorgung. Stuttgart (Frommann-Holzboog).

Dornes, M. (1998): Plädoyer für eine Neubetrachtung des Unbewußten. In: Trautmann-Voigt, S., Voigt, B. (Hg.): Bewegung ins Unbewußte. Frankfurt (Brandes u. Apsel).

Freud, S. (1912): Zur Dynamik der Übertragung. GW Band VIII, Frankfurt a. M. (Fischer, 1943), S. 363-374.

Freud, S. (1923): Das Ich und das Es. GW Band XIII, Frankfurt a. M. (Fischer, 1940), S. 235-289.

Freud, S. (1926): Die Frage der Laienanalyse. GW Band XIV, Frankfurt a. M. (Fischer, 1948), S. 209-286.

Frings, W. (1996): Humor in der Psychoanalyse. Stuttgart (Kohlhammer).

Fromm-Reichmann, F. (1959): Intensive Psychotherapie. Stuttgart (Hippokrates-Verlag).

Heisterkamp, G. (1990): Konturen einer tiefenpsychologischen Analyse originärer Lebensbewegungen. Teil I und II. In: Zeitschrift für Individualpsychologie, S. 83-85 und S. 163-176.

Heisterkamp, G. (1991): Freude und Leid frühkindlicher Lebensbewegungen. Empirische Säuglingsforschung und tiefenpsychologische Entwicklungstheorien. In: Ahrens, T., Lehmkuhl U. (Hg.): Beiträge zur Individualpsychologie. München, Basel (Reinhardt), S. 24-41.

Heisterkamp, G. (1997a): Die leibliche Dimension im psychotherapeutischen Dialog. In: Heigl-Evers, A., Heigl, F., Ott, J., Rüger, U. (Hg.): Lehrbuch der Psychotherapie. Stuttgart, Jena (Fischer), S. 410-426.

Heisterkamp, G. (1997b): Zur Führung des nonverbalen Dialogs in der Psychotherapie. In: Kurse, G., Gunkel S. (Hg.): Diagnostik und Psychotherapie depressiver Erkrankungen. Hannoversche Ärzte-Verlags Union, S. 107-130.

Heisterkamp, G. (1998a): Freude und Leid in Kurzbiographien von Psychoanalytikern. In: Wegner R. (Hg.): Beiträge zur Gewinnung und Anwendung psychologischer Erkenntnis. Essen (Akademie Verlags- u. Druck-Gesellschaft), S. 43-64.

Heisterkamp, G. (1998b): Der Umgang des Analytikers mit passageren Überschreitungen des Settings durch den Patienten. In: Geißler, P. (Hg.): Analytische Körperpsychotherapie in der Praxis. München (Pfeiffer).

Heisterkamp, G. (1998c): Körpersprachlicher Dialog und basales Verstehen im psychotherapeutischen Prozeß. In: Trautmann-Voigt, S., Voigt, B. (Hg): Bewegung ins Unbewußte. Frankfurt (Brandes u. Apsel).

Heisterkamp, G. (1999): Körperpsychotherapie. In: Reimer, C. und Rüger, U. (Hg.): Psychodynamische Psychotherapien. Berlin (Springer).

Hirsch, M. (1994): Der Körper des Patienten in der psychoanalytischen Psychotherapie. In: Psychotherapeut 39, S. 153-157.

Kohut, H. (1981): Die Heilung des Selbst. Frankfurt a. M. (Suhrkamp).

Kohut, H. (1987): Wie heilt die Psychoanalyse? Frankfurt a. M. (Suhrkamp).

Kutter, P. (1981): Sein oder Nichtsein, die Basisstörung der Psychosomatose. In: Prax Psychother. Psychosom. 26, S. 47-60.

Lehmkuhl, G. (1997): Buchbesprechung zu Danckwardt, J. F., Gattig, E. (1996): Die Indikation zur hochfrequenten analytischen Psychotherapie in der vertragsärztlichen Versorgung. Stuttgart (Frommann-Holzboog). In: Zeitschrift für Individualpsychologie 22, S. 245-246.

Lichtenberg, J. D. (1987): Die Bedeutung der Säuglingsbeobachtung für die klinische Arbeit mit Erwachsenen. In: Zeitschrift für psychoanalytische Theorie und Praxis 2, S. 123-147.

Lichtenberg, J. D., Lachmann, F., Fosshage, J. (1996): Werte und moralische Haltungen. In: Psyche 5, S. 407-443.

Mentzos, S. (1976): Interpersonale und institutionalisierte Abwehr. Frankfurt a. M. (Suhrkamp).

Mentzos, S. (1982): Neurotische Konfliktverarbeitung. Frankfurt a. M. (Fischer).

Piaget, J. (1948): Psychologie der Intelligenz. Zürich (Rascher).

Salber, W. (1965): Morphologie des seelischen Geschehens. Ratingen (Henn).

Salber, W. (1993): Seelenrevolution. Bonn (Bouvier).

Scharff, J. M. (1995): Zwischen Freud und Ferenczi: die inszenierende Interaktion (Teil I und II). In: Zeitschrift für psychoanalytische Theorie und Praxis, Jahrgang X, 3 und 4, S. 349-374 u. 442-461.

Stern, D. (1989): Die Repräsentation von Beziehungsmustern. Entwicklungspsychologische Betrachtungen. In: Petzold, H. (Hg.): Die Kraft liebevoller Blicke. In: Psychotherapie und Babyforschung. Bd. 2, Paderborn (Junfermann), S. 193-218.

Stern, D. (1996): Selbstempfindung und Rekonstruktion. In: Trautmann-Voigt, S., Voigt, B. (Hg.): Bewegte Augenblicke im Leben des Säuglings – und welche therapeutischen Konsequenzen? Köln (Claus Richter Verlag), S. 17-30.

Stern, D. (1998): Now-moments und Vitalitätskonturen als neue Basis für psychotherapeutische Modellbildungen. In: Trautmann-Voigt, S. u. Voigt, B., (Hg.): Bewegung ins Unbewußte. Frankfurt a.M. (Brandes u. Apsel).

Titze, M. (1995): Die heilende Kraft des Lachens. München (Kösel).

Gestische und mimische Interaktion in der primären Dreiecksbeziehung. Therapeutische Implikationen[1]

Elisabeth Fivaz-Depeursinge

Einleitung

Die Welt der primären Dreiecksbeziehung zwischen Vater, Mutter und Baby ist eine beinahe ausschließlich nonverbal-affektive. Obwohl diese Welt existiert, seit es Väter, Mütter, Kinder und Familien gibt, ist sie eine neue Welt insofern, als sie bis vor kurzer Zeit weitgehend unerforscht geblieben ist. Der wichtigste Grund dafür ist wahrscheinlich, daß der überwiegende Teil nonverbaler Kommunikation unbewußt abläuft. Nichtsdestoweniger formt sie jedoch, und im besonderen der trianguläre nonverbale Signalaustausch, das affektive Leben des Kindes.

Hier ist ein drei Monate altes Baby, Xerxès, zu sehen, das gerade mit beiden Eltern spielt. Während der ersten, 50 Sekunden dauernden Sequenz möchte ich die Aufmerksamkeit auf die Konfiguration »zu dritt« zwischen Mutter, Vater und Baby lenken. Einerseits kommunizieren Vater und Mutter miteinander, andererseits kommuniziert das Baby mit seinen beiden Eltern, es engagiert sich mit beiden von ihnen.

Sie spielen ein Spiel zu dritt, dessen Ziel darin besteht, sich gefühlsmäßig und spielerisch aufeinander zu beziehen, d.h. positive Affekte miteinander zu teilen. Wir sehen dabei, *wie* sich die drei Interaktionspartner gefühlsmäßig aufeinander beziehen, denn darin besteht die Grundlage für den familiären Kommunikationsstil. Wir wissen bereits: Wenn die Eltern die frühe trianguläre Interaktion des Babys unterstützen möchten, ist es notwendig, daß beide Elternteile eng zusammenarbeiten, insbesondere hinsichtlich der Ausrichtung ihrer Körper, um dem Baby dadurch zeigen zu können, was sie von ihm erwarten, nämlich daß es mit jedem von ihnen spielen soll. Sie müssen also während des Spiels ihre Bewegungen so koordinieren, daß das Baby versteht, daß es sich um ein Spiel zu dritt handelt. Darüber hinaus ist es genauso wichtig, daß sie sich gemeinsam flexibel auf die körperliche Ausrichtung des Babys in bezug auf je einen der beiden Elternteile einstellen. Unter diesen Bedingungen scheint es, daß Babys tatsächlich verstehen können, was von ihnen erwartet wird, sogar in diesem frühen Alter. Mit anderen Worten, sie konstruieren Schemata eines »Zusammenseins zu dritt« (Stern 1995).

Aber eine Drei-Personen-Beziehung ist viel komplexer, als wir bisher gesehen haben. Es gibt nämlich drei weitere Möglichkeiten, zu dritt zu interagieren, und zwar wenn je zwei der insgesamt drei Interaktionspartner miteinander kommunizieren und die jeweils dritte Person nur am Rande beteiligt ist, sozusagen als teilnehmender Beobachter. Somit sind folgende Konstellationen möglich:

1. Mutter und Baby interagieren, der Vater bleibt am Rande des Geschehens (erste »1+2«-Konfiguration).
2. Vater und Baby interagieren, die Mutter bleibt am Rande des Geschehens (zweite »1+2«-Konfiguration).
3. Vater und Mutter interagieren, das Baby bleibt am Rande des Geschehens (dritte »1+2«-Konfiguration).
4. Alle drei interagieren miteinander, wie auf der ersten Videosequenz zu sehen war (Interaktion zu dritt).

Diese vier Interaktionskonfigurationen sind die Grundlage der Lausanner »Triadic Play Situation« (LTP), die A. Corboz und ich zur systematischen Erforschung von Vater, Mutter und Kind als Familieneinheit entwickelt haben (Corboz-Warnery, Fivaz-Depeursinge, Gertsch-Bettens u. Favez 1993, Fivaz-Depeursinge u. Corboz-Warnery 1995, Fivaz-Depeursinge u. Corboz-Warnery, in Druck, Fivaz-Depeursinge, Stern, Bürgin, Byng-Hall, Corboz-Warnery, Lamour u. a. 1994).

Wir haben eine Reihe von Familien verschiedener Altersgruppen in der LTP untersucht und eine Methode entwickelt, um die Interaktion zu dritt systematisch darzustellen. Alle vier Interaktionsmuster zusammen erlauben einer Familie so zusammenzuarbeiten, daß sie das Ziel ihres Spiels, sich spielerisch zu dritt aufeinander zu beziehen, erreichen können (Fivaz-Depeursinge, Frascarolo u. Corboz-Warnery 1997).

Etwas präziser: Wir versuchen zwei Fragen zu beantworten:

a) Arbeiten alle drei Interaktionspartner tatsächlich als Einheit zusammen?

b) Unterstützen oder stören die Eltern einander wechselseitig in ihren jeweils zugeteilten Rollen?

Der Grad an wechselseitiger Koordination innerhalb der vier genannten Interaktionskonfigurationen bestimmt den Typus des Familienbündnisses, angeordnet auf einer Skala zwischen genügend guten und problematischen Bündnissen. (Vielleicht fällt jemandem an dieser Stelle die Analogie zum therapeutischen Bündnis und zum therapeutischen System auf; tatsächlich behaupten wir, daß die Qualität des Familienbündnisses in vielen Aspekten mit dem therapeutischen Bündnis vergleichbar ist.)

Ich möchte damit beginnen aufzuzeigen, wie Familien mit einem drei Monate alten Baby zusammenarbeiten. Dann werde ich mich darauf konzentrieren, wie der teilnehmend-beobachtende Elternteil und das Kind einander helfen können. Schließlich werde ich beleuchten, wie neun Monate alte Kinder intentionale trianguläre Bewegungen in Richtung beider Elternteile durchführen und wie beide Eltern darauf antworten. Ich werde mit Anmerkungen über therapeutische Implikationen dieses Modells schließen.

Eine Darstellung von Familienbündnissen

Wir nehmen an, daß es, wie im folgenden beschrieben, vier notwendige Funktionen in jeder »Face-to-Face«-Interaktion gibt (Therapiesituationen eingeschlossen), so auch in der LTP. In problematischen Familienbündnissen entgleisen die erste und/oder zweite Funktion und machen es unmöglich, ein spielerisches Teilen von positiven Gefühlen zu erreichen. In genügend guten Familienbündnissen werden zumindest die ersten beiden Funktionen gut erfüllt; wie die dritte und/oder vierte Funktion gelingt, ist von sekundärer Bedeutung.

1. Funktion: Partizipation –
einander einschließen vs. einander ausschließen

Die erste Funktion wird Partizipation genannt. Dies bedeutet, daß wir danach fragen, ob die Partner einander, im Verlauf der gesamten Spielsituation, in die Interaktion einschließen oder ob jemand ausgeschlossen bleibt. Wenn irgend jemand draußen bleibt, dann wird damit nonverbal ausgedrückt, daß die betreffende Spielsituation nicht als Dreiergruppe durchgeführt werden kann. Einschließen und Ausschließen sind primär körperliche Aktivitäten (Kendon 1990). Tatsächlich signalisieren wir überwiegend auf nonverbalem Weg, ob wir Interaktionspartner ein- oder ausschließen, z.B. dadurch, daß wir uns körperlich einander zu- oder abwenden.

In der Familie von Xerxès war es offensichtlich, daß jedermann in die Interaktion eingeschlossen war. Ich möchte im folgenden, hier am Beispiel des Kindes, eine Ausschließungssituation zeigen, die jedwede gemeinsame affektive Kommunikation verunmöglicht.

Bob sitzt, wie auf diesem Dia zu sehen ist, verdreht in seinem Kindersitzchen. In dieser Sitzposition ist es ihm unmöglich, sich am elterlichen Spieldialog zu beteiligen. Was war in dieser Familie vorgefallen, daß es schließlich zum Ausschluß von Bob gekommen war? Die Eltern konnten sich nicht über die korrekte Neigung des Kindersitzchens (als Äquivalent einer Situation, in der das Kind auf dem Schoß eines Elternteils gehalten wird) einigen.

Der Vater nimmt den unbehaglichen Zustand seines Sohnes im Kindersitzchen als erster wahr und ändert dessen Neigung. Er hat sich darüber aber nicht mit der Mutter abgestimmt, so daß diese sich bald darauf dadurch revanchiert, daß sie die ursprüngliche Sitzneigung wieder herstellt, wiederum ohne Absprache mit ihrem Mann.

Die Folge ist, daß sich der affektive Gesamtzustand der Familie dramatisch verschlechtert.

Dieser Konflikt zwischen den Eltern scheint beide dermaßen blind für die Situation ihres Kindes zu machen, daß sie während der Spielperiode zu dritt völlig erstarrt in ihren Verhaltensmustern wirken. Sie schränken einander in den Möglichkeiten, auf das Kind beruhigend einzuwirken, vollkommen ein. Dieses unternimmt einen Versuch, sich selbst zu beruhigen, indem es am Riemen des Kindersitzchens zu lutschen beginnt. Dieses Beispiel zeigt in dramatischer Weise auf, was durch Ausschließung aus der gemeinsamen Interaktion in Gang gesetzt werden kann. Es ist wichtig, sich zu vergegenwärtigen, daß das Baby an diesem Prozeß teilnimmt; es spürt offenbar genau, was passiert, ohne die Situation zu verstehen. Offenkundig ist auch, daß seine eingezwängte Sitzhaltung, sein Lutschen am Riemen und sein Rückzug aus der Interaktion nur dazu führen, daß sich die negativen Gefühle der Eltern noch weiter verstärken.

2. Funktion: Rollenkonstanz bzw. Organisation – die Rollen beibehalten vs. die Rollen aufgeben (Rollenumdrehung oder Rollenverlust)

Es kann genauso geschehen, daß niemand ausgeschlossen wird, aber daß sich die Entgleisung auf einen anderen Aspekt bezieht: die Umdrehung der Rollen von Aktivität bzw. anteilnehmender Beobachtung; eine Entgleisung ist dabei in jeder der oben beschriebenen Konfigurationen möglich. Wir nennen diese Funktion auch »Organisation«.

In dieser Familie begann der Vater mit Regina zu spielen, während die Mutter das Geschehen als Dritte beobachtete. Der Vater lehnte sich zum Kind hin, kam Regina dabei aber etwas zu nahe, so daß sie sich reflektorisch abwendete. Dadurch geriet die Mutter in ihr Blickfeld. Diese war aber nun in ihrer Rolle als beobachtende Dritte zu nah an Regina. Die zwischen ihr und Regina entstandene Nähe wäre günstiger für direkten Spielkontakt gewesen. Reginas Mutter konnte der Versuchung tatsächlich nicht widerstehen und nahm eine spielerische Interaktion mit ihr auf. Sie verließ damit die ihr zugeteilte Rolle als teilnehmende Beobachterin.

Die Mutter mischte sich auch noch auf andere Weise ein. Der Vater versuchte inzwischen weiterhin, noch näher an das Kind heranzugehen, um doch noch dessen Aufmerksamkeit zu erlangen. Dadurch verstärkten sich die Rollenumkehrungen der Eltern schrittweise noch mehr.

Der Vater gab jedoch nicht auf! Als er später selbst die Rolle des beobachtenden Dritten zugeteilt bekam und sich Regina zufällig in seine Richtung drehte, begann er Grimassen zu schneiden, so daß Regina nicht anders konnte, als ihn anzusehen. Die Mutter drehte sich daraufhin gekränkt zur Seite. Aber anstatt ihre Verletzung an Vaters Adresse zu richten, wandte sie sich vorwurfsvoll an Regina und meinte zu ihr:»Du bist heute überhaupt nicht an mir interessiert!«

Dieses Interferenzmuster wiederholte sich genauso während des Spiels zu dritt, indem jeder der beiden Elternteile sein eigenes Spiel spielte und dabei versuchte, Reginas Aufmerksamkeit zu erhaschen. Offenkundig war Regina dadurch verwirrt, und ihr Gesichtsausdruck wurde zunehmend negativer.

Nochmals: Diese Familieninteraktion steht in scharfem Kontrast zu jener von Xerxès' Familie, in welcher jeder Elternteil seine ihm zugeteilte Rolle beibehielt.

Ausdrücklich ist hier festzustellen, daß bereits in einem derart frühen Kindesalter elterliche Konflikte in das Kind hineingetragen werden können. Die beiden Elternteile sind in einer um die Aufmerksamkeit des Kindes rivalisierenden Kollusion gefangen, in welcher sie ihre im Zuge des Rivalisierens auftretenden Spannungen auf das Kind verschieben, so daß dieses gar nicht anders kann, als das Spiel der Eltern mitzuspielen, freilich ohne es selbst zu bemerken (Vogel u. Bell 1960). Wir werden auf diesen wichtigen Punkt nochmals zurückkommen, wenn Regina neun Monate alt ist.

3. Funktion: Ausrichtung der Aufmerksamkeit – gemeinsamer Fokus vs. verschwommener Fokus

Es kann genauso gut sein, daß niemand ausgeschlossen wird und daß alle drei Interaktionspartner in ihren Rollen bleiben. Genauso notwendig für das Erreichen eines Zustandes affektiver Kommunikation ist aber, daß alle drei der stattfindenden Aktion folgen, in diesem Fall dem gemeinsamen Spiel, und daß sie diesen Fokus miteinander teilen und sich dabei gegenseitig unterstützen. Wir nennen diese Funktion daher *gemeinsame Aufmerksamkeit*.

Es gibt viele mögliche Störungen in der Suche nach einem gemeinsamen Fokus. Die vom aktiven Elternteil vorgeschlagenen Spiele können unklar sein, oder sie können zu uninteressant sein, sodaß sie die Aufmerksamkeit des Kindes zu wenig erregen. Oder sie können bruchstückhaft sein, es kann an notwendiger Modulation, d. h. an den notwendigen Höhen und Tiefen, fehlen. Oder es kann sein, daß der teilnehmende Beobachter zurückgezogen ist, anstatt präsent zu bleiben. Oder in der Konfiguration zu dritt können die Eltern Probleme damit haben, sich miteinander zu koordinieren, so daß die Aufmerksamkeit des Kindes möglicherweise aufgespalten wird, anstatt zwischen beiden Elternteilen zu oszillieren. Man beachte dabei, daß das allermeiste des eben Gesagten auf nonverbale Weise geschieht: als »Musik«, als »Tanz«.

Nun ein Beispiel, wo alle drei in die Interaktion eingeschlossen sind und ihre Rollen beibehalten, jedoch das Spiel, das die Eltern versuchen in Szene zu setzen, bruchstückhaft ist:

Diese Interaktionsform steht sehr in Kontrast zu jener der Familie von Xerxès, in der die Eltern klar initiativ wurden und jeder mit dem anderen in Kontakt blieb.

4. Funktion: affektiver Kontakt –affektive Abgestimmtheit vs. affektive Nichtabgestimmtheit

Wie man vielleicht im vorigen Beispiel sehen konnte, war die Affektregulation auf irgendeine Weise flach. Die Entgleisung der vierten Funktion, des *affektiven Kontakts*, kann aber genauso eintreten, wenn die Spielpartner einen gemeinsamen Fokus gefunden haben. Das Problem besteht dann darin, zu einer Feinabstimmung wechselseitig auftretender Affekte zu gelangen. Beispielsweise können die Eltern entweder über- oder unterschießend reagieren, so daß es für das Kind schwer ist, in Abstimmung mit ihnen zu bleiben.

Zugegebenermaßen ist die Entgleisung im letzten Beispiel (Video) weniger bedeutsam, und was in einer solchen Familie zählt, sind die immensen Ressourcen, über die sie verfügt. Dennoch ist die Fähigkeit dieser Familie, gemeinsam zu »tanzen«, eingeschränkt.

Vollständige Ausführung
aller vier Funktionen

Wir wollen nun zum ersten Beispiel zurückkehren, in welchem alle
Funktionen genügend entwickelt und koordiniert waren, so daß alle
Interaktionspartner jenen affektiven Kontakt erreichen konnten, der
für den Erfolg eines solchen Spiels notwendig ist. Nachdem wir inzwischen alle vier dazu notwendigen Funktionen definiert haben, sind
wir nun in der Lage, an diesem Beispiel zu erkennen, daß jeder eingeschlossen ist, daß jeder in seiner Rolle bleibt, daß alle den gewähl-
ten Fokus halten können und daß sich zwischen ihnen tatsächlich
eine emotionale Feinabstimmung einstellt; darin besteht der
notwendige Kontext, um Momente affektiver Kommunikation zu erleben, so daß jeder der drei Interaktionspartner das gemeinsame
»Miteinander« erfahren kann.

Intersubjektive Triangulierung
im Alter von neun Monaten

Wir wissen im Detail durch die Arbeit von D. Stern (1985), daß sich
im Laufe des ersten Lebensjahres der affektive Kontakt des Kindes
zu seinen Bezugspersonen vertieft und in einen Zustand der Inter-
subjektivität mündet. Diese neue Entwicklung betrachten wir nun
vom Standpunkt aus, wie der beobachtend-teilnehmende Elternteil
und das Kind einander in der Erreichung ihres Ziels, der intersubjektiven Kommunikation, helfen.

Gemäß den meisten bisherigen Theorien wird angenommen, daß
die frühkindliche Entwicklung von *dyadischen Interaktionen* im Alter ab
drei Monaten zu *triadischen Interaktionen* im Alter ab neun Monaten
voranschreitet (Bakeman u. Adamson 1984). Darüber hinaus wird
angenommen, daß sich der Begriff »triadisch« diesbezüglich auf das
Kind, die Mutter und ein physisches Objekt bzw. äußeres Ereignis
bezieht. Ein Beispiel einer triadischen Objektinteraktion würde darin
bestehen, wenn ein Kind auf ein äußeres Objekt hinzeigt und dann die
Mutter anschaut, oft mit einem fragenden Gesichtsausdruck. Es

vertraut der Mutter, daß diese das Signal des Hinzeigens auf das Objekt als Absicht ihres Kindes erkennt, nämlich daß die Mutter ihr dieses Objekt geben soll. Diese Fähigkeit, sich auf eine dritte Position zu beziehen, und zwar nonverbal, ist charakteristisch für das intersubjektive Stadium. Man nennt sie »referentielle Kommunikation« und meint damit, daß das Kind nun weiß, daß es selbst eine Psyche hat, mit Absichten, Zielen, Gefühlen, und daß auch seine Interaktionspartner über eine solche Psyche verfügen; daß alle diese Erfahrungen entweder miteinander teilen, sie verstecken oder für sich behalten können, oder daß sich Mißverständnisse zwischen ihm und seinen Interaktionspartnern einstellen können (Trevarthen u. Hubley 1978).

Wenn man LTP-Sitzungen neun Monate alter Kindern untersucht, dann kann man feststellen, daß die Fähigkeit, sich aufeinander zu beziehen, sich auf die trianguläre Interaktion in diesem Stadium ausgeweitet hat. Ich werde Beispiele benutzen, die sich mit der uns am besten bekannten kindlichen Strategie, dem »social referencing«, befassen (Klinnert, Emde, Butterfield u. Campos 1986).

Soziale Bezogenheit und Affektabstimmung in genügend guten Familienbündnissen

Wir wollen zur Familie von Xerxès zurückkehren, die diesen wunderbaren »Tanz« im Alter von drei Monaten aufwies. Xerxès ist nun neun Monate alt, und wir befinden uns in der Spielsituation zu dritt.

Man kann sehen, wie Xerxès das Gesicht der Mutter prüfend ansieht, bezogen auf etwas, was mit seinem Vater geschehen war.

Die Geschichte war folgende: Dieses Kind orientiert sich mehr an seiner Mutter, weil sich diese leidenschaftlicher auf Xerxès bezieht als der Vater. Daher muß sich der Vater ein wenig aufdrängen, um in die Interaktion zu dritt eingeschlossen zu werden. Hier versuchte er gerade, seine Frau nachzuahmen. Er küßte geräuschvoll den Fuß von Xerxès. Es war aber zu sehen, daß dies eigentlich nicht seine originäre Art war, sondern lediglich eine Imitation von Xerxès' Mutter.

Xerxès war daher erstaunt und wendete seinen Blick zur Mutter, wie wenn er fragen würde: »Was hat das (Vaters Verhalten) zu bedeuten?«

Die Antwort der Mutter korrespondierte mit dem, was Stern »Affektabstimmung« nennt (Stern, 1984). Es geht dabei um ein Antwortverhalten, durch das sich die Mutter auf das innere Gefühl des Kindes bezieht, mehr als nur auf sein äußeres Verhalten. Es besteht darin, daß eine nonverbale Übersetzung des kindlichen Signals geschieht, so daß die Mutter dem Kind auf nonverbale Art und Weise zeigen kann, daß sie seinen inneren Gefühlszustand versteht. Was tut sie wirklich: Sie öffnet den Mund in einem erstaunten Ausdruck und lächelt dann achselzuckend, als würde sie sagen: »Du warst überrascht, nicht wahr? Es ist aber alles in Ordnung, mach nur weiter!« Damit reflektiert sie den inneren Zustand des Kindes. Und damit zeigt sich auch die Macht, die der Mutter in einer solchen Situation zukommt, denn *sie definiert die Situation.*

Essentiell ist dabei, *wie* die Mutter das Angebot des Kindes validiert. Hierdurch verfestigt sich intersubjektive Kommunikation, in diesem Beispiel durch Affektabstimmung. Aber oft genug laufen derartige Abstimmungsversuche fehl, wie eben in problematischen Familienbündnissen.

Soziale Bezogenheit und Affektabstimmung in problematischen Familienbündnissen

Man kann hier sehen, wie soziale Bezugnahme und Affektabstimmung in Reginas Familie aussehen. Es handelt sich um jene Familie, in der es mit drei Monaten zu zahlreichen Interferenzen zwischen den Eltern gekommen war.

Man konnte nun sehen, daß der Vater versuchte, ein Glasspielzeug in das gemeinsame Spiel mit Regina einzuführen (beide hatten Spaß dabei), daß die Mutter diesen Versuch des Vaters jedoch mißbilligte, weil unsere Instruktion gelautet hatte, wenn möglich ohne äußere Hilfsmittel miteinander zu spielen. Als jedoch sie selbst an der Reihe war, mit Regina zu spielen, wußte sie zunächst nicht, wie sie mit der Situation umgehen sollte (Regina schien weiterhin am Glasspielzeug interessiert zu sein). Schließlich benutzte sie ebenso das Glasspielzeug, um Reginas Aufmerksamkeit zu bekommen.

Als der Vater die Verlegenheit seiner Frau sah, brach er in lautes Lachen aus, unüberhörbar für Regina. Mit zwei unvereinbaren Botschaften war diese nun konfrontiert. Sie wandte sich daher von der Mutter ab. Statt dessen wandte sich Regina ihrem Vater (mit dem sie vorhin so viel Spaß gehabt hatte) sehr aufmerksam zu; sie schien an seinem Gesicht ablesen zu wollen, wie sie den mißbilligenden Tonfall der Mutter interpretieren sollte. Ihr Blick schien zu bedeuten: »Wie soll ich all dies verstehen?«

Wie wir weiter sehen können: Als Antwort auf den fragenden Blick von Regina hatte der Vater seinen Gesichtsausdruck verändert, indem er sich nun neutralisierend und abmildern zeigte. Bestenfalls konnte Regina daraus eine mehrdeutige Antwortgeste herauslesen, die ihr aber nicht viel weiterhelfen würde. Sie fühlte sich in diesem Augenblick wahrscheinlich ziemlich alleingelassen.

Also wandte sie sich nun wieder zur Mutter, die aber eine für Regina zu komplizierte Antwort gab. Sie sagt in vorwurfsvollem Ton: »So soll man nicht mit einem Glasspielzeug spielen!«

Es war zu sehen, daß daraufhin in Reginas Gesicht ein Ausdruck von Ärger und Mißempfinden auftrat. Sie schien zu schmollen.

Dann geschah etwas, was Stern selektive Fehlabstimmung nennt (Stern 1985): Die Mutter imitierte Reginas Schmollen in übertriebener und beinahe spöttischer Art und Weise und sagte: » Ja, ich weiß, Du magst das nicht ... so ist das eben im Leben!«, und sie schüttelte ihren Kopf in einer Art und Weise, so daß deutlich war: Sie stimmte sich auf den schmollenden Zustand von Regina ein – allerdings interpretierte sie Reginas Gefühle in verzerrter Weise. Andere Beobachtungen zeigten, daß die sich mit Regina nicht abstimmte, wenn diese Spaß hatte oder aber traurig war.

Es geht in diesem Beispiel um eine spezielle Form der gegenseitigen Abstimmung. Sie ist selektiv in der Weise, als sich die Mutter vorzugsweise auf Reginas frustriert-schmollenden Ausdruck bezog. Aber noch mehr: Die Mutter reagierte spöttisch. Durch diese spezielle und einseitige Art der Abstimmung wird die Bedeutung der inneren Gefühle Reginas verfälscht.

Anzunehmen ist, daß Regina wegen der Unstimmigkeiten zwischen ihren Eltern frustriert war. Die Mutter transformierte

Reginas Gefühle jedoch implizit auf eine Art und Weise, so daß diese sich schuldig fühlen würde.

Zusammenfassend: Regina war ebenso wie Xerxès in der Lage, mit dem »social referencing« der Eltern umzugehen. Mehr noch: Die selektive Abstimmung der Mutter mit ihrem Schmollen hatte dazu geführt, daß Regina ihr Schmollen auch einzusetzen gelernt hatte, um damit die Eltern zum Lachen zu bringen, so daß sich die Gesamtsituation wieder entspannte. Doch hatte sich dadurch ihr Affektspektrum eingeschränkt (was an ihrem Gesichtsausdruck abzulesen war); das negative Gefühlsspektrum überwog, und zwar deswegen, weil ihr negative Gefühle intersubjektive Kommunikation mit ihrer Mutter erlaubten, andere hingegen nicht.

Parentifizierung in problematischen Familienbündnissen

Nun kommen wir zu Bobs Familie. Das ist die Familie, die mit der Neigung des Kindersitzchens Probleme hatte. Bob ist nun neun Monate alt. Er kann schon alleine sitzen und ist zumindest von der Sitzhaltung her nicht mehr aus der gemeinsamen Kommunikation ausgeschlossen.

Anfangs hatten Bobs Eltern Schwierigkeiten, in ein gemeinsames Spiel einzusteigen, wie es typisch für Familien mit depressiven Müttern ist. Der Vater verabsäumte es, seine Frau zu unterstützen, und das Kind wurde zuerst auf den Zustand der Mutter aufmerksam und versuchte, mit ihr zu spielen. Dabei sah Bob seinen Vater fragend an (social referencing), ob dies auch in Ordnung sei. Bob schien nicht sicher zu sein, ob er sich auf seine Mutter einlassen sollte, weil sie ja deprimiert war. Bobs Verunsicherung dauerte eine Weile an.

Schließlich wendete sich die Mutter an ihren Mann und fragte ihn: »Möchtest Du nicht mit Bob spielen?« Hier zeigte sich nun der Konflikt zwischen den Eltern. Der Vater schien zu erstarren und verhielt sich zurückhaltend und schweigsam, wie er es immer tat, wenn sich seine Frau an ihn wandte. Er trat immer erst mit Verzögerung in Aktion. Genau in diesem »Fenster«, dieser Zeitspanne der

Verzögerung, begann Bob in die Interaktion einzutreten. Dabei sah er aufmerksam seine Mutter an. Er schien ihren Zustand genau wahrzunehmen, er zeigte dies sogar an:

Das Problem der Mutter bestand aufgrund ihrer Depression darin, sich wirklich voll auf die Beziehung mit Bob einzulassen, z. B. ihn wirklich engagiert zu berühren. Als sie ihre Frage (»Möchtest Du mit Bob spielen?«) in hohem, monotonem Tonfall gestellt hatte, machte Bob, als Zeichen seiner Einfühlung mit ihr, einen tiefen Seufzer der Erleichterung und lächelte. Daraufhin seufzten beide, Bob und seine Mutter, dies war nun ihre Form intersubjektiver Kommunikation.

Mit anderen Worten, Bob übersetzte ihr inneres Gefühl in ein Affektsignal, das ganz anschaulich ihre innere Erleichterung darüber ausdrückte, daß dieses für sie so anstrengende Spiel beendet werden konnte.

Dadurch wurde es der Mutter schließlich möglich, in intersubjektive Kommunikation mit Bob zu kommen. Sie wendete sich zu ihm, und beide waren nun in der Lage, einen Zustand des gemeinsamen Affektteilens zu erleben.

Mit anderen Worten, zu einem Zeitpunkt, als sich der Vater aus der Interaktion herausgenommen hatte, war es Bob gewesen, der die Verantwortung für die Mutter übernommen hatte, indem er sich affektiv auf sie abstimmte. Wir haben hier ein typisches Beispiel von Parentifizierung.

Nicht unerwähnt soll bleiben, daß sich Bobs Mutter wirklich anzustrengen schien, in Kontakt mit ihrem Sohn zu kommen, daß ihre Kräfte aufgrund ihrer Depression jedoch bald erschöpft waren.

Der Preis, den ein Kind für einen Akt der Parentifizierung zu zahlen hat, sollte nicht übersehen werden. Anschließend durchlief Bob eine Episode, die Stern »Mikrodepression« nennt (man sieht dies nur, wenn man die Videogeschwindigkeit stark verlangsamt). Es war zu sehen, wie er motorisch für kurze Zeit vollständig desorganisiert war und unkontrolliert sein Arme und Beine hängen ließ.

Therapeutische Implikationen

Das beschriebene Modell beinhaltet eine Vielzahl von therapeutischen Implikationen. Einerseits liefert es Richtlinien für Interventionen in sehr frühen Phasen des Familienlebens. Andererseits trägt es zum Verständnis therapeutischer Beziehungen im allgemeinen bei.

Bezogen auf frühe Interventionen liegt sein Vorteil darin, daß man feststellen kann, worin die Ressourcen einer Familie bestehen, welche Funktionen intakt sind und wie es zum Scheitern von Funktionen kommt, v. a. welche Funktionen zuerst zusammenbrechen. Interventionen können auf diese Weise präzis dort ansetzen, wo sich das Scheitern eben abzuzeichnen beginnt (Fivaz-Depeursinge 1991).

In vielen Fällen intervenieren wir ganz direkt im LTP-Setting, weil unser forschungsmäßiges Vorgehen nicht immer exakt von Interventionen getrennt werden kann. Wir greifen mit nonverbalen Mitteln ein. Unsere Intention besteht darin, den Eltern eine ausreichend sichere Umgebung zu verschaffen, so daß sie wiederum ihrem Baby genügend Sicherheit vermitteln können (Corboz-Warnery u. Fivaz-Depeursinge 1994, Fivaz-Depeursinge, Corboz-Warnery u. Favre 1989). Hierbei ist besonders zu beachten, daß wir der Regel folgen, nie ein problematisches nonverbales Muster aufzudecken oder zu interpretieren. Dies würde nämlich auf »wilde Interpretation« hinauslaufen.

Hier geht es um ein Beispiel, bei dem das Kind ausgeschlossen wurde. Die Intervention wurde in diesem Fall in einer dyadischen Situation (Mutter und Kind) vorgenommen, jedoch sind die gleichen Prinzipien gültig wie bei Interventionen in Triaden oder Familien.

Es handelt sich um eine Fütterungssituation zwischen einem Kind und seiner Mutter, die wegen eines postpartalen Zusammenbruchs hospitalisiert wurde. Zwischen den beiden konnte kein unmittelbarer Kontakt festgestellt werden. Das Eßverhalten des Babys schien völlig in Ordnung, doch klagte die Mutter darüber, daß es keinen Hunger hätte. Ihre depressive Verfassung und die dadurch bedingte Kontaktlosigkeit der Mutter gegenüber ihrem Kind war so offenkundig, daß ich beschloß, etwas zu tun. Ich näherte mich ihr, hielt sie unterstützend in meinen Armen und begann sie sanft zu wiegen, wobei ich darauf achtete, mich nicht von ihrer Depression anstecken zu lassen. Schrittweise wurde sie dadurch in der Lage versetzt, ihre Aufmerksamkeit mehr und mehr auf ihr Baby zu richten, und zwar in dem Maß, wie ich ihr Aufmerksamkeit schenkte. Plötzlich unterbrach sie die haltende Interaktion zwischen uns. Ein paar Minuten später sprachen wir darüber, was in ihr vorgegangen war. Das Baby richtete mittlerweile die Augen aufmerksam auf sie, und sie beantwortete diesen Blick auf sanfte Art und Weise. Überraschenderweise lenkte das Baby etwas später den Blick in meine Richtung; die Mutter unterbrach unseren Kontakt, indem sie den Kopf ihres Kindes so anhob, daß sie die dyadische Interaktion zwischen beiden wiederherstellte. Nach einer Weile wandte ich mich ab und zog mich zurück. Daraufhin stellte sich sofort wieder der ursprüngliche Zustand der Kontaktlosigkeit zwischen Mutter und Baby her.

Ich hatte diese Intervention spontan vorgenommen und war sehr neugierig, was sich daraus entwickeln würde. Als wir gemeinsam das Videoband ansahen und die Interaktionsfolgen detailliert analysierten (Fivaz-Depeursinge, Guillemin, Cornut-Zimmer u. Martin 1984), konnten wir feststellen, daß am Beginn die Mutter ihr Kind auf eine Weise hielt, daß dieses kaum Blickkontakt mit ihr aufnehmen konnte. Als ich dann die Mutter körperlich unterstützte und sanft wiegte, veränderte die Mutter ihre Körperhaltung, das Kind konnte nun Augenkontakt mit ihr aufnehmen, und die Mutter konnte darauf positiv antworten.

Dieses Beispiel verdeutlicht, was wir meinen, wenn wir von genügend sicherer Umgebung für die Eltern sprechen. In diesem Fall erfolgte die Herstellung von ausreichender Sicherheit über Körperkontakt, und dieser ist häufig bei peri- und postnataler Überlastung der Mutter und/oder des Vaters indiziert. Die Unterstützung muß nicht immer konkret-körperlich erfolgen, sie kann genauso eine symbolische sein. Entscheidend ist, die Intervention auf eine Weise zu setzen und auch so zu »timen«, daß sich daraus *spontan und wie selbstverständlich* eine Interaktion zwischen Eltern und Kind entwickelt bzw. zwischen dem beobachtenden Elternteil und dem Kind.

Was bedeutet dies für Therapien im allgemeinen? Wir verfügen über Studien verschiedener Therapiesituationen, parallel zu dem, was wir in frühen Dreiecksbeziehungen beobachtet haben; Studien von Einzel-, Paar- und Familientherapien. Allmählich haben wir entdeckt, daß frühe interaktive Prozesse genauso in späteren Lebens- und Altersstadien beobachtbar sind. Einschließen und Ausschließen, die Interaktionsrollen beibehalten oder umdrehen bzw. sich enthalten, sich auf einen Fokus beziehen und diesen beibehalten oder nicht, in affektivem Kontakt bleiben oder aus dem Kontakt herausgehen – all diese Funktionen existieren in affektiven, meist impliziten und unbewußten Interaktionen in jeder Form von Therapie. Sicherlich werden die Kriterien, die diese Funktionen definieren, mit zunehmendem Alter immer komplexer, besonders auch deswegen, weil sie dann mit der verbalen Kommunikation in Verbindung stehen. Die Mikroanalyse intersubjektiver Prozesse mittels Beobachtung mimischer, gestischer und stimmlicher Verhaltensweisen ist deswegen von so besonderem Interesse, weil diese Verhaltensweisen gewöhnlich weder vom Therapeuten noch vom Patienten bemerkt werden (de Roten, Fivaz-Depeursinge, Stern, Corboz-Warnery u. Darwish, in Druck, Krause u. Lütolf 1988, Stern, Fivaz-Depeursinge, de Roten, Corboz-Warnery u. Darwish 1996).

Schlußfolgerungen

Wie man sehen kann, haben unsere Beobachtungen der affektiven und nonverbalen Kommunikation in primären Dreiecksbeziehungen zu neuen Hypothesen geführt. Möglicherweise werden sie zu einer veränderten Sichtweise der kindlichen und familiären Entwicklung genauso beitragen wie zu einer Revision bestimmter therapeutischer Annahmen.

Hinsichtlich psychodynamischer Theorien sind unsere Befunde zur präverbalen Triangulierung von besonderer Bedeutung. Kinder im intersubjektiven Entwicklungsstadium sind in der Lage, Dreiecksbeziehungen sowohl zwischen Personen als auch Objekten kompetent zu handhaben, allerdings unterschiedlich, je nachdem ob die Familienbündnisse »genügend gut« oder mehr oder weniger problematisch sind. Der Kontext der Familienbündnisse, in denen Kinder ihre eigenen Verhaltensbeiträge einbringen können, führt zu starken Unterschieden, wie Kinder ihre Kompetenzen nutzen. Es ist zu vermuten, daß all dies langfristig einen bedeutsamen Einfluß auf die affektive Entwicklung von Kindern hat.

Tatsächlich scheint es plausibel zu sein, wenn wir von der Annahme ausgehen, daß kleine Kinder in der Handhabung von Dreieckssituationen von Anbeginn ihres Lebens kompetent sind. Wir wissen nun schon mehr als zwei Jahrzehnte, daß Babys keine symbiotischen, sondern innerhalb von Dyaden eindeutig bezogene Wesen sind. Nun können wir noch einen Schritt weitergehen: Babys sind nicht nur in Dyaden bezogen, sondern auch in triadischen Konstellationen; warum also nicht in polyadischen? Wir haben in Videos einige drei Monate alte Kinder gesehen, die ihre Aufmerksamkeit zwischen beiden Elternteilen, also in einer Dreiersituation, wiederholt wechselten. Es würde daher nur Sinn machen, wenn wir annähmen, daß wir alle von Anfang an über triadische und sogar polyadische Kompetenzen verfügen. Derzeit laufen unterschiedliche Studien, die sich mit dieser Frage befassen.

Schließlich hat das Verständnis der affektiven Entwicklung von Kindern und Familien insofern weitreichende Implikationen für therapeutische Interventionsstrategien, als diese affektive und nonverbale Prozesse beinhalten, die sich im Patienten ebenso wie im Therapeuten abspielen.

Aus dem Englischen von Peter Geißler

[1] Dieses Forschungsprojekt wird von der Schweizerischen »Research Foundation«, Subs. Nr. 32-52508.97, unterstützt und im universitären Zentrum für Familienerziehung der psychiatrischen Abteilung, Site de Cery, 1008 CH-Prilly, durchgeführt. Aus Datenschutzgründen dürfen die während des Vortrags gezeigten Dias sowie Videostandbilder nicht abgebildet werden.

Literatur

Bakeman, R., Adamson, L. B. (1984): Coordinating Attention to People and Objects in Mother-Infant and Peer-Infant Interaction. In: Child Development 55, S. 1278-1289.
Corboz-Warnery, A., Fivaz-Depeursinge, E. (1994): L'observation du »Jeu Triade Lausanne« et son utilisation thèrapeutique. In: Perspectives psychiatriques 43 (3), S. 142-147.

Elisabeth Fivaz-Depeursinge

Corboz-Warnery, A., Fivaz-Depeursinge, E., Gertsch-Bettens, C., Favez, N. (1993): Systemic analysis of father-mother-baby interaction: the Lausanne Triadic Play. In: Infant Mental Health Journal 14 (4), S. 298-316.
de Roten, Y., Fivaz-Depeursinge, E., Stern, D. J., Corboz-Warnery, A., Darwish, J. (in Druck): From affective engagement to therapeutic alliance.
Fivaz-Depeursinge, E. (1991): Documenting a time-bound, circular view of hierarchies: a microanalysis of parent-infant dyadic interaction. In: Family Process 30 (1), S. 101-120.
Fivaz-Depeursinge, E., Corboz-Warnery, A. (in Druck): The primary Triangle. A Developmental System view. New York (Perseus).
Fivaz-Depeursinge, E., Corboz-Warnery, A., Favre, W. (1989): Ein Beratungssetting für Familien mit Säugling: auf dem Weg zu einer Allianz zwischen Forschung und Therapie. In: System Familie 2, S. 1-11.
Fivaz-Depeursinge, E., Frascarolo, F., Corboz-Warnery, A. (1997): Assessing the Triadic Alliance between Father, Mother and Infant at Play. In: McHale, J. P., Cowan, P. A. (Hg.): Understanding how family-level dynamics affect children's development: studies of two-parent families. San Francisco (Jossey-Bass), S. 27-44.
Fivaz-Depeursinge, E., Guillemin, J., Cornut-Zimmer, B., Martin, D. (1984): Objectivation d'une hièrarchie d'encadrement par la microanalyse d'èchanges entre une observatrice, une mère et son nourisson. In: Psychologie Mèdicale 16, S. 2481-2486.
Fivaz-Depeursinge, E., Stern, D. N., B,rgin, D., Byng-Hall, J., Corboz-Warnery, A., Lamour, M., Lebovici, S. (1994): The dynamics of interfaces: Seven authors in search of encounters across levels of description of an event involving a mother, father, and baby. In: Infant Mental Health Journal 15 (1), S. 69-89.
Kendon, A. (1990): Conducting interaction. Patterns of behavior in focused encounters. Cambridge (Cambridge University Press.).
Klinnert, M. D., Emde, R. N., Butterfield, P., Campos, J. J. (1986): Social Referencing: The Infant's Use of Emotional Signals >From a Friendly Adult with Mother Present. In: Developmental Psychology 22 (4), S. 427-432.
Krause, R., L,tolf, P. (1988): Facial indicators of transference processes within psychoanalytic treatment. In: Dahl, H., Kächele, H., Thomä, H., (Hg.): Psychoanalytic process research strategies. Berlin (Springer), S. 257-272.
Stern, D. N., Fivaz-Depeursinge, E., de Roten, Y., Corboz-Warnery, A., Darwish, J. (1996): Transitions and the sharing of interactional affective events. In: Swiss Journal of Psychology 55 (4), S. 204-212.
Stern, D. N. (1984): Affect attunement. In: Call, J. D., Galenson, E., Tyson, R. L. (Hg.): Frontiers of infant psychiatry II. New York (Basic Books) S. 3-14.
Stern, D. N. (1984): The interpersonal world of the infant. New York (Basic Books).
Stern, D. N. (1995): The Motherhood Constellation. New York (Basic Books).
Trevarthen, C., Hubley, P. (1978): Secondary intersubjectivity: Confidence, confiding and acts of meaning in the first year. In: Lock, A. (Hg.): Action, gesture and symbol. The emergence of language. New York (Academic Press) S. 183-229.
Vogel, E. F., Bell, N. W. (1960): The emotionally disturbed child as the family scapegoat. In: Bell, N. W., Vogel, E. F. (Hg.) A modern introduction to the family. New York (Free Press) S. 382-397.

Der »Erfahrungsraum« der Psychoanalyse und der »Erfahrungsraum« bei inszenierender Interaktion: ein erster Vergleich

Jörg M. Scharff

1. Einleitende Bemerkungen

In einem therapeutischen Setting stellt sich ein Beziehungsraum her, den der Patient und der Therapeut durch ihre Beiträge gemeinsam gestalten, auch wenn sie darin unterschiedliche Positionen besetzen. Die Art des Settings kann bestimmte Modalitäten in der Erfahrung des Selbst mit sich und dem anderen begünstigen, andere weniger. Ich spreche von »begünstigen«, weil man nicht von einem zwingenden Zusammenhang zwischen Settingangebot und Erleben des Patienten ausgehen kann. Um es in einem extremen Beispiel auszudrücken: Der eine Patient kann im Setting der Psychoanalyse womöglich alle die ›körperorientierten‹ somato-psychisch-affektiven Erfahrungen machen, die ein anderer Patient nur in einem diesen Erfahrungsmodus direkter angehenden Setting machen würde. Dennoch wird man sagen können, daß zwischen dem Setting und dem Was und Wie der Erfahrungen, die ein Patient in einer Behandlung macht, ein gewisser Zusammenhang besteht. Wenn ich im folgenden versuche, an zwei verdichteten Fallsequenzen beispielhaft zu skizzieren, welchen Erfahrungsraum das Setting der Psychoanalyse einerseits, das der inszenierenden Interaktion andererseits bietet, dann beziehe ich mich auf den Begriff »Setting« in einem sehr umfassenden Sinn, der im einzelnen ganz unterschiedliche Aspekte ins Auge faßt. Es kann also einmal konkret um zunächst mehr äußere zeit-räumliche Merkmale gehen, im nächsten Moment um allgemeine Charakteristika der therapeutischen Haltung und dann wieder um methodisch-technische Einzelheiten wie etwa Deuten vs, direkter Vorschlag zu einer handlungsmäßigen Interaktion. In beiden Erfahrungsräumen, dem der Psychoanalyse wie dem der inszenierenden Interaktion, realisiert sich aus meiner Sicht eine »psychoanalytische Situation«. Den Terminus »psychoanalytische Situation« verwende ich hier im Sinne eines Oberbegriffs und verstehe darunter eine Situation, in der die methodische Verwendung von Übertragung und Widerstand die Entfaltung eines psychoanalytischen Prozesses ermöglicht.

Die eine Patientin, eine 24jährige, unverheiratete, *neurotische* Patientin befindet sich bei mir im *»Erfahrungsraum« der Psychoanalyse*. Einer der Gründe, warum sie eine Behandlung gesucht hat, ist, daß sie sich körperlich zu klein geraten fühlt. Sie liegt auf der Couch, ich sitze hinter ihr, sie spricht zu mir über sich, überläßt sich ihren Einfällen. In der Stunde, die ich hier beispielhaft verdichtet darstelle, bemerke ich, während sie spricht, eine latente Anspannung, ja vielleicht Ängstlichkeit bei der Patientin. Zugleich gibt es aber auch eine Tendenz bei ihr, quasi leichtfüßig über alles Beunruhigende hinwegzugehen. Meinen Eindruck, daß sie womöglich etwas Beängstigendes dauernd in den Hintergrund schiebe, spreche ich aus. Es entsteht eine längere Pause, in der die Patientin nachzusinnen scheint. Mit einem Mal fällt ihr ein Traum der letzten Nacht ein. Sie lag auf ihrem weißen Bettlaken und ein Mann ging über sie hinweg, wobei er mit groben Schuhen im Bauchbereich auf sie trat. Sie war schockiert. Später in der Stunde stellt sich eine Verbindung zu Kindheitserlebnissen im Zusammenhang mit einer Blinddarmoperation her. Die Anspannung mindert sich etwas, bleibt aber, bis ich die Patientin frage, ob sie nicht durch etwas, was mit mir hier zusammenhinge, irritiert sei. Ich hatte nämlich gemerkt, daß ich meine spontanen Fußbewegungen eingestellt hatte. Daraufhin sagt die Patientin, das leichte Knarren des Leders, wenn ich meine Füße bewege, ängstige sie, ganz ähnlich wie im Traum, das sei ihr richtig unheimlich. Die Anspannung legt sich, als der Patientin im weiteren Verlauf der Stunde ihre Angst, ich könne ihr sexuell etwas antun, bewußt und aussprechbar wird. Einige Stunden später erscheint das Thema in modifizierter Form wieder.

Die zweite Patientin, ebenfalls unverheiratet und im 3. Lebensjahrzehnt, eine *Borderline Patientin mit autistischen Zügen*, befindet sich bei mir in *einem Erfahrungsraum, der auch die Möglichkeit zu einer inszenierenden Interaktion* mit einschließt. Sie leidet stark unter einer organisch bedingten Sehstörung, doch hat sie die Behandlung primär wegen ihrer Leeregefühle und Depressionen gesucht. Vorher war die Analyse über lange Zeit ins Stocken geraten, und auch jetzt noch bestimmen Rigidität, maskenhafte Starre und Ritualisierung die Beziehung zwischen der Patientin und mir. Wir haben das Setting vom Liegen in ein Gegenübersitzen geändert. Auch diese Patientin erzählt mir von Träumen, die sie aber oft nicht zu Ende träumen kann, weil sie in Panik aufwacht. Z. B. fürchtet sie, im Wasser unterzugehen, auch wenn der Schwimmlehrer in der Nähe ist und ihr Anweisungen gibt. Oder sie träumt, daß sie ein kleines Mädchen im Kinderheim ist und ich ihr ganz unvermittelt sage, die Behandlung sei zu Ende. Im Traum verstummt sie völlig und klammert sich an einen Löffel, ehe sie aufwacht. Weiter unten werde ich mehr über die Hintergründe ihrer Störung sagen und auch erläutern, warum ich dieser Patientin schließlich in einer Stunde den Vorschlag einer inszenierenden Interaktion mache: Wir könnten schauen, was geschieht, wenn sie sich auf die Couch legt, ich mich neben sie setze und ihr vielleicht, wenn sie es möchte, für eine zeitlang die Hand auf die Schulter lege. Als sich dies in der drauffolgenden Stunde realisiert, entsteht im Raum eine intensive Stille, in der die Patientin, wenn auch nicht ganz ohne Angst, sich doch über lange, wie zeitlose Momente wie ein ganz kleines Kind in meiner Gegenwart aufgehoben zu fühlen scheint. Schließlich wechseln wir einige Worte miteinander. Als ich meine Hand nach einer Vorankündigung wieder zurücknehme, zieht sich die Patientin zusammen, als erlebe sie etwas ganz Schreckliches. Wir setzen uns noch eine Weile einander gegenüber und sprechen über das Erlebte.

Auf Einzelheiten der Stundenverläufe werde ich weiter unten im Detail näher eingehen. Zunächst jedoch weise ich auf einige grundlegende *Gemeinsamkeiten* beider Erfahrungsräume hin:

– In beiden Fällen wird versucht, in der therapeutischen Situation einen Raum geschützter Intimität herzustellen.

– Diese Intimität realisiert sich in einem professionellen Rahmen. Obwohl es um die wichtigsten Fragen im Leben gehen kann und diese sich in der Beziehung zu mir als Behandler aktualisieren, bleibt unter einem Aspekt ein »Als-ob«-Moment bestimmend für die Struktur der Situation. Patient und Behandler sind nur über den professionellen Rahmen der therapeutischen Situation miteinander verbunden. Sie trennen sich zum festgelegten Ende jeder Stunde und schließlich am Ende der gesamten Behandlung wieder voneinander.

– In einem grundlegenden Sinn verhält sich der Behandler insofern, abstinent als er den Patient nicht in schädlicher Weise für seine eigenen Bedürfnisse gebraucht, sondern die Entwicklung des Patienten in dem für den Patienten günstigen Sinn primäres Ziel bleibt.

Die *Unterschiede* liegen ebenso auf der Hand:

– Im Setting der *Psychoanalyse* zentriert sich das bewußte miteinander Handeln vorwiegend auf den Modus des sprechenden Umgangs miteinander. Über Situationsschilderungen, Vorstellungen, Phantasien und Erinnerungen etabliert sich ein über die Sprache vermittelter Raum, der auf affektiver und mentaler Ebene ein *Probehandeln* erlaubt.

– Im Setting der *inszenierenden Interaktion* tritt nach einer Phase des miteinander Sprechens noch eine bewußt hergestellte Passage gestisch-bewegungsmäßigen (miteinander-)Handelns hinzu. Dies kann, muß aber nicht eine Berührung mit einschließen. Wenn auch in der manifesten Gestalt einer Aktion, hat für mich dieses Handeln primär die Struktur einer Exploration: »Schauen wir, was geschieht wenn...« Es ist ebenfalls ein Probehandeln, aber es schließt ein *Handeln als Probehandeln*, d. h. eine intendierte, in bewegungsmäßigen Ausdruck umgesetzte Modellszene mit ein. Ausgangspunkt für meine Intervention ist hier, ebenso wie im Setting der Psychoanalyse, ein bestimmter Aspekt der Beziehung, die sich zwischen dem Patienten und mir spontan in der Gesprächssituation herstellt – was, wie oben beschrieben, z. B.

auch ein rigid-ritualisiertes Beziehungsmuster sein kann. Insofern gehe ich nicht vom »Körper«, sondern von der Beziehung aus, in der die Körperbeobachtung natürlich eine Rolle spielen kann. Die von mir vorgeschlagene Szene entsteht aus dem Sprechen und dem Gegenübertragungserleben heraus und nicht etwa dadurch, daß ich dem Patienten am Stundenanfang von vornherein die Alternative offenlasse, ob er heute reden oder etwa auf der Ebene des Körperausdrucks etwas (mit mir) machen will. Ich halte ein solches Angebot durchaus für möglich, aber dies ist nicht meine Vorgehensweise.

Wenn ich diese Begrenzung bezüglich des Wie und Wann der inszenierenden Interaktion voranstelle, dann ergibt sich aus meiner Sicht und Arbeitsweise, daß der Erfahrungsraum der Psychoanalyse und der inszenierenden Interaktion unter vielerlei Aspekten ein große gemeinsame Schnittmenge haben. Aber es soll hier ja um einen Vergleich gehen, der bei allen Gemeinsamkeiten versuchen will, die Unterschiede zu thematisieren. Auf zwei Momente, die sich in beiden Erfahrungsräumen, wenn auch in unterschiedlicher Weise, realisieren, werde ich dabei besonders eingehen: das *Moment des leibhaft-affektiven Erlebens und das Moment des »Herstellens einer Situation«*, in der etwas erfahren wird. Beide Verfahren unter dem Aspekt der herstellenden Aktivität des Analytikers zu vergleichen, ist mir deshalb wichtig, weil ich nach wie vor Umstellungsschwierigkeiten habe, wenn es darum geht, aus der mir gewohnten analytischen Situation – in der trotz aller aktuellen Unsicherheiten zumindest vom Methodischen her doch alles da ist, was ich zum miteinander Arbeiten brauche – umzuschalten auf den Vorschlag einer inszenierenden Interaktion. Insofern liegt hier mein Interesse darin, auch die Psychoanalyse unter dem Aspekt des Beitrags zu betrachten, den der Analytiker bei der Herstellung einer spezifisch sich entwickelnden Prozeßsituation leistet. Dabei ist es meine Auffassung, daß Psychoanalyse und psychoanalytisch orientierte, körperpsychotherapeutische Verfahren voneinander viel lernen und profitieren können, auch wenn man seiner eigenen Methode treu bleibt.

2. Der Erfahrungsraum
in der Psychoanalyse

Im folgenden wiederhole ich vieles, was längst vertraut ist.

1. Das Settingangebot läßt sich etwa folgendermaßen charakterisieren:»Schauen wir, was mit Ihnen und zwischen uns geschieht, wenn Sie mehrmals in der Woche zu festgelegten Zeiten hierherkommen, sich auf die Couch legen und sich möglichst frei dem überlassen, was Sie dann beschäftigt. Ich mache Ihnen den Vorschlag, daß wir versuchen, uns besonders mit Hilfe der sprachlichen Mitteilungen über das, was in Ihnen vorgeht, zu verständigen. Dadurch können neue Möglichkeiten des Verständnisses und des Umgangs mit Ihnen selbst und anderen entstehen.«

Die Stunde, in der die Patientin bei mir auf der Couch liegt, ist Teil einer kontinuierlichen und konstanten zeit-räumlichen Lebensgestaltung der Patientin:»die Stunde gestern, heute, morgen, übermorgen, dann Wochenende, irgendwann Ferien, dies über Monate und u. U. Jahresverläufe hinweg.« Im positiven Fall etabliert diese Möglichkeit zum fortlaufenden Dialog mit einem anderen einen seelischen Raum für die Etablierung eines konstanten, innerlich-äußerlichen Gesprächs, das schließlich auch ohne Gegenwart des Analytikers in einen fortlaufenden inneren Dialog mündet. Im negativen Extremfall werden die Stunden z. B. nur »abgelegen«.

Die Patientin hat keinen Blickkontakt mit mir, während sie auf der Couch liegt. Daß der Patient in der Psychoanalyse liegt, befreit von vielerlei Konventionen, die sonst den Gesprächsverlauf beeinflussen. Um nur einige Merkmale zu nennen:

– Die gegenseitige Kontrolle durch die Wahrnehmung des mimischen Ausdrucks des Gesprächspartners entfällt. Zwar übernehmen andere Regulative diese Funktion der Abstimmung – das Hören auf den Klang der Stimme, den Atemrhythmus und das Bewegungsverhalten des anderen – und doch ist ein »Abdriften« in Richtung einer nach innen gewandten Aufmerksamkeit leichter als im Gegenüberkontakt.

– Das Liegen befreit zudem, insofern es einen Zustand des Beijemand-Ruhens analogisiert, aus den Zeittakten eines normalen

Gesprächs. Es erlaubt, daß längere Pausen einer Art »aktiven Inaktivität« entstehen. Solche Momente bieten Raum für ein mal großflächig schweifendes, mal intensiv konzentriertes Sich-Besinnen.

Soweit der Patient – nicht alle können dies – von dieser Anordnung so Gebrauch machen kann, daß er sich bei mir als einem letztlich positiv tragend erlebten Objekt zu Hause fühlt, wird er

– mich als seinen Behandler als ihm zugewandt-haltende Person in seinem Rücken wissen, etwa im Sinne. des Hintergrundobjektes, wie es von Grotstein (1981) beschrieben ist. Er kann die Anordnung auch wie eine Art Leinwand nutzen, auf der sich dann seine Einfälle konfigurieren, so wie z. B. Lewin (1955) von der Introjektion der mütterlichen Brust als einer Traumleinwand spricht.

– Der Patient kann diese Möglichkeit nutzen, um »in Gegenwart eines anderen allein zu sein«, wie es Winnicott (1965) schildert und sich auf ein »Spiel« mit aufkommenden Einfällen, Gedanken, Gefühlen, Erinnerungen einlassen.

– Er kann diesen Raum dazu nutzen, um mir Mitteilungen über sich zu machen, wobei der schwebende Charakter der Situation, dieses nicht ganz unmittelbare Gegenüber und Miteinander, dem Patienten eine Intimität, Offenheit und Nähe ganz eigener Art erlaubt.

– Er kann einen unbewußten Konflikt in der Übertragung direkt mit mir aushandeln (s. z.B. die Angst der Patientin in Verbindung mit meinen Schuhen).

Zusammenfassend erlebt der Patient das psychoanalytische Setting im günstigen Fall unter dem Aspekt der *Ermöglichung* eines psychischen Differenzierungs- und Entwicklungsgeschehens.

Im negativen Fall tritt an die Stelle der Ermöglichung der Aspekt der *Nötigung oder Versagung* in vielerlei Gestalt. Ein solches negatives Erleben der Anordnung/Situation in der Psychoanalyse kann vorübergehend sein, es kann sich über lange Strecken halten, bis es sich ändert, es kann auch chronisch sein. Im Fall der Chronizität scheint es kaum eine Möglichkeit zu einem anderen Erleben zu geben, weil das Setting identisch wird mit einer zentralen Verwundung des Patienten. Meine zweite Patientin z. B. fand im analytischen Setting für sie unkorrigierbar Aspekte einer inneren Mutter wieder, die sich hinter Regeln verschanzte und emotional unzugänglich blieb.

In anderen Fällen kommt es im Prozeß der Übertragungsentwicklung passager, u. U. über durchaus kritische Strecken, zur Identifikation einiger Seiten des Settings mit negativen Aspekten. Der Patient kann das Setting z. B. als Machtausübung erleben: »Sie wollen, daß ich liege, damit ich mich klein und hilflos erlebe und Sie sich ganz mächtig und großartig«. Oder auch als mißbräuchlich-verführend: »Ich weiß, daß Sie mich von hinten wie ein Voyeur betrachten und ihre geheime Befriedigung daran haben.« Die »als ob« Dimension unterliegt dann eine zeitlang gewissen Einschränkungen, weil der Patient im unbewußten Wiederholungszwang von seiner Sichtweise überzeugt ist. Regelmäßig geschieht dies an dem Punkt, wo sich der analytische Prozeß von den fließenden, ubiquitär sich manifestierenden Anfangsübertragungen hin zur Übertragungsneurose verdichtet hat. Jetzt haben es Patient und Analytiker ganz unmittelbar miteinander zu tun, und der unbewußte Konflikt ist als Vorwurf oder entwicklungshemmende Scheinbefriedigung direkt in der Beziehung etabliert. Auch der Analytiker ist jetzt involviert (s. das Konzept des Handlungsdialogs bei Klüwer (1983, 1995) sowie Sandlers (1976) Rollenübernahme und das Konzept der projektiven Identifizierung im Sinne der Klein/Bion – Schule, z. B. bei Joseph (1990)). Im positiven Fall finden Analytiker und Patient einen Weg, sich in ihrer Krise, in die sie sich beide verwickeln, schließlich von einem dritten Punkt her zu verstehen, was die Möglichkeit zu einer neuen Gestaltung öffnet.

2. Nach dem hier sehr selektiven Blick auf Wirkungsaspekte der zeiträumlichen Anordnung im Setting der Psychoanalyse und dem potentiellen Gebrauch, den Patienten davon machen können, betrachte ich das Setting nun unter dem Aspekt der *Kontaktschleife.* Dabei beziehe ich mich darauf, daß das Erleben des Patienten in der Behandlung ja dadurch mitbestimmt ist, wie ich auf ihn reagiere, und dies wirkt im positiven oder negativen Sinn auf ihn zurück. Einen Teil dessen, was zwischen uns vorgeht, werde ich mir wahrnehmend und reflektierend bewußt machen können und u. U. in Worte zu fassen versuchen.

Was nun meine eigenen Wahrnehmungen angeht, ist es keineswegs so, daß ich mich nur auf das Gesprochene einstelle. Ich nehme den Patienten in seinem ausdruckshaften Körpergebaren wahr: wie klingelt er, wie kommt er zur Türe hinein, wie schaut er mich an, wie liegt er auf der Couch, wie atmet er, was löst er in mir an Körpergefühlen oder -tendenzen aus (s. u.).

Meine Wahrnehmung richtet sich dabei nicht nur auf Einzelheiten und spezifische Affekte, sondern immer wieder auch auf Verlaufsgestalten. Ich frage mich also: Wie kommuniziert der Patient mit mir: flüssig, stokkend, fragmentiert, gespannt...? In der erwähnten Stunde mit der Psychoanalysepatientin lag die Verlaufsgestalt z. B. im Aufbau einer Ängstlichkeit, die dann durch die erwähnte Leichtfüssigkeit wieder unterbrochen wurde.

Bei all dem ist von Bedeutung, daß ich ebenfalls von der anderen Zeitstruktur der Situation in der Psychoanalyse profitiere, die zwar einen Austausch ermöglicht, aber – wenn auch nicht in jedem Moment, so doch über lange Strecken – vom unmittelbaren Handlungs- und Reaktionsdruck befreit ist. Ich kann in mich hineinfühlen, nachforschen und auf das lauschen, was in mir an Gefühlen, Einfällen und Phantasien entsteht. Wenn ich etwas gesagt habe, höre ich mich u. U. noch einmal reden und bekomme jetzt vielleicht mit, daß ich das Gesagte mit einer gewissen Schärfe, Ungeduld oder wie einschmeichelnd usw. gesagt habe, und werde mich fragen, woher das kommt. Hierzu gehören auch feinmotorische Innervationen und Handlungstendenzen oder -hemmungen. Bei meiner Psychoanalysepatientin fiel mir z. B. auf, daß ich meine Fußbewegungen eingestellt hatte, und daraus entstand die Frage, ob sie hier im Zusammenhang mit mir etwas ängstige.

In jedem Fall werde ich mit meinen Fremd- oder Selbstwahrnehmungen arbeiten, manchmal vielleicht nur in einer einfachen Konfrontation: »Sie sagten das so schnell eben, als solle es dazu nichts weiteres zu sagen geben. Kann es sein, daß Sie so versuchten, ein anderes Gefühl zu übergehen?«

3. Der Patient, der sich durch mich in der Weise angesprochen und behandelt fühlt, daß auch etwas von ihm bislang nicht bewußt Zugelassenes wahrgenommen wird und zum Ausdruck kommen darf,

reagiert nun im günstigen Fall damit, daß er die über den Behandler angebotene neue Möglichkeit *austestet*. Es kommt zu einem zunächst oft vorbewußt verlaufenden Prozeß inneren Probehandelns. In meinem Fall wagt sich die Patientin an ihre Angst heran, und es fällt ihr der Traum ein. Träume sind ein bevorzugtes Medium, um ein Thema erneut anzugehen. In seinen Träumen reagiert der Patient, oft in leibhaftiger Intensität, unmittelbar auf das, was im analytischen Prozeß gerade aktualisiert ist.

Meine Patientin versuchte sich mit einer sexuellen Angst, die sie seit ihrer Kindheit in sich trug, in ihrer Analyse neu auseinanderzusetzen. In ihrem Traum, der ihr nun einfiel, brachte sie ein Erleben zum Ausdruck, das in der Übertragungssituation zum Thema herangereift war. Während sie den Traum selbst zunächst noch als ein entferntes Ereignis in der Nacht schilderte, *aktualisierte sich das leibhafte Erleben mit allen verbundenen Affekten in dem Moment, wo ich das Traumgeschehen in der Übertragung – die Gefahr, die von meinen Schuhen ausging – als aktuellen Kristallisationspunkt ins Bewußtsein hob. Jetzt wurde es ernst, leibhaftgegenwärtig, und es ging um sie und mich hier.*

Als Behandler bin ich, wie ich schon sagte, daran beteiligt, daß die Patientin einen solchen Entwurf wagt und daß sie versucht, das Thema mit mir neu auszuarbeiten. Solche Entwürfe haben oft ein Doppelseite: Sie zeigen die alte Situation und enthalten latent die neue Option.

Ich möchte kurz skizzieren, wie weit ich – wenn auch in unaufdringlicher Weise – an der *Herstellung dieses Versuchs seitens der Patientin beteiligt bin:*

a) Ich figuriere als aufmerksamer Verstärker, der der Patientin Momente der alten Erfahrung bewußt macht. »Ich glaube etwas ängstigt Sie...« In einem anderen Fall könnte ich vielleicht sagen: »Mir scheint, Sie wagen gar nicht, sich dies oder das auch nur vorzustellen...« Die Patienten erleben sich auf diese Weise in der Behandlung neu wahrgenommen und berührt. Das kann mal heißen: »Hier tut es weh«; oder ein anderes Mal: »Hier schränken Sie sich sehr ein.« Es kann aber auch eingrenzend sein: »Ich glaube, hier haben Sie eine Vorstellung von sich, die kaum der Realität entspricht.«

b) Ich formuliere dabei manches, was die Patientin noch nie so hat denken, fühlen, erleben können. Neu war z. B. für die Patientin, daß ein Mann mit knarrendem Schuh ein sich dessen bewußt sein kann, daß er die Patientin ängstigt. Ein anderes Beispiel wäre: »Es sieht so aus, als könnten Sie sich kaum vorstellen, hier nicht ständig um meine Aufmerksamkeit kämpfen zu müssen...«

c) Damit stellt sich nun nicht nur eine neue Erkenntnis: »was mich sexuell ängstigt, muß nicht gleich geschehen«, sondern auch eine neue Objekterfahrung her. Die Deutung »Ich glaube, Sie fürchten, daß mein knarrender Schuh bedeutet, es wird jetzt etwas passieren, was für Sie gefährliche Folgen hat...« (oder, in einem anderen Fall: »Ich sehe, daß der Umstand, daß ich einige Tage fort sein werde, etwas Unerträgliches für sie hat«) schafft die Möglichkeit für eine neue innere Objekterfahrung und Szene: Die Patientin fühlt sich hier in ihrer Angst – in einem anderen Moment in ihrem Schmerz, ihrer Wut – wahrgenommen, und genau darin realisiert sich eine Differenz-Erfahrung zur »gewohnten« unbewußten Repräsentation, in der das Objekt »nicht weiß«, was es mit dem Patienten macht. Dies öffnet den Weg für die Unterscheidung zwischen alter und neuer Objekterfahrung.

Weiss und Sampson (1986) haben in ihrem Behandlungskonzept diesem Vorgang des Testens neuer Erfahrungsmöglichkeiten einen prominenten Platz eingeräumt. Zum Schluß betone ich noch einmal, daß diese Neu-Erfahrung sich unaufdringlich anbietet. Es wird dem Patienten i.d.R. nicht direkt eine Alternative vorgeführt, wie dies z. B. Franz Alexander versuchte, sondern die neue Möglichkeit realisiert sich in impliziter Weise.

4. Als letztes möchte ich die *vielschichtige Vernetzung des symbolischen Erfahrungsraumes* in der Psychoanalyse hervorheben. Gleich, ob sich das Thema in der analytischen Stunde auf ein Ereignis im gegenwärtigen äußeren Umfeld des Patienten, auf seine Kindheit oder direkt auf die Beziehung zwischen uns bezieht – nach und nach sind der Patient und ich in einem immer umfassenderen, anspielungsreichen dialogischen Netzwerk miteinander verbunden. Bei allem Gesprochenen klingen wie bei einem guten Instrument zahlreiche Ober- und Untertöne an, in denen sich das repräsentiert, was, um bei

dem musikalischen Vergleich zu bleiben, schon einmal »gespielt« wurde und nun in einem neuen Zusammenhang erscheint. In diesem sich ständig neu konfigurierenden, weitere Bearbeitungen ermöglichenden Raum liegt m.E. die besondere »Ästhetik« des Erfahrungsraums der Psychoanalyse.

Um einen Eindruck dieses Erfahrungsraums zu geben, den der Patient und ich aus je unterschiedlichen Perspektiven miteinander teilen, möchte ich kurz andeuten, über wie viele Bereiche sich das symbolische Thema »grober Schuh« in der Analyse der Patientin erstreckt.

Das Thema »grober Schuh« taucht einmal als ein Verlaufsmerkmal bei Veränderungen auf. D. h. »grober Schuh« kann einen Akt bedeuten, durch den eine Situation plötzlich und unempathisch verändert wird. In kontrapunktischer Form manifestiert sich dies in der Stunde über die Leichtfüssigkeit, in der Gestalten, kaum daß sie sich bilden, wieder verlassen werden.

Diese Verlaufsgestalt ließ sich schließlich als Spätwirkung eines Traumas in der Elterngeneration der Patientin erkennen. Die Mutter der Patientin hatte ihren Vater im frühen Alter durch einen tragischen Unfall verloren. Dieser Verlust schien nie betrauert worden zu sein. Statt dessen gab es den Angriff durch eine schicksalhafte Härte, mit dem sich die Mutter unbewußt identifizierte. So wurde die Bemerkung des Kinderarztes, ob es mit dem Stillen nicht mal genug sei, zum »groben Schuh«, weil die Mutter abrupt das Stillen einstellte und damit in ihrem Kind ein Erleben von »unverständliches Ende – irgendwie auf Fremdeinwirkung zurückgehend – doch viel zu früh« deponierte. Daß die Patientin manche meiner Deutungen, in denen ich einen Zustand der Harmonie in Frage stellte, als eine plötzliche Aufkündigung aller vorigen Verständigung und als totalen Rückzug von ihr erlebte, ließ sich auf diesem Hintergrund besser verstehen. »Grober Schuh« verwies auch darauf, daß die Mutter im Bereich der analen und früh-genitalen Auseinandersetzungen das Gebot, körperlich und moralisch ein sauberes Kind zu werden, mit hart-autoritärer Macht durchsetzte. Kein Wunder, daß die Patientin mit Triebimpulsen und Affekten, die eine Konfliktspannung erzeugten, selbst oft in einer unduldsamen, kaum Widerspruch zulassenden Art umging.

Sexualität konnte als zärtlich-reine Schmuseerotik figurieren (s. weißes »Unschuldslaken« im Traum), aber auch als banaler Vorgang nach Art eines kurzen Prozesses. »Grober Schuh«: das war aber auch der Konflikt, in dem sich die Patientin als kleines Mädchen befand, wenn sie einerseits in neugieriger Erregung interessierte Klogänge im Zug unternahm, um fremden, uniformierten Männern mit Stiefeln näherzukommen, dabei andererseits aber die panisch warnende Mutter im Nacken hatte: »Wenn du *da* hingehst, dann bringt dich der Mörder um.« Mal war die Patientin Opfer, mal Täter. Der »grobe Schuh« konnte sich auch in ihrem Körperausdruck manifestieren, wenn sie auf der Couch wütend die Fäuste ballte oder ihre Hände abwehrend nach vorne streckte. Schließlich wies der »grobe Schuh« auch in die deutsche Geschichte während der Nazizeit und eine Narbe an Vaters Körper, die eine geheimnisvoll-schreckliche Botschaft zu enthalten schien.

In einem anderen Fall könnte der »grobe Schuh« vielleicht eine perverse Konnotation mit einschließen. Traumerfahrungen können in ihren oft paradoxen Kompositionen einer vielfach verdichteten Komplexität und Mehrschichtigkeit Ausdruck geben, so daß Träume die analytische Arbeit über Jahre begleiten und sich in ihnen immer wieder neue Aspekte fokussieren (z.B. »weißes Laken« als Unschuldsbett, als Krankenbett der Kindheit, als Todesbett des Großvaters usw.). Es spricht auch vieles dafür, daß Traum bzw. Tagtraum und Symbolik die bevorzugten Medien sind, in denen sich die unbewußt sexuellen Phantasmen in ihrer ganzen Vieldeutigkeit darstellen können.

Mit all dem möchte ich herausstellen, daß eine symbolische Konfiguration wie ein Traum oder eine Schlüsselszene, leibhaft-emotional in der Übertragung und Gegenübertragung von beiden Beteiligten erlebt, eine Absorptionskraft haben kann, die die unterschiedlichsten Erfahrungs- und Lebensbereiche in einen verstehend-verändernden Dialog bindet. Dies erstreckt sich über Situationen auf der alltäglichen Oberfläche bis hin zu intimsten Situationen des Allein- oder zu Zweitseins.

Wir wissen, daß dieser Dialog nicht immer gelingt. Es kann geschehen, daß das Erfahrungsangebot der Psychoanalyse den

Jörg M. Scharff

Bereich des Problemhaften nicht in fruchtbarer Weise in Bewegung bringt. Es kann Spannungspotentiale geben, die sich nicht in eine Artikulation innerhalb des analytischen Beziehungsraumes umsetzen, sondern, latent aktualisiert, quasi im psychischen Außenraum Abfuhr suchen und zu Unfällen, schweren Fehlhandlungen oder Erkrankungen führen (s. Kinston u. Cohen 1986). Und es kann zu Stagnation, Nicht-Prozeß oder gar Re-Traumatisierung kommen.

3. Der Erfahrungsraum in der inszenierenden Interaktion

Von der letztgenannten Konstellation, daß die Psychoanalyse in Stagnation und Nicht-Prozeß mündete, gehe ich als Hintergrund aus, um wiederum im Sinne einer beispielhaften Verdichtung die Möglichkeiten im Erfahrungsraum der inszenierenden Interaktion auszuleuchten.

Meine zweite Patientin versteht das Angebot jedweden Settings als eine starre Regel, der sie sich zu unterwerfen hat, um überhaupt bei mir sein zu können. »Augen zu und durch«, scheint ihr Motto zu sein. Oft füllen sich übrigens ihre Augen mit Wasser und ihre Pupillen sacken dabei wie in eine Höhle hinunter. Ich werde Zeuge eines dumpfen unartikulierbaren Leides, für das ich so recht keine verstehende gefühlsmäßige Resonanz in mir finde. Oft kann ich das, was da geschieht, nur objektivierend den »Tränensackzustand« nennen. Manchmal erscheinen mir die Patientin oder ich in diesem Nicht-Begreifen furchtbar dumm, ich fühle mich der Patientin gegenüber resigniert, gewaltsam oder belehrend. Jeder Gedanke an Trennung löst bei der Patientin Panik aus. Die rekonstruktive Phantasie, basierend auf meinen Erfahrungen in Übertragung und Gegenübertragung, auf Träumen und biographischen Einzelheiten, läßt schließlich folgendes Bild der frühen Mutter-Kind-Beziehung in mir entstehen: Die Mutter hatte vermutlich ihrem neugeborenen Baby gegenüber keinerlei Toleranz für Unsicherheit, Angst und Unstimmigkeit. Sie ließ sich auf das Wagnis, das Kind in einfühlenden Versuchen zu ihrem Baby zu machen, nicht ein, sondern verschanzte sich hinter einem

94

von ihrer eigenen Mutter stammenden Vorschriftenschirm, wie das Baby und sie sich zu verhalten hätten. Die Lebendigkeit des Babies stellte eine Bedrohung für die Mutter dar, so daß das eigentliche unbewußte Hintergrundmotiv all ihrer Handlungen war, das Baby schon ruhig gestellt zu haben, ehe sie sich überhaupt auf den inneren Umgang mit dem Kind eingelassen hatte. Stillen, Füttern war also gleichbedeutend mit Unlebendigmachen, eigentlich ein Abspeisen, das einem Sich-Aufeinander-Einlassen vorbeugte. Zugleich war dieser Modus nicht ständig am Werk, sondern es gab Momente, in denen sich die Mutter kurze Zeit auf ihr Baby einließ, dann aber das Miteinander wieder abbrach. In Reaktion auf diese Erfahrung hat sich die Patientin auf eine autistisch-contagiöse Position zurückgezogen (Ogden 1989). Vorzeitige Schein-Autonomie, bei gleichzeitiger Klammerbeziehung und psychischer Ungetrenntheit vom Objekt, permanente Hypervigilanz, fast wahnhaft omnipotente Kontrolle über alles und jedes kennzeichnen ihre Beziehungsweise. Die Patientin empfindet eine tiefe Angst und Aversion gegen jede affektive Bewegung und wirkliche Objekterfahrung, weil sie ein traumatisches Entgleisen der Affektregulation beim plötzlichen Abriß der Erfahrung fürchtet. Die Beziehung zum Objekt ist von einer tiefen Ambitendenz geprägt, das Objekt ist im gleichen Moment gut und schlecht, verführend und verstoßend.

Genau in dieser Beziehungskonfiguration war die Behandlung über lange Zeit festgefahren. Die Patientin konnte weder gehen, noch half ihr das Bleiben dabei, etwas Neues mit mir zu entwickeln.

Ich erwähnte oben bereits, daß die Patientin ihre Träume meist nicht zu Ende träumen konnte. Mein Angebot einer inszenierenden Interaktion kann man insofern unter dem Aspekt sehen, daß ich der Patientin quasi eine »Hilfe beim Träumen« biete. Es wird eine Situation hergestellt, die in einigen Aspekten der der Träume analog ist und die nun mit dem Analytiker in einer Doppelrolle als Objekt und Begleiter neu »geträumt« werden kann. Ich schlage also der mir gegenübersitzenden Patientin vor zu schauen, was geschieht, wenn sie sich auf die Couch legt, ich mich neben sie setze und ihr Halt und Begleitung auch in konkret-symbolischer Weise vermittle, indem ich ihr an Arm oder Schulter für eine Weile womöglich meine Hand auflege. Meine oben gegebene Schilderung ergänze ich, immer noch stark verkürzt, durch weitere Details über das, was nun geschieht. Zunächst werden der Patientin nach meinem Vorschlag in Gestalt ihrer Vorerwartungen an die Szene ihre »alten« Ängste jetzt in ganz unmittelbarer Weise beschreibbar und erlebbar: Sie fürchtet, den Boden unter den Füßen zu verlieren, zu fallen, sich auszuliefern, auch: mir zu schwer zu werden. Als sich die Patientin tags drauf in seitlicher Position auf die Couch legt, bleibe ich zunächst auf meinem Stuhl sitzen und setze mich schließlich nach einer Weile des Fragens und Abstimmens neben sie. Sie liegt still da, die Hand am Mund und ich erlebe jetzt aus anderer Nähe, was sie mir schon früher berichtet hatte, daß sie sich auf der Couch manchmal wie ein ganz kleines Kind fühle, ja es sei. Ihre Regungslosigkeit und eine leichte Rötung ihres Gesichts lassen mich vermuten, daß sie weiterhin nicht ganz ohne Angst und Anspannung ist. Dennoch vermittelt sich zugleich auch ein überraschender Friede. Ich sage nach einer Weile, daß ich mir auch vorstellen könnte, so wie wir es besprochen hätten, meine Hand auf ihre Schulter zu legen. Schließlich bittet die Patientin mich darum. Der Zustand friedlichen Angekommenseins verstärkt sich noch, es stellt sich eine tiefe Ruhe ein. Ich spüre dies auch an dem sich verändernden Tonus, mit dem die Patientin meine Hand annimmt. Nur die Rötung in ihrem Gesicht scheint eine partiell fortbestehende Anspannung zu signalisieren. Auf meine, einige Zeit vor dem Stundenende erfolgende, Ankündigung, daß ich meine Hand bald fortnehmen werde, reagiert die Patientin mit einem krampfartigen Sichzusammenziehen und einer sich ab- und einschließenden Verhärtung. Ich kommentiere diese Veränderung und sage, es sei jetzt vielleicht wie ein Zurückzucken vor einem ihr unerträglich erscheinenden Schmerz angesichts der Veränderung unserer Beziehung durch die Trennung. Dann setzt sich die Patientin wieder auf ihren Stuhl, und wir sprechen noch eine kurze Zeit.

Am nächsten Tag kommt die Patientin sichtlich verändert, lebendig, voller Interesse in die Stunde. Sie staune, was man da auf der Couch erleben kann – *ich* hätte das ja immer gesagt, aber nun wisse *sie* es und sei neugierig, was dabei noch alles rauskäme. Während sie da gestern auf der Couch lag, habe sie sich wie ein kleines zufriedenes Kind gefühlt und ganz das Bewußtsein für die Zeit verloren. Ganz schrecklich sei es aber gewesen, als ich »plötzlich« angekündigt hätte, meine Hand fortzunehmen. Einen kurzen Moment habe sie gemerkt, wie etwas in ihr schrie:»Wenn es so weh tut, daß Du gehst, dann will ich nie nie nie wieder etwas von Dir.« Was sie aber am meisten beschäftige, sei, daß ihr nach dem Aufstehen von der Couch das Ganze als nicht wahr und unwirklich vorgekommen sei.

Welche Erfahrungsmöglichkeiten bietet der Raum der inszenierenden Interaktion der Patientin?

1. Für diese Patientin, die sich so wenig als selbst Handelnde fühlen, begreifen, erleben kann, konstelliert diese Szene als eine zwar von mir vorgeschlagene, aber von ihr selbst mit hergestellte neue Möglichkeiten, auch wenn die Szene in mehrfacher Hinsicht einen überraschenden Verlauf nahm.

a) Die Szene schafft einen formal abgegrenzten, von der Patientin selbst mit initiierten, durch direktes Miteinander-Handeln gestalteten Beobachtungs-und Erfahrungsraum im Sinne des »Schauen wir, was geschieht wenn...« Es ist von vornherein sowohl ein mitgestaltend-initiierendes, aber auch ein distanzierendes Moment darin enthalten. Letzteres liegt darin, daß ja eine Szene bewußt entworfen wird, wobei ich, der Behandler, dabei als Begleiter wie als Beziehungsobjekt im direkteren Sinn figuriere. Eine günstige Basis dafür ist geschaffen, auf das, was in dieser Szene geschieht, nicht nur von innen, sondern auch von außen zu schauen. Dieses Von-Außen-Schauen zeigt sich z. B. darin, daß die Patientin schildern kann, wie ihr »nach dem Aufstehen von der Couch das Ganze als nicht wahr und unwirklich vorgekommen sei.« Dies heißt, daß die Patientin sich als Folge der szenischen Arbeit als diejenige begreifen kann, die eine Erfahrung verschwinden läßt. Als »Teilszene in der Gesamtszene« wird hier methodisch ein »Split« verwendet, der die therapeutische Gesamtsituation vom zeitlichen und räumlichen Ablauf sowie vom konzeptuellen Verständnis her in eingrenzbare Erfahrungssegmente gliedert: zwischen Vorgestelltem und wirklich Geschehenem, zwischen Erleben und Beobachten, handelndem Umgang und Sprechen »über«. Gerade bei Patienten, die auf Alles-oder-Nichts Übertragungen fixiert sind, kann dies methodisch eingesetzte Splitting erste psychische Arbeitsräume eröffnen, in denen bestimmte Themen auf einer intermediären Ebene – d. h. nicht direkt in der Totalsituation der Übertragung verhandelt werden.

b) Das Mitinitiieren der Szene bietet der Patientin die Möglichkeit, sich selbst mehr verantwortlich für das Geschehen zu fühlen, es als ein Geschehen zu begreifen, das auch durch sie entstanden ist. Sie bittet mich um meine Hand – das ist ein Akt des »Handelns als Probehandeln«, den sie zwar später mit Sicherheit auch wieder verleugnen wird, dennoch bleibt nicht zuletzt über meine dann folgende Berührung die Gedächtnisspur einer realen Interaktion erhalten, die die Patientin mit ihrer Bitte in Gang gesetzt hat. Schon im Bitten um etwas löst die Patientin sich ein Stück aus ihrer defensiven psychischen Allmacht. In der Bitte um meine Hand setzt sie sich zugleich dem Faktum aus, daß diese Hand sich wieder von ihr lösen wird.

c) Auch wenn die Affekte, vor allem, als ich meine Hand von der Schulter der Patientin löse, vorübergehend traumatische Qualität annehmen – wir beide waren von der Intensität des Geschehens überrascht –, hat der affektive Prozeß, insoweit er seinen Ausgangspunkt in einer vorher abgesprochenen Sequenz hat, doch auch etwas von einem Probehandeln. Er verläuft also latent unter einer Gesamtregie, an der die Patientin als Co-Regisseurin beteiligt war. Sie ist nun »neugierig, was dabei noch alles rauskäme«.

Aber auch von mir, ihrem Analytiker her gesehen, geht das Moment der »Herstellung« dieser Sequenz damit einher, daß ich für mich fühlbarer das in Gang gesetzte Geschehen zu verantworten habe. Konnte ich vorher doch vielleicht ein bißchen distanzierter denken: »Es ist schwierig für die Patientin, sich am Ende einer Stunde von mir zu trennen, aber Trennungen sind eben unvermeidlich«, und mich damit quasi *hinter* dem Setting verstecken, so wie die Mutter der Patientin hinter ihrer Mutter, so ist mir doch unvergeßlich, daß ich, als ich das schmerzhafte Sich-Zusammenziehen der Patientin bemerkte, ihr zunächst den Vorschlag machte, daß sie selbst meine Hand weglegen könne, was sie aber ablehnte. Ich machte also zunächst Ausflüchte, indem ich die Patientin, wenn auch guten willens, so doch unbewußt in ihre alte Omnipotenz zurückschickte. Ich spürte nun also noch einmal anders meine Verantwortung für das, was ich ihr hier unmittelbar antat. Die Interaktion, auch wenn sie einerseits inszeniert war, hatte zugleich unmittelbaren Ernst angenommen. Wobei sich die Kriesensituation jetzt nicht draußen vor der Türe des Behandlungszimmers, etwa während einsamer Momente nachts in ihrem Bett beim Aufwachen aus den Alpträumen aktualisieren, sondern es war nun zwischen uns in einer Handlungs- und Erlebnissequenz geschehen, von der wir beide quasi vor Ort direkt Zeugen waren.

Zum Moment des »Herstellens« gehört auch, daß die Patientin und ich uns darüber verständigen, eine Erlebnissequenz quasi experimentell anzugehen, der wir unter der Formel »was geschieht, wenn...« mit gesteigerter Aufmerksamkeit folgen. Bisher hatte es »Aktion« für die Patientin letztlich nur in dem Sinn gegeben, daß damit etwas zum Verschwinden gebracht werden sollte. Hier geht es nun ausdrücklich darum, sich über Erlebtes miteinander zu verständigen, sich über eine Art gemeinsamen Monitorierens affektives Geschehen zu vergegenwärtigen. Es geht nicht darum, etwas zu lösen, sondern etwas erfahren zu können – was immer das auch ist.

Im günstigen Fall also fördert das Moment der Herstellung einer Szene, die als ein geplantes »Drittes« eine vermittelnde Struktur hat, sowohl die optimale Distanz als auch die optimale Nähe in der therapeutischen Situation. Bei meiner Patientin war das Erleben vorher stets durch eine Gleichzeitigkeit von »keine Distanz« im Sinne einer nackten traumatischen Unmittelbarkeit und »absolute Distanz« im Sinne einer affektiven Verleugnung geprägt.

2. Der Erfahrungsraum der Patientin wird vorübergehend durch einen »Rahmen im Rahmen« modifiziert. Dieser bietet im Sinne eines Übergangsrahmens vorübergehend eine räumliche Nähe an, die sich auf der Ebene der sinnlichen Wahrnehmung der Konfiguration eines frühen »Holdings« annähert. Über die Linie »Arzt am Krankenbett, Mutter am Kinderbett, beruhigend-begleitende Gegenwart eines frühen Teil-Objekts« realisiert sich eine sinnlich-gestische Beziehung, die präverbal kommunikative Momente aufnimmt und über die die Patientin auf »konkret-symbolischer« Ebene, wie dies von T. Moser (1989) benannt worden ist, Halt erfährt. Eine solche »Nähe«

zumindest in räumlich konfigurativer Hinsicht – der Behandler tritt in den geschützten Nahbereich ein – gibt es, mit Ausnahmen etwa bei Winnicott (Little 1985), im Erfahrungsraum der Psychoanalyse i.d.R. nicht, zumindest nicht als methodisch verwendetes Vorgehen. Heisterkamp (1993) hat in ähnlichen Zusammenhängen von entwicklungsanalogen Sinnerfassungsmodi gesprochen. Das Resultat ist hier, daß die Patientin sich wie ein ganz kleines Kind fühlt, in ein verändertes Zeiterleben kommt und sich zumindest für Momente, auch wenn die Erfahrung nicht durchweg eindeutig ist, positiv aufgehoben fühlt. Auch im klassischen Setting kam die Patientin zuvor spontan in frühe somatopsychische Zustände, dies aber im Kontext einer für sie/uns bis auf weiteres unkorrigierbaren negativen Objektkonfiguration: Sie fühlte sich nämlich gänzlich verlassen, isoliert, und mich wie hinter einer Glasscheibe, völlig unerreichbar. Die im Erleben der Patientin so tief verankerte, Ambitendenz auslösende Gleichzeitigkeit von Verführung und Verstoßen wird nun zumindest ein Stück weit in die Abfolge eines zeitlichen Nacheinanders gebracht. Dies dadurch, daß ich sowohl im Bereich der positiven wie der negativen Objekterfahrung unter Einschluß der sensomotorischen Ebene und damit auch über die feed-back-Schleifen des Körpererlebens unterscheidbare Erlebnisgestalten anbiete: z. B. Ganz-nahe-bei-ihr-Sitzen in Verbindung mit der Wärme und dem leichten Druck meiner Hand auf der einen Seite – Lösen dieser Verbindung und Fortgehen auf der anderen Seite. Auch diese Gestalten wird die Patientin später phantasmatisch konterkarieren, indem sie abwehrend am Anfang schon das Ende vorwegnimmt und am Ende glaubt, nie angefangen zu haben – und doch ist die taktil erfahrene Verlaufsgestalt, vor allem da sie zugleich Gegenstand unserer besprechenden Aufmerksamkeit ist, auf die Dauer nicht beiseite zu schieben.

Manche Patienten, die eine solche Erfahrung benötigen, können im klassischen Setting die Konstanz der Sitzungen und des umgebenden Milieus, das Liegen auf der Couch, die Stimme des Analytikers, um nur einige Momente zu nennen, verwenden, um sich eben dieser Qualität zu vergewissern. Anderen Patienten gelingt dies wegen ihrer spezifischen Traumatisierungen über lange Zeiten nicht oder unter Umständen gar nicht. Die inszenierende Interaktion bietet hier einigen Patienten eine Erfahrungsmöglichkeit, an die sie im klassischen Setting nicht oder nur schwer herankommen (s.a. Scharff 1995 a, b).

3. Mir scheint, daß bestimmte Patienten sich ihren Vernichtungsängsten in vollem Umfang nur stellen können, wenn zugleich eine konkrete, das Körperselbst sensumotorisch bestätigende Umgebung verfügbar ist, so daß eine oszillierende Bewegung zwischen Halt und katastrophischem Erleben entstehen kann. Es spricht vieles dafür, daß meine Patientin sich erst auf dem Hintergrund meiner für sie anders wahrnehmbaren Präsenz nun auch wirklich in das traumatische Erleben eines unfaßbaren Aus-der-Welt-Fallens einlassen konnte. Dies gab nach vielen weiteren Wiederholungen dem traumatischem Erlebnisbereich eine neue psychische Gestalt im Sinne eines »So war das, das habe ich erlebt«, so daß das »Unerinnerbar/stets Gegenwärtige« (Kinston u. Cohen 1986) nun anders psychisch erfahrbar wurde und sich nach und nach an den Bereich symbolischer Verarbeitung anbinden konnte.

4. Für die Patientin ist die Erfahrung der inszenierenden Interaktion mit einer gesteigerten Erlebnisunmittelbarkeit verknüpft. Dies gilt schon für die Phase, wo sie in der Vorstellung vorwegnimmt, was ihr alles geschehen würde (z. B. unendlich fallen, oder mir zu schwer werden). Erst recht aber die Regression auf einen kleinkindhaften Modus und dann die Konfrontation mit dem schmerzhaft unerträglichen Riß (Tustin 1988) vollziehen sich in einer nicht abzuweisenden Gegenwärtigkeit, die mich und die Patientin ähnlich wie im Traum unmittelbar an den Ort psychisch-traumatischen Geschehens führen. Zugleich kann sich die Patientin in ihrer zentralen Abwehr begreifen: »Wenn es so weh tut, daß Du gehst, dann will ich nie nie nie wieder etwas von Dir« und schließlich »das Ganze als nicht wahr und unwirklich...« zu behandeln.

5. Die inszenierende Interaktion bietet in diesem Fall einen Erfahrungsraum, der bei der Patientin eine erhebliche *einsichtvertiefende* Wirkung hat. Ich wußte zwar seit langem, daß sie sich zurückzog, um sich zu schützen – *aber nun wußte sie selbst es*. Sie hatte es in der eigenen Bewegung, am eigenen Leib erfahren. So liegt für mich die Bedeutung der inszenierenden Interaktion vor allem in ihrer erkenntnisstiftenden Funktion. Denn das Problem ist ja noch nicht gelöst –

aber es ist für diese Patientin in anderer Weise erkannt und begriffen. Gerade Patienten, die sich – sei es partiell oder generalisierter – auf der Basis einer Verleugnung bis hin zur Negativhalluzination eingerichtet haben («das alles bedeutet für mich nichts«), kann hier zu einer ersten Möglichkeit des Begreifens verholfen werden. Ein solcher szenischer Verlauf wird in der weiteren therapeutischen Arbeit zu einem Bezugs- und Erinnerungspunkt, auf den sich Behandler und Patientin gemeinsam beziehen können. Was hier modellhaft erfahren wurde, kann nun im weiteren Durcharbeiten auch auf andere Situationen angewendet werden: vor allem nun auch auf die therapeutische Gesamtsituation, in der ein bestimmtes Thema in der vollen Dynamik des Übertragungserlebens genau die entsprechende Modellszene widerspiegelt.

6. Die inszenierende Interaktion hilft der Patientin in zweifacher Hinsicht zu einer produktiven Desillusionierung ihrer psychisch-reaktiven Allmachtsposition. So versuchte sie sich einerseits dadurch in unabhängiger Allmacht zu halten, daß sie die Bedeutung und Tatsache meines Für-sie-Daseins verleugnete durch ein »Du bist ja gar nicht wirklich (für mich) da«. Im Erleben meiner vorübergehend nun auch im konkret-symbolischen Medium einer taktilen Berührung erfahrbaren Präsenz wird diese verleugnende Illusion in Frage gestellt. Die zweite Allmachtsillusion lautete: »Du bist ein Teil von mir, alles was hier geschieht, geschieht nur, weil es durch mich und in mir geschieht.« Im nun sinnlich unzweifelbaren Erleben eines erst »da« und dann »fort« wird auch diese Illusion erschüttert. Die Patientin hatte in der ersten Zeit ihrer Behandlung öfter berichtet, daß sie manchmal in einer fast halluzinierenden Weise überzeugt war, ich sei in ihrer Nähe. Die sinnlich-taktile Verankerung des Erlebens half also dazu, Phantasie und Realität voneinander zu trennen, und schuf die Basis für eine bessere Subjekt-Objekt-Trennung.

7. Was sich hier auf vielen Ebenen in positiver Weise konfiguriert hatte, wurde durch den weiteren Verlauf auch wieder in Frage gestellt. Immer wieder griff die alte Matrix zu – etwa in der Vorstellung »Sie machen das alles nur, um mich schneller loszuwerden«. Aber wir wußten, womit wir es zu tun hatten, und ein analytischer Prozeß war in Gang gekommen.

4. Schluß

Ich habe den Erfahrungsraum der Psychoanalyse und den der inszenierenden Interaktion miteinander in Beziehung gesetzt. Dabei verglich ich beide Räume unter dem Aspekt des Angebots eines Probehandelns. Von seiten des Psychoanalytikers spielen in beiden Settings Momente des »Herstellens« eine Rolle, durch das bestimmte Erfahrungen induziert und ermöglicht werden. Auch realisieren sich in beiden Settings leibhaft emotionale Erfahrungen, wenn auch z.T. unterschiedlicher Art. Unter dem Oberbegriff der »psychoanalytischen Situation« verstanden, verfügen – zumindest so wie ich arbeite – der Erfahrungsraum der Psychoanalyse und der der inszenierenden Interaktion über eine große gemeinsame Schnittmenge. Was unterschiedlich ist, läßt sich oft als andere Akzentsetzung beschreiben, und nur in wenigen Punkten bestehen fundamentale Differenzen – wie etwa dann, wenn es zu direkter körperlicher Berührung und zum Eintritt in den »Nahraum« des Patientin kommt. Mit entsprechender Umsicht gehandhabt, scheint mir speziell bei bestimmten traumatisierten Patientin die Indikation dazu gegeben. In der Psychoanalyse schafft die introspektive Wendung im günstigen Fall einen differenzierten Raum hoher psychischer Beweglichkeit und Dichte, in dem sich das intra- und interpsychische Geschehen reflektieren. Im negativen Fall können Eigenarten dieses Raumes dazu führen, daß eine Stagnation entsteht. In der inszenierenden Interaktion kann der modellszenenhafte, handelnde Umgang miteinander die Basis für einen Erkenntnisprozeß liefern – doch kann eben dieser Umgang sich wiederum auch raumnehmend auswirken und sich darin ein »Agieren« in der negativen Bedeutung des Terminus ausdrücken. Sowohl das Mehr an Information über die Sinneseindrücke in der inszenierenden Interaktion als auch das Weniger an Sinnesinformation in der Psychoanalyse können von Vorteil wie von Nachteil sein. Die Eigenart des Patienten, die Kompetenz des Psychoanalytikers und letztlich auch dessen je unterschiedliche Fähigkeiten und Vorlieben werden darüber entscheiden, was im Einzelfall zuträglich für die Entwicklung des Patienten ist und was nicht.

Literatur

Grotstein, J. S. (1981): Splitting and projective identification. New York/London (Jason Aronson).

Heisterkamp, G. (1993): Heilsame Berührungen: Praxis leibfundierter analytischer Psychotherapie. München (Pfeiffer).

Joseph, B. (1990): Projektive Identifizierung – Klinische Aspekte. In: Bott-Spillius, E. (Hg.): Melanie Klein Heute. Bd. 1. München und Wien (Verlag Internationale Psychoanalyse) S. 174-192.

Kinston, W., Cohen, J. (l986): Primal repression: clinical and theoretical aspects. In: Int. J. Psychoanal. 67, S. 337-355.

Klüwer, R. (1983): Agieren und Mitagieren. In: Psyche 37, S. 828-840.

Klüwer, R. (1995): Agieren und Mitagieren – zehn Jahre später. In: Zeitschr. f. psychoanal. Theorie und Praxis X, S. 45-70.

Lewin, B. D. (1955): Dream psychology and the analytic situation. In: Arlow, J. A. (Ed.): Selected writings of B. D. Lewin, New York (Psychoanalytic Quarterly, 1973), S. 264-290.

Little, M. (1985): Winnicott working in areas where psychotic anxieties predominate. In: Free Associations 3, S. 9-42.

Moser, T. (1989) : Psychoanalyse und Körper. In: Werthmann, H.V. (Hg): Unbewußte Phantasien. München (Pfeiffer), S. 301-318.

Ogden, T. H. (1989): On the concept of an autistic-contiguous position. In: Int. J. Psycho-Anal. 70, S. 127-139.

Sandler, J. (1976): Gegenübertragung und Bereitschaft zur Rollenübernahme. In: Psyche 30, S. 297- 305.

Scharff, Jörg M. (1995 a): Zwischen Freud und Ferenczi: die inszenierende Interaktion (Teil I). In: Zeitschr. f. psychoanal. Theorie und Praxis X, S. 349-374.

Scharff, Jörg M. (1995 b): Zwischen Freud und Ferenczi: die inszenierende Interaktion (Teil II). In: Zeitschr. f. psychoanal. Theorie und Praxis X, S. 442-461.

Tustin, F. (1988): Autistische Barrieren bei Neurotikern. Frankfurt a. M. (Nexus).

Weiss, J., Sampson, H. (1986): The psychoanalytic process. New York, London (Guilford Press).

Winnicott, D. W. (1965): Reifungsprozesse und fördernde Umwelt. München (Kindler), 1974.

Selbstbeschädigung, Autoerotismus und Eßstörungen – zur Psychodynamik des Körperagierens

Mathias Hirsch

Einleitung

Der sich entwickelnde geschlechtliche Körper zwingt den Adoleszenten, das kindliche, meist stabile Selbstbewußtsein der Latenzzeit aufzugeben und den Blick nach vorn in Richtung einer sich noch längst nicht abzeichnenden Erwachsenenidentität zu richten. Kein Wunder, daß so auch der eigene Körper gerade in der Adoleszenz Ausgangspunkt großer Verunsicherung und Angst – Identitätsangst – ist, weil er auch Ziel und Objekt zum Teil extremer zerstörerischer Wut werden kann. Die Illusion vieler meist weiblicher Jugendlicher besteht nun darin, durch die Beherrschung, die Manipulation des Körpers die Identitätsangst beherrschen zu können, sozusagen das Leben schon zu meistern, und manche schaffen sich so eine trügerische Sicherheit, eine Pseudo-Identität. Man kann auch sagen, daß die Unmöglichkeit zu sein von der Illusion, etwas tun zu können, ersetzt wird. Das Gefühl des Ohnmächtig-ausgeliefert-Seins soll durch die Vorstellung der Machbarkeit überwunden werden. Dieser Gedanke verweist auch auf die Doppelnatur des Körpers, der man ist – der also das Sein bezeichnet – und den man gleichzeitig hat – mit dem man also wie mit einem Gegenüber oder Ding etwas machen kann. Die deutsche Sprache unterscheidet auch: der Leib, der man ist, der Körper, den man hat.

Das Prinzip der Körpermanipulation als Möglichkeit, unerträgliche Identitätsbedrohungen – wenig gelingend – zu bewältigen, gilt nicht nur für die Adoleszenz, sondern auch für die Körperpathologie in jedem Alter, auch in der Kindheit und beim Erwachsenen. Wir wissen heute aus der Traumaforschung (Sachsse 1995, Hirsch 1996, 1997, 1998), daß dissoziativen Störungen regelmäßig reale Traumata vorangehen. Mißhandlungen und Mißbrauch, auch frühe Vernachlässigung, die sich ja immer auch gegen den Körper richten, führen sowohl im aktuellen Trauma als auch in späteren regressiven und Belastungssituationen zu einer Dissoziation des Körper-Selbst vom Gesamtselbst, welches so um so eher bewahrt werden kann, als die Destruktion gegen den Körper gerichtet wird oder in ihm gebunden bleibt. Durch eine solche Dissoziation läßt sich der Körper wie ein Objekt verwenden, er bekommt die Funktion, ein fehlendes oder ungenügendes äußeres Objekt zu ersetzen, er richtet aber auch gleichzeitig eine sonst nicht mögliche Grenze, eine Barriere gegen ein zu bedrohlich intrusives Objekt auf. Der Körper verhilft dem Patienten so zu einer Pseudo-Autonomie, die wir in den Selbstbeschädigungssyndromen, den Eßstörungen und besonderen Formen der Masturbation finden. Wenn diese Krankheitsbilder auch Leiden bedeuten, scheinen sie noch immer das kleinere Übel im Vergleich zu einer drohenden Desintegration des Gesamt-Selbst, also einer psychotischen Reaktion, zu sein, die der Körper in seiner Doppelfunktion als Objektersatz und durch das Aufrichten von Grenzen verhindert.

Krankheitsbilder, die mit einer Körperpathologie einhergehen, lassen sich schlecht mit Hilfe der psychoanalytischen Konflikttheorie verstehen. Eher schon mit einer Ich-Psychologie, die aber bereits den Keim einer Objektbeziehungstheorie enthält und deren Anfänge auf Freud (1923, S. 253) zurückgehen, der die erste Form des Ich als Körper-Ich erkannt hatte: »Das Ich ist vor allem ein körperliches.« Denn ein erstes Bewußtsein vom Ich oder Selbst bekommt der Säugling durch die Entdeckung des eigenen Körpers, den er wie ein äußeres Objekt wahrnimmt. Freud konzipiert eine Differenz zwischen der Berührung eines äußeren Gegenstands und der eines Teils des eigenen Körpers: Im ersten Fall entsteht eine Tastempfindung nur an der berührenden Hand, im zweiten dagegen sowohl am berührenden wie am berührten Körperteil. Aus diesem Diskrepanzerleben entsteht eine erste Differenzierung zwischen äußeren Objekten und Ich. Bereits

1919 hatte Tausk mit der Entwicklung des »Beeinflussungsapparats« erstmals die regressive Spaltung von Selbst- und Körperselbst beschrieben, indem er den vom Psychotiker als äußere maschinelle Macht erlebten Apparat als Projektion des eigenen Genitale und des eigenen Körpers verstand. Anzieu (1974) hebt hervor, daß er dies bereits damals jenseits der Triebtheorie konzipierte, daß es hier nicht um genitale und prägenitale Sexualität gehe, sondern um »die Dissoziation des Körper-Bildes beim Subjekt« (S. 134).

Ich möchte nun die wünschenswerte Körper-Selbst-Entwicklung innerhalb des Mahlerschen entwicklungspsychologischen Konzepts und so dann ihre Störbarkeit durch frühe, meist subtile Traumatisierung darstellen. Vor einer Unterscheidung von Selbst, Körper-Selbst und äußeren Objekten ist ein »hypothetisch undifferenzierter Zustand« (Kafka 1971, S. 233) anzunehmen, in dem Affekt und Körpersensation völlig ungetrennt sind (Ramzy u. Wallerstein 1958). Mahler (Mahler u. a. 1975, Mahler u. McDevitt 1982) und Mitarbeiter haben immer wieder einen Wechsel von der anfänglichen Propriozeption innerer Körperreize zur Sensoriperzeption auch äußerer Eindrücke beschrieben. Sie sehen hier den Anfang der Selbstgrenzen-Bildung in der »nonverbalen« Zeit von der sechsten Lebenswoche an, gleichzeitig mit einer ersten Abgrenzung des Körper-Selbst von der äußeren Umgebung (Mahler u. McDevitt 1982, S. 830). Mahler u. a. (1975, S. 73) und auch Kestenberg (1971) heben die große Bedeutung des freien Wechselspiels von Innen- und Außenwahrnehmung für einen optimalen symbiotischen Zustand hervor, damit »eine reibungslose Differenzierung – und Ausdehnung über den symbiotischen Umkreis hinaus – erfolgen kann«. (Mahler u. a. 1975, S. 73) Hier wird die Bedeutung der Grenzbildung durch genügend gute Grenzerfahrung angesprochen, die von einer »genügend guten« (Winnicott) mütterlichen Umgebung abhängig ist. Anzieu (1985) spricht von einer gemeinsamen Haut, einer Doppelmembran, die einerseits das Kind nach innen begrenzt, andererseits einen Reizschutz nach außen bildet, Grenze und Kontaktstelle gleichzeitig ist. Es ist das intuitive Entgegenkommen der mütterlichen Pflegeperson erforderlich, die den Bedürfnissen und Körperzuständen von außen adäquat begegnet. Das bedeutet z. B., die Körperoberfläche mit

»guten taktilen Reizen« zu versorgen, und, wie Mahler u. a. (1975) betonen, durch den Druck des Körpers in den Armen der Mutter die Tiefensensibilität und durch sein Schaukeln die Orientierung durch Bewegungsreize zu fördern. Derartige Aktivitäten werden allfällige Spannungszustände viszeraler, entero- und propriozeptiver Art bewältigen helfen, denen die Möglichkeiten des Säuglings zu reagieren allein nicht gewachsen sind. Kafka (1971, S. 233) formuliert in Übereinstimmung mit den Forschungen Mahlers:

›Es entsteht allmählich ein Bewußtwerden des Körpers, er ist getrennt von einer diffusen psychischen Erfahrung. Es folgt ein Bewußtwerden von differenzierteren Gedanken und Gefühlen, die von einer konkreten körperlichen Erfahrung abgesondert sind. Schließlich erscheinen Gedanken und die Fähigkeit, zwischen verschiedenen Typen psychischer Erfahrung zu unterscheiden, losgelöst von körperlicher Erfahrung.‹ Das bedeutet, daß die reale Anwesenheit des mütterlichen Objekts zunehmend durch die Phantasietätigkeit des Kindes ersetzt werden kann, und zwar zunehmend symbolisiert: protosymbolisch (wie z.B. das Daumenlutschen), übergangsobjektartig und schließlich als reifes sprachlich-gedankliches Symbol (vgl. Deri 1978). Die zunehmende Symboltätigkeit geht einher mit einer Desomatisierung der Affekte (Schur 1955), die mehr psychischen Charakter annehmen, anstelle der ungetrennt psychisch-physischen Empfindung.

Das bedeutet aber auch – und das ist ein für das spätere Körper-Agieren sehr wichtiger Punkt –, daß nicht nur die mehr oder weniger reife symbolhafte Phantasie ein entbehrtes oder traumatisches mütterliches Objekt ersetzen bzw. korrigieren kann, sondern daß in einer anfänglichen Symboltätigkeit Körperempfindungen wenigstens vorübergehend eine Art mütterlicher Versorgung repräsentieren. »Kinästhetische, viszerale, visuelle und akustische Reize [vermögen] in einer ›halluzinatorischen‹ Wunscherfüllung die globale Erinnerung einer mütterlichen Befriedigung erwecken und eine kurzzeitige Abwesenheit der Mutter überbrücken helfen,« wie es Kapfhammer (1985, S. 204) formuliert, der sich auf Isaacs (1948) bezieht. *Körpersensationen helfen also eine phantasierte Anwesenheit der Mutter herzustellen.* Das Schreien des Säuglings dürfte neben der Kommunikationsfunktion auch die der Herstellung einer Körperpräsenz haben und damit die Begrenzung einer drohenden Überschwemmung mit Vernichtungsangst darstellen, wie ich es bei mehreren Autoren gefunden habe (von Lüpke 1983, Kögler 1991, Haesler 1991, Anzieu 1985). Der Säugling ist sozusagen nicht mehr allein, wenn er seinen schreienden

Körper spüren kann. Für mich ist es unabdingbar für das Verständnis von destruktivem Körperagieren, daß der geschädigte, schmerzende, juckende oder blutende, auch sexuell erregte Körper Empfindungen liefert, die die Illusion der Anwesenheit eines Mutterobjekts herstellen sollen.

Wenn in der frühen Entwicklung die regulierende Funktion der mütterlichen Umgebung gestört ist, gelingt die Unterscheidung zwischen Selbst, Körper und äußerem Objekt nicht oder nur unvollkommen. Schilder betonte schon 1935, daß die Entstehung des Körper-Selbst-Gefühls an die Interaktion des Säuglings mit der mütterlichen Umgebung unabdingbar gebunden ist. Körpersensationen und affektive Reaktionen wie Angst, Trennungsschmerz, Trauer oder Wut werden nicht genügend differenziert, ebenso nicht ihr jeweiliger Ursprung: Innen, Außen; Körper oder Mutterobjekt. Während in einer wünschenswerten Entwicklung die Differenzierung von Selbst und Körperselbst nicht etwa eine bleibende Spaltung bedeutet, sondern m.E. von einer Integration in eine Gesamtvorstellung von »Selbst« abgelöst wird, in der Körperselbst und psychisches Selbst getrennt und auch verbunden sind, gelingt in einer gestörten Entwicklung eine solche Integration nicht. Die Folge ist eine Dissoziation von Selbst und Körperselbst, die in Belastungssituationen immer wieder auftaucht bzw. auf die regressiv zu Abwehrzwecken zurückgegriffen werden kann. Sind der Körper oder Teile von ihm derart abgespalten, kann er wie ein äußeres Objekt erlebt und auch verwendet werden. Der Körper stellt nun ein wenn auch böses, zerstörerisches Mutterobjekt dar, das aber immerhin anwesend ist, das auch aus eigener Aktivität hergestellt werden kann. Ebenso kann man den auto-aggressiv attackierten Körper als Stellvertreter des damals mißhandelten Kindes verstehen (Plassmann 1989). Aber es dürfte aufs Gleiche hinauslaufen, ob mißhandelndes Objekt oder mißhandeltes Subjekt reinszeniert werden, es kommt auf die Präsenz eines Objektsurrogats an; Eltern- und Selbst- (bzw. Kind) Repräsentanzen fallen im Körper-Agieren zusammen. Gleichzeitig aber kann man immer wieder sehen, daß der geschädigte Körper, sei er durch Selbstdestruktion, psychogenen Schmerz oder eine psychosomatische Reaktion verändert, auch eine Abwehr gegen ein zu bedrohli-

ches intrusives Mutterobjekt darstellt, eine übermäßige, patholo-
gisch deformierte und ja auch schmerzende Grenze. Es liegt mir viel
daran, dieses »Doppelte« von Objektersatz und Grenzziehungsfunktion hervorzuheben, da es genau dem doppelten, widersprüchlichen
Verhalten der realen Mutter, das oft zu rekonstruieren ist, entspricht,
nämlich einer Verbindung von Zurückweisung und übermäßiger
Kontrolle besonders der Körperfunktionen. Ich habe den Eindruck,
daß gerade das Körpersymptom einen Ausweg, eine Lösung bieten
soll aus der arretierten Verstrickung in das widersprüchliche Verhalten des Mutterobjekts bzw. seiner Introjektion.

Selbstbeschädigung

In einem Brief einer Patientin, aus dem ich jetzt zitieren möchte,
finden wir einige für die Selbstbeschädigung charakteristische Züge
versammelt. Sie hatte ihn mir geschrieben, nachdem die Einzeltherapie nach zwei Jahren beendet worden war, also in einer Trennungssituation, und die Patientin in eine therapeutische Gruppe unter
meiner Leitung gegangen war.

»Bis zum Wochenende hatte ich ständig das Bedürfnis, mich zu verletzen. Es
sollte eine Wunde sein, die sichtbar ist, aber mich nicht entstellt. Ich habe mir viele
kleine Kratzer mit einem Plastikrasierer gemacht, den Manfred [der Freund der
Patientin] hier seit kurzem deponiert hat. Ich hatte die Idee, daß ich ein Teil von
Manfred zum Verletzen benutze, weil ich mich von ihm abnabeln will... Ich habe
Phantasien von Fremdgehen oder denke daran, abends alleine tanzen zu gehen.
So deutlich hatte ich diese Gefühle noch nie, weil ich wohl immer solche Angst vor
einer Trennung hatte. Ich finde mich jetzt so schlecht, fühle mich so leer, daß ich
Angst habe, alleine zu bleiben, und kann mir meine Existenz ohne feste Bezugs-
person nicht vorstellen. Wenn ich mich verletze, ist das für mich eine Möglichkeit,
diese Angst und den Schmerz darzustellen, ich mache den Schmerz sichtbar, und
dadurch ist er nicht mehr so bedrohlich. Zwischendurch hatte ich sogar das Gefühl,
etwas Produktives zu tun. Ich hatte dabei ein ziemlich kitschiges Bild vor Augen:
Meine Persönlichkeit ist eine Blume, die durch die Therapie hervorgebracht worden
ist, aber der Regen, der diese Blume zum Wachsen bringt, ist mein Blut, meine
Tränen und mein Schweiß (Angstschweiß). Die Lust, mich zu verletzen, entsteht*

auch aus dem Wunsch, mich mehr mit mir und meinem Körper zu beschäftigen. Als ich mir den Arm aufgekratzt hatte, dachte ich: Mein Körper gehört mir, und ich kann damit machen, was ich will! Ich hatte extrem das Gefühl, etwas Eigenes, Selbstbestimmtes zu machen, glaube aber, daß ich etwas Negatives tun mußte, weil ich im Moment noch nicht richtig in der Lage bin, etwas positives Eigenes zu machen.*«*

Die Patientin hatte schon früher mit dem Körper agiert; als Jugendliche konnte sie die Größe ihrer Brüste nicht ertragen, hatte sich einer kosmetischen Brustoperation unterzogen und danach eine bulimische Symptomatik entwickelt, die sie jedoch dann in der Lage war, durch eine sublimierte Körperaktivität, nämlich ein Gesangsstudium, zu ersetzen. Eltern können übrigens froh sein, wenn adoleszente Kinder die Adoleszenzkrise mit Hilfe konstruktiver Körperaktivitäten wie Sport und Musik meistern und nicht zu destruktiven, besonders auch Formen des Suchtmittelmißbrauchs greifen müssen. Der Auslöser für die aktuelle Symptomatik meiner Patientin besteht in einer Trennungssituation, wie es so oft gerade auch für therapeutische Beziehungen beschrieben worden ist (Hirsch 1985, Sachsse 1989, Plassmann 1989, Podvoll 1969, Pao 1969). Die Patientin fühlt sich leer, sich selbst kann sie nicht anders als schlecht empfinden, sie ist unfähig, allein zu sein. Solche Zustände, zu denen auch in der Regel eine ungeheure körperlich-psychische Spannung gehört, können eine extreme, psychosenahe Angst vor Desintegration enthalten. Das entspricht der Angst vor dem »Verrücktwerden« des Säuglings, wie Winnicott (1971, S. 113) es nennt, und bedeutet m.E. für den Säugling, mit den Körpersensationen allein nicht mehr fertig zu werden und so von der Auflösung bedroht zu sein. Der auslösende Zustand wird auch als »Grauen« beschrieben (Sachsse 1989, S. 103); eine Patientin aus meiner Praxis nannte ihn »großes graues Tier«. Die Gegenmaßnahmen meiner Patientin bestehen in einer Vergewisserung ihrer Körpergrenzen durch die Selbstdestruktion, die sie lebendig machen, sich wirklich fühlen lassen soll. Die Patientin ist vom Therapeuten verlassen, den sie aber verschont durch eine Verschiebung der Trennung vom Therapeuten auf den Freund, der nicht sie, sondern den sie selbst verläßt. Nichtsdestoweniger benutzt sie aber sein Werkzeug und stellt so wieder eine Verbindung zu ihm her im Sinne eines Brückenobjekts. Damit stellt die Patientin m.E. einen protosymbolischen Kontakt mit dem Mutterobjekt her, der sich auch im Symptom selbst findet, wodurch es ja gleich Erleichterung bringt. Sie macht den diffusen seelischen Zustand als körperlichen Schmerz »sichtbar«, wie sie sagt, also besser handhabbar, er macht ihr keine Angst. Der Schmerz beim Selbstbeschädigungsverhalten, der typischerweise nach einer schmerzfreien Anfangsphase verzögert auftritt, und das Blut, das warm über die Haut rinnt, beenden einen typischen tranceartigen Zustand, in dem das Agieren stattfindet (»Blut tut gut«, Sachsse 1989). Wie auch bei meiner Patientin folgt ein Gefühl von Befreiung und Erleichterung. Darüber hinaus stellt sich eine Art Hochgefühl, »etwas Produktives« geschaffen zu haben, ein. Hier scheint ein konstruktives Moment enthalten zu sein: das unabhängig vom sonst allspendenden Mutterobjekt selbst Geschaffene. Die Erschaffung eines Mutterobjekts aus eigener Kraft (hier im Körper) bedeutet Autonomie, Freiheit vom zu negativ Erlebten. Manisches Hochgefühl ist auch von Kernberg (1975, S. 149) beobachtet worden:

> Bei manchen Patientin mit Selbstbeschädigungstendenzen (...) beobachtet man manchmal eine wahre Lust, einen enormen Stolz über diese Macht der Selbstdestruktion, eine Art von Allmachtsgefühl und Stolz darüber, daß man nicht auf die Befriedigung durch andere angewiesen ist.

Die Jugendliche zeichnet – mit dem Gefühl, etwas Eigenes geschaffen zu haben – ein Bild von Trennung und Verlust. Die Blume, ihre Persönlichkeit, wurde durch die Therapie hervorgebracht, d.h. das Kind wurde von der Mutter geboren, dann aber offenbar viel zu früh verlassen und ist auf sich selbst gestellt: Teile des eigenen Körpers, nämlich Blut, Tränen und Schweiß, müssen sie zum Wachsen bringen. Das entspricht der oben beschriebenen frühreifen Pseudoautonomie. Dann aber auch der Stolz: »Mein Körper gehört *mir*, und damit kann ich machen, was *ich* will!« Das kann das Kind mit der Mutter nicht, und es kann sich auch nicht wehren, wenn die Mutter mit dem Kind macht, was *sie* will! Dieses Moment des Selbsterschaffens und -beherrschens läßt an das Übergangsobjekt (Winnicott 1953) denken, und von mehreren Autoren ist der so abgespaltene, gehandhabte Körper, gerade auch im Zusammenhang mit Selbstbeschädigung, durchaus mit ihm gleichgesetzt worden. (Pao 1969, Podvoll 1969, Kafka 1969, Sachsse 1989, vgl. Hirsch 1989b). Anzieu (1985, S. 141) bezeichnet die Haut als eine »Übergangswirklichkeit«, McDougall (1989, S. 152) zitiert und kommentiert ihre mit einer Hauterkrankung reagierende Patientin:

> ›Wenn ich von Ihnen weg bin, weiß ich wenigstens noch, daß ich meine Haut habe. Sie spricht zu mir und gibt mir die Sicherheit, daß ich in ihr lebe‹ (...). In anderen Worten, ihr leidender Körper übte die Funktion eines fremdartigen Übergangsobjekts aus. Ihre brennende Haut gab ihr ein Gefühl, lebendig zu sein, zusammengehalten zu sein, während sie gleichzeitig die Erinnerung an ein äußeres Objekt (die Analytikerin und ihre ›geteilte Haut‹) bebehielt, welches ihr Sicherheit gab.

An dieser Stelle kann die psychoanalytische Diskussion über die frühe Körperaktivität deprivierter Kinder – wie Kopfschlagen und Jactationen – angeführt werden, ebenfalls autoaggressive Symptome, die auch die eingangs von mir erwähnte Patientin zeigte. »Das Schaukeln diente in diesem Fall der Selbsttröstung und autoerotischen Stimulation, als ob das Kind sich selbst bemutterte.« (Mahler u. a. 1975, 71) Anna Freud (1954) verweist auf die intrauterinen Wurzeln des Körperschaukelns und hält das Kopfschlagen für den Ausdruck des Bedürfnisses, eine Körperrealität zu schaffen. In jedem Fall von selbstdestruktivem Agieren mit dem eigenen Körper, auch in den Bereichen Eßstörung und Autoerotismus, ist die Intention enthalten, durch die Vergewisserung der Körper-Selbst-Grenzen die gefährdete Ich-Grenze zu sichern.

Autoerotismus

Ein mehr ödipales Konzept der Masturbation wird immer ein phantasiertes äußeres Objekt enthalten. Gleichzeitig bedeutet aber jede Form der Masturbation auch einen Rückzug auf den eigenen Körper. Die präödipale Masturbation nähert sich den Surrogataktivitäten wie Kopfschlagen oder Selbstbeschädigung an, es wird kein bestimmtes Objekt mehr phantasiert, das Spüren des beschädigten bzw. im Falle der Masturbation erregten Körpers hat eher Ersatzfunktion (Hirsch 1989c). Aber auch in der Surrogat-Masturbation scheint immer eine

rudimentäre Mutterrepräsentanz enthalten zu sein; z.B. formuliert
McDougall (1978, S. 155): »Der Säugling, der am Daumen lutscht oder
mit seinem Genitale spielt, beginnt bereits, in seinem Inneren eine
erste vage Repräsentation einer ›guten Mutter‹ zu schaffen.« Hierher
gehört auch das Ergebnis der frühen Untersuchungen von Spitz und
Wolf (1949), daß die Fähigkeit zum genitalen Spiel bei Kleinkindern
von einem gewissen Maß an mütterlicher Versorgung abhängig ist.
Die überwiegende Mehrzahl der älteren Säuglinge spielte mit dem
Genitale, wenn die Mutter-Kind-Beziehung im wesentlichen gut war.
War sie wechselhaft, kam es nur bei einem Teil der Kinder zum »geni-
tal play«, bei anderen zu Schaukelbewegungen des Körpers oder
Spiel mit den Fäces. Fehlte die Mutterbeziehung, kam es in keinem
Fall zu autoerotischen Aktivitäten. In einer späteren Arbeit erweiter-
te Spitz (1962) den Befund: Masturbation auch im späteren Kindes-
alter und in der Adoleszenz war von genügend guten mütterlichen
Erfahrungen abhängig.

Masturbation kann im pathologischen Fall exzessive Ausmaße
annehmen und bekommt so eine deutliche Kompensationsfunktion.
In der Regel wird dabei ein beträchtliches Maß an Aggressivität, also
Autoaggression, enthalten sein. Die enthaltene Aggression stammt
aus späterem Verlust oder Versagung, oft auch aus realen Traumata
(Stoller 1976, zit. bei Limentani 1984), etwa zu früher genitaler Überstimulierung (Greenacre 1960). Anna Freud und Dann (1951) haben
an einem interessanten Fall gezeigt, wie therapeutische Bemühungen das Kind in die Lage versetzen, die Masturbation mit anderen
Objekten als dem eigenen Körper zu verbinden. Paul, ein Junge, der
in einer Gruppe von Kindern lebte, die ihre Eltern durch Krieg und
Naziterror verloren hatten, und der exzessiv onanierte, fing an, die
Masturbation von seiner Übergangsobjekt-Puppe machen zu lassen
und bat schließlich auch Pflegepersonen, Kontakt zu seinem Penis
aufzunehmen.

Masturbation ist McDougall (1978) zufolge eine der wenigen krea-
tiven Möglichkeiten, die Illusion einer bisexuellen Vollkommenheit
herzustellen, worauf auch Kestenberg (in Marcus u. Isay 1980, S. 648)
hinweist, die die positive Funktion derartiger Phantasien darin sieht,
daß sie helfen, aus Narzißmus und später aus der Ambivalenz des

Ödipuskomplexes herauszufinden, um schließlich einen Weg zur heterosexuellen Objekten zu finden. Wie auch immer diese Hinwendung zu den Liebesobjekten gelingt, zumindest regressiv bleibt die Möglichkeit des Rückgriffs auf den eigenen Körper. Dabei können in einer Art Dissoziation die Genitalorgane vom Körper selbst gesondert werden; Tausk bemerkte bereits 1912: »Manche Onanisten führen Zwiegespräche mit ihrem Genitale, nennen es den lieben Kleinen (...) oder den lieben Freund, danken ihm für seine Treue und Freigiebigkeit usf. Man findet in vielen Fällen eine vollkommene Verliebtheit in das eigene Genitale.« Autofellatio, die Phantasie oder sogar der Versuch, mit sich selbst Fellatio auszuüben, scheint einen Wunsch nach narzißtischer Vollkommenheit auszudrücken. Eine weibliche Form dieser Phantasie beschreibt Spielrein in den Diskussionen von Freuds Mittwochsgesellschaft als eine »besondere Form der weiblichen Onanie: Das Saugen an den eigenen Brüsten, wobei sie (die Patientin) sich als Mutter und Kind vorstellt«. (Nunberg u. Federn 1962-1975). Die Entwicklung innerhalb der Therapie eines männlichen Erwachsenen von einem Bild von sich selbst als geschlossenem Kreis seines Körpers, der durch Mund und Penis gebildet wurde und in den einzudringen kein Objekt eine Chance

hätte, über die Vorstellung eines »unabhängigen Penis«, der den Weg zum Mund findet, wie es ihm gefällt, bis hin zur Vorstellung eines autonomen, objektfähigen potenten Penis schildert Kafka (1992) in einer Arbeit über Körperphantasien. (s. Abbildung)

Während in diesem Beispiel die Masturbationsphantasie eine autistische Fusion mit dem noch als positiv erlebten eigenen Körper enthielt, kann der sexuelle Körper auch das Objekt von Horror, Panik und destruktivem Haß sein. Schließlich haben dysmorphophobische Phantasien (Befürchtungen also, Teile des Körpers seien mißgebildet) in aller Regel primäre oder sekundäre Geschlechtsmerkmale zum Ziel: Körperformen, Schambehaarung, Stimmbruch, Bartwuchs, Menstruation und Sexualfunktionen werden ängstlich beobachtet und wahnhaft als gestört empfunden. Die Brüste sind zu groß oder zu klein, der Penis – immer – zu klein. Diese Ängste finden sich keineswegs nur bei Mädchen, auch Jungen hadern häufig mit ihrem Geschlecht, wenn sie es auch seltener offenbaren können. Ein spätadoleszenter Patient, der neben seiner Neurodermitis ein ganzes Arsenal von Hilfsobjekten oder Übergangsobjekten zur Verfügung hatte, mit denen er ein relatives Ich-Gleichgewicht aufrechterhalten konnte, masturbierte zwanghaft, jeden Tag, bis zu 20 mal. Bei diesem Patienten war es ganz deutlich, daß es ihm nicht auf die orgastische Entladung ankam, sondern vielmehr auf das Aufrechterhalten einer bestimmten Erregungsspannung. Wie er sagte, gerate er in Panik,wenn sie nachlasse. Die Ejakulation vermeide er sorgfältig, weil es ihm danach sehr schlecht gehe, eine große Leere entstehe. Es wurde deutlich, daß diese Leere dem Verlust des *im erregten Körper erlebten* Objekts entsprach. Dieser Patient besetzte seine Männlichkeit äußerst destruktiv, er haßte seinen Penis, empfand ihn als nicht zu ihm gehörig. Seine Masturbationspraktiken waren zum Teil mit Strangulation der Hoden und der Phantasie der Selbstkastration verbunden. Er benutzte die Genitalorgane, um seinen Körper in eine Erregungsspannung zu versetzen, auf die es ihm ausschließlich ankam. Dementsprechend bedeutete es einen Fortschritt der Therapie, als er sich schließlich einen gewissen Stolz auf sein männliches Glied gestatten und durch die Masturbation lustvolle Orgasmen verschaffen konnte.

Eßstörungen

Die Eßstörungen möchte ich hier unter dem Aspekt der Objektver-wendung des eigenen Körpers (Hirsch 1989d), der durch den Umgang mit der Nahrung zu etwas Besonderem gemacht wird, behandeln. Wie bei der Selbstbeschädigungsdynamik werden die Ängste, allein zu sein, aber auch Beziehungen zu anderen aufzunehmen, Ängste, die sich besonders in der Adoleszenz als Identitätsängste identifi-zieren lassen, mit der Beschäftigung mit Nahrung, Diäten und Körpergewicht in Schach gehalten. Besonders im Falle der Anorexie sind diese Ängste nun auf eine oft magische Körpergewichtsgrenze gerichtet, der sich zu nähern Panik macht und deren Überschreitung als unausdenkbare Katastrophe befürchtet wird. Im Grunde gibt es bei der Bulimie dieselbe Angst, der Körper könnte zu schwer werden. Die Bulimikerin hat aber ein Mittel gefunden, das sie geradezu omni-potent im Umgang mit der ambivalent begehrten und gefürchteten Nahrung macht: Wie herrlich, alles essen zu können und doch nicht zunehmen zu müssen, das Mutter-Objekt beherrschen, aus eigener Macht aufnehmen und ausstoßen zu können!

Bei beiden Krankheitsformen wurde von mehreren Autoren ein Trauma in Form von Behinderung und Bestrafung erster Auto-nomiebestrebungen im zweiten Lebenshalbjahr durch dominie-rende, überfürsorgliche und kontrollierende Mütter festgestellt (Source 1974, Masterson 1977, Bruch 1978, Sugarman u. Kurash 1981). Anscheinend ist es diesen Kindern aber lange möglich, sich unauffällig an eine derartige Übermacht anzupassen, weil sie sich einerseits den Wünschen der Mutter fügen, sich ihr ande-rerseits aber entziehen, da sie sich durch Unauffälligkeit die Mutter vom Leibe halten. Bei der Anorexie ist in einem solchen Gleichgewicht des Latenzalters häufig auch der Vater von Bedeu-tung, der mit der vorpubertären Tochter, die noch keine weibli-chen Körperformen entwickelt hat, ein geheimes Bündnis gegen die übermächtige Mutter schließt (Willenberg 1986). Der weibli-che Körper bedeutet hier eine doppelte Bedrohung: wie die dominierende Mutter zu werden und das Bündnis mit dem Vater zu verlieren.

Die anorektische Jugendliche erlebt die Ausbildung der weiblichen Körperformen gerade wegen der ungenügenden Selbst-Objekt-Differenzierung als unerträgliche symbolische Verschmelzung mit dem »bösen«, Autonomie behindernden Mutterobjekt. Der Adoleszenzkonflikt – nämlich auf der einen Seite die Angst vor der Loslösung und auf der anderen die Unmöglichkeit, weiter in Abhängigkeit von einem übermächtigen Objekt zu bleiben – wird scheinbar mit dem Körperagieren gelöst: Der Körper wird zum bösen, weiblichen Objekt, und die Mittel, ihn in Schach zu halten, bewirken die Illusion der Autonomie. Der weibliche Körper wird zum »Inbegriff alles Bösen« (Willenberg 1986), der bei der Anorexie durch die Gewichtskontrolle autoaggressiv beherrscht wird. Das ist besonders deutlich sichtbar, wenn zu der Gewichtsproblematik direkte Selbstbeschädigungshandlungen kommen (z. B. das langjährige Abbinden der sich entwickelnden Brüste mit nachfolgender Rippendeformation durch eine Patientin in meiner Praxis) bzw. auch kosmetische Operationen wie bei der oben beschriebenen Selbstbeschädigungspatientin. Der magere Körper dagegen stellt ein idealisiertes »gutes« Mutterobjekt dar, eine »Antimutter« oder »Nichtmutter«, die die Patientin nicht bedroht, andererseits aber auch nicht allein läßt. Wenn das Körpergewicht steigt, droht die Fusion mit der bösen Mutter; ein manisches Hochgefühl dagegen entsteht, wenn die Jugendliche sich mit dem »Nicht-Mutter-Objekt« verbunden fühlt. In der Literatur wird von Gefühlen der »Unsterblichkeit« (Willenberg 1986) gesprochen, von »kosmischem Gefühl von Sicherheit und Schutz« (Masterson 1977).

Bei der *Bulimie* tritt die Bedeutung des Körpers als Objektsurrogat zurück; hier ist es eher die Nahrung, die an die Stelle des Mutterobjekts tritt. Häufig haben die Patientinnen am Anfang eines Freßanfalls noch das Gefühl, sich etwas Gutes anzutun, sich eine selbstgeschaffene gute Mutter einzuverleiben. Es scheint anfangs die Illusion zu bestehen, daß die »mütterliche Substanz« wie ein Übergangsobjekt beherrschbar bleibt. Ist die Nahrung aber erst einmal verschlungen, inkorporiert, bekommt sie ein Eigenleben; es droht durch die Verdauung eine Verschmelzung mit dem mütterlichen Bösen, das in den eigenen Körper eindringt, der auf diese Weise ununterscheidbar zur Mutter werden würde, was dieselbe Panik auslöst wie bei der Anorektikerin. Selvini-Palazzoli (1982) bemerkt, daß nach dem Freßanfall der Körper das Böse nur enthalte, es noch nicht sei. Bevor das Schreckliche eintritt, muß durch das selbstinduzierte Erbrechen das böse Objekt unbedingt aus dem Körper entfernt werden. Gelingt es der Patientin nicht, zu erbrechen, tritt ein Panikzustand ein, der bei einer Patientin in meiner Praxis einmal dazu führte, daß sie den Notarzt rufen mußte (Triangulierungsvater!).

Die eigene Aktivität, des Selbst-Tun-Könnens, um das im Körper (bzw. in der Nahrung) erlebte überwältigend böse Objekt beherrschen zu können, spielt wie bei der Selbstbeschädigung auch bei den Eßstörungen eine große Rolle. Das fragile Identitätsgefühl, das *Sein* also, wird durch das *Tun*, das Agieren mit dem Körper ersetzt. Im Körper soll symbolisch ein gutes Mutterobjekt hergestellt werden, was aber nicht gelingen kann, da die Symptomatik stets beträchtliche Aggression enthält. Die Aggression entspricht dem Trauma durch das als identitäts-verhindernd, als übermächtig erlebte Mutterobjekt, sie entspricht auch einer »Trennungswut« (Ermann 1986), die Loslösungsbestrebungen mit Mordabsichten gleichsetzt. Deshalb holt das Böse die Patientin wieder ein: »Ich hatte gedacht, daß es mir gut geht, wenn ich dünn bin, aber das ist nicht eingetreten«, sagt eine Patientin. Bei der Bulimie ist das Verschlingen der Nahrung bereits mit kannibalistischer Wut verbunden, und mit dem Erbrechen ist die Phantasie des Mordes an einem bösen Objekt enthalten, als ob es sich um eine Art Notwehr handelte. Eine Jugendliche war mit der Mutter innig verbunden wie mit einer älteren Freundin, beide tauschten ihre Sorgen und Befindlichkeiten aus. Einmal sagte die Jugendliche zur Mutter, sie befürchte, wieder fressen zu müssen, weil es ihr nicht gut gehe. Darauf die Mutter: Diesmal werde sie nichts dazu sagen, denn in der Familienberatung habe man ihr aufgetragen, sich jetzt einmal zwei Wochen lang jeder Beeinflussung zu enthalten. Die Tochter war wütend, weil sie nun keine Möglichkeit sah, sich dem Symptom hinzugeben, da durch ihre Ankündigung die Mutter gewußt hätte, was es bedeutete, wenn die Tochter ins Bad ginge. »Das war so, als hätte ich einen Mord geplant und dürfte mich nicht verdächtig machen,« sagte die Patientin.

Das »Doppelte« der Körpersymptomatik findet sich in auffallender Weise im von den jugendlichen Patienten berichteten Verhalten der Mütter wieder. Die entsprechenden Mütter behandeln die Kinder abgespalten von affektiven Regungen, als wären sie Objekte, ähnlich wie die Patienten später ihre eigenen Körper behandeln. Es ist die Mischung aus fehlender Empathie für die Bedürfnisse des Kindes und von rücksichtslosem Durchsetzen der eigenen Vorstellungen bzw. Bedürfnisse, teilweise auch Körperbedürfnisse der mütterlichen Pflegeperson. »Das Bild der Mutter ist wiederum doppelt: Das einer omnipotenten, omnipräsenten Figur, sowie das einer Frau, die schwach und zerbrechlich ist.« (McDougall 1989, S. 47) Es handelt sich also um das Doppelte von Alleinlassen und übermäßiger Kontrolle, Mangel an körperlicher Zärtlichkeit und Überstimulierung. Dementsprechend ist in der Symptomatik das Doppelte von Objektersatz und Grenzen-Aufrichten enthalten. Körpersymptomatik und Körperagieren scheinen besonders geeignet, eine Arretierung zwischen Abhängigkeit und Autonomiewunsch, wie sie für die Adoleszenz von Laufer (1976) als »Sackgasse« bezeichnet wurde, im Sinne einer Scheinlösung erträglich zu machen. Meines Erachtens ist das körperliche Symptom ein mißlingender Ausweg aus der Ambivalenz dem mütterlichen Objekt gegenüber, weil es sowohl die Illusion verschafft, kein Mutter-Objekt zu brauchen, da es im beschädigten Körper dargestellt wird. Andererseits wird eben mit diesem Körper eine aggressiv-trotzige Grenze dem Objekt gegenüber aufgerichtet. Es ist die Darstellung sowohl der symbiotischen Beziehung als auch ihrer Abwehr, die surrogathafte Herstellung des Objekts wie das triumphierende Gefühl von Autarkie, mit dem das mütterliche Objekt zurückgewiesen wird.

Zusammenfassung

In einem idealen Entwicklungsprozeß entsteht aus einer anfänglichen Differenzierung von Selbst, Körper-Selbst und äußeren Objekten eine integrierte Selbst-Körperselbst-Repräsentanz. Diese Integration kann durch frühe Mangel- und Überstimulierungstraumata und/oder spätere Traumata gestört werden. Das Körper-Selbst kann dann später zu Abwehrzwecken dissoziiert und mit ihm eine Objekt-Subjekt-Einheit agiert werden, in der der Körper sowohl das mißhandelte Kind als auch das mißhandelnde Elternobjekt repräsentiert. Neben einer solchen Funktion der Verschmelzung erhält er auch eine der Abgrenzung gegen zu bedrohliche äußere Objekte. Die Besonderheiten der Psychodynamik verschiedener Formen des Körperagierens werden im folgenden dargestellt. Bei der Selbstbeschädigung wird eine artifizielle Körpergrenze hergestellt, die die zu schwache Ich-Grenze ersetzen soll. Masturbation präödipalen Charakters erzeugt einen Körperzustand, in dem der Körper als Surrogat für ein fehlendes Mutterobjekt dient. Bei der Anorexie soll der magere Körper ein zum gefürchteten Mutterobjekt alternatives, eine »Anti-Mutter«, eine »Nicht-Mutter«, darstellen, auch eine Barriere gegen die sich entwickelnde weibliche Geschlechtsidentität. Bei der Bulimie repräsentiert eher die Nahrung das Mutterobjekt, das in der Phantasie wie ein Übergangsobjekt beherrscht, aus eigener Macht inkorporiert, aber auch eliminiert werden kann. Alle Formen des pathologischen Körperagierens sollen Schlimmeres vermeiden, nämlich eine Desintegration des ganzen Selbst, indem Teile des Selbst geopfert werden.

Literatur

Anzieu, D. (1974): Inwiefern die Psychoanalyse von ihren Ursprüngen geprägt ist. In: Chasseguet-Smirgel, J. (Hg.): Wege des Anti-Ödipus. Frankfurt a. M., Berlin, Wien (Ullstein, 1978).
Anzieu, D. (1985): Das Haut-Ich. Frankfurt a. M. (Suhrkamp, 1991).
Bruch, H. (1978): Der goldene Käfig. Das Rätsel der Magersucht. Frankfurt a. M. (Fischer, 1980).
Deri, S. (1978): Transitional phenomena: vicissitudes of symbolization and creativity. In: Grolnick, S. A., u. a. (eds.): Between reality and fantasy. Northvale, London (Jason Aronson).
Engel, G. L. (1959): Psychogenic pain and the pain prone patient. In: Am. J. Med. 26, S. 899-918.
Ermann, M. (1986): Zur Psycho- und Soziodynamik der Herzneurose. In: Praxis Psychother. Psychosom. 31, S. 250-260.
Ferenczi, S. (1933): Sprachverwirrung zwischen den Erwachsenen und dem Kind. Schriften zur Psychoanalyse. Bd. II. Frankfurt a. M. (Fischer, 1972).
Freud, A. (1954): Problems of infantile neuroses. A discussion. In: Psychoanal. Study Child 9, S. 25-31.

Freud, A., Dann, S. (1951): Experiment in group-upbringing. In: Psychoanal. Study Child 6. Deutsch in: Freud, A. Burlingham, D.: Heimatlose Kinder. Frankfurt a. M. (Fischer, 1971).

Freud, S. (1923): Das Ich und das Es. G. W. XIII.

Haesler, L. (1991): Zur Psychoanalyse der Musik und ihrer psychodynamischen und historischen Ursprünge. In: Jahrbuch Psychoanal. 27, S. 203-223.

Hirsch, M. (1985): Psychogener Schmerz als Übergangsphänomen. In: Praxis Psychother. Psychosom. 30, S. 261-267.

Hirsch, M. (Hg.) (1989a): Der eigene Körper als Objekt. Zur Psychodynamik selbstdestruktiven Körperagierens. Gießen (Psychosozial-Verlag, 1998).

Hirsch, M. (1989b): Der eigene Körper als Übergangsobjekt. In: Hirsch, M. (Hg.): Der eigene Körper als Objekt. Gießen (Psychosozial-Verlag, 1998).

Hirsch, M. (1989c): Der Objektaspekt des Autoerotismus. In: Hirsch, M. (Hg.): Der eigene Körper als Objekt. Gießen (Psychosozial-Verlag, 1998).

Hirsch, M. (1989d): Körper und Nahrung als Objekte bei Anorexie und Bulimie. In: Praxis Kinderpsychol. Kinderpsychiat. 38, S. 78-82, und in: Hirsch, M. (Hg.): Der eigene Körper als Objekt. Gießen (Psychosozial-Verlag, 1998).

Hirsch, M. (1997): Schuld und Schuldgefühl – Psychoanalyse von Trauma und Introjekt. Göttingen (Vandenhoeck & Ruprecht).

Hirsch, M. (1998): Opfer als Täter – Über die Perpetuierung der Traumatisierung. Persönlichkeitsstörungen – Theorie und Therapie 1/98, S. 32-35. Stuttgart (Schattauer).

Isaacs, S. (1948): The nature and function of fantasy. In: Int. J. Psycho-Anal. 29, S. 73-97.

Kafka, E. (1971): On the development of the experience of mental self, bodily self and self-consciousness. In: Psychoanal. Study Child 26, S. 217-240.

Kafka, J. S. (1969): The body as transitional object: a psycho-analytic study of a self-mutilating patient. In: Brit. J. Med. Psychol. 42, S. 207-212.

Kafka, J. S. (1992): Körperphantasien. In: Prax. Psychother. Psychosom. 37, S. 81-91.

Kapfhammer, H.-P. (1985): Psychoanalytische Psychosomatik. Berlin, Heidelberg, New York, Tokyo (Springer).

Kernberg, O. F. (1975): Borderline-Störungen und pathologischer Narziβmus. Frankfurt a. M. (Suhrkamp, 1978).

Kestenberg, J. (1971): From object imagery to self and object representations. In: McDevitt, J. B., Settlage, C. F. (eds.): Separation, individuation: Essays in honour of Margaret S. Mahler. New York (Int. Univ. Press).

Kögler, M. (1991): Die Verarbeitung des Inzesttraumas in der psychoanalytischen Behandlung. In: Forum Psychoanal. 77, S. 202-213.

Laufer, M. (1976): The central masturbation fantasy, the final sexual organization and adolescence. In: Psychoanal. Study Child 31, S. 297-316. Deutsch in: Psyche 34, S. 365-384 (1980).

Limentani, A. (1984): Toward a unified conception of the origins of sexual and social deviancy in young persons. In: Int. J. Psychoanal. Psychother. 10, S. 383-401.

v. Lüpke, H. (1983): Der Zappelphilipp. Bemerkungen zum hyperkinetischen Kind. In: Voss, R. (Hg.): Pillen für den Störenfried? München u. Hoheneck, Hamm (Reinhardt).

Mahler, M. S., McDevitt, J. (1982): Thoughts on the emergence of the sense of self, with particular emphasis on the body self. In: J. Am. Psychoanal. Ass. 30, S. 827-848.

Mahler, M. S., Pine, F., Bergman, A. (1975): Die psychische Geburt des Menschen. Frankfurt a. M. (Fischer, 1978).

Marcus, I. M., Isay, R. A. (1980): Adult masturbation: clinical perspectives. In: J. Am. Psychoanal. Ass. 28, S. 637-652.

Masterson, J. F. (1977): Primary anorexia nervosa in the borderline adolescence – an object-relations view. In: Hartocollis, P. (ed.): Borderline personality disorders. New York (Int. Univ. Press).

McDougall, J. (1978): Plädoyer für eine gewisse Anormalität. Frankfurt a. M. (Suhrkamp, 1985).

McDougall, J. (1989): Theatres of the body. A psychonalytic approach to psychosomatic illness. London (Free Associations).

Nunberg, H., Federn, P. (1962-1975): Protokolle der Wiener Psychoanalytischen Vereinigung, Bd. I-IV. Frankfurt a. M. (Fischer, 1976-1981).

Pao, P. N. (1969): The syndrome of delicate self-cutting. In: Br. J. med. Psychol. 42, S. 195-206.

Plassmann, R. (1989): Artifizielle Krankheiten und Münchhausen-Syndrome. In: Hirsch, M. (Hg.): Der eigene Körper als Objekt. Zur Psychodynamik selbstdestruktiven Körperagierens. Gießen (Psychosozial-Verlag, 1998).

Podvoll, E. M. (1969): Self-Mutilation an within a hospital setting: a study of identity and social compliance. In: Br. J. med. Psychol. 42, S. 213-221.

Ramzy, I., Wallerstein, R. S. (1958): Pain, fear and anxiety. In: Psychoanal. Study Child 13, S. 147-189.

Sachsse, U. (1989): »Blut tut gut«. Genese, Psychodynamik und Psychotherapie offener Selbstbeschädigung der Haut. In: Hirsch, M. (Hg.): Der eigene Körper als Objekt. Zur Psychodynamik selbstdestruktiven Körperagierens. Gießen (Psychosozial-Verlag, 1998).

Schilder, P. (1935): The image and appearance of the human body. London (Kegan Paul).

Schur, M. (1955): Comments on the metapsychology of somatization. In: Psychoanal. Study Child 10, S. 119-164. Deutsch in: Overbeck, A. (Hg.): Seelischer Konflikt – körperliches Leiden. Reinbek (Rowohlt, 1978).

Selvini-Palazzoli, M. (1978): The anorexia nervosa syndrome. In: Int. J. Psycho-Anal. 55, S. 567-576.

Spitz, R. A. (1962): Autoerotism: Re-examined. In: Psychoanal. Study Child 18, S. 283-315.

Spitz, R. A., Wolf, K. M. (1949): Autoerotism. In: Psychoanal. Study Child 3/4, S. 85-120.

Stoller, R. J. (1976): Sexual excitement. In: Arch. Gen. Psychiat. 33, S. 899-909

Sugarman, A., Kurash, C. (1981): The body as a transitional object in bulimia. In: Int. J. Eating Dis. 1, S. 57-66

Tausk, V. (1912): Die Onanie. In: Gesammelte psychoanalytische und literarische Schriften. Wien und Berlin (Medusa).

Tausk, V. (1919): Über die Entstehung des »Beeinflussungsapparates« in der Schizophrenie. In: Int. Z. Psychoanal. 5, 1-33, und in: Psyche 23, S. 354-384 (1969).

Valenstein, A. F. (1973): On attachment to painful feelings and the negative therapeutic reaction. In: Psychoanal. Study Child 28, 365-392. Deutsch in: Forum Psychoanal. 9, S. 161-180 (1993).

Willenberg, H. (1986): Die Bedeutung des Vaters für die Psychogenese der Magersucht. In: Materialien Psychoanal. 12, S. 237-277.

Winnicott, D. W. (1953): Transitional objects and transitional phenomena. In: Int. J. Psycho-Anal. 34, S. 89-97.

Winnicott, D. W. (1971): Playing and reality. Tavistock (London). Deutsch: Vom Spiel zur Kreativität. Stuttgart (Klett, 1973).

Störungen des Körperbildes bei schizophrenen Patienten

Rainer Danzinger

Wenn ein Segelboot in Seenot ist und bei Nacht und Nebel sich irgendwo bei hohem Seegang weit draußen befindet, dann ist es natürlich wichtig, daß das Boot einen guten Schiffsrumpf hat, der die Wellen aushält, daß das Satellitennavigationsgerät funktioniert, die Besegelung intakt ist, daß die Mannschaft einigermaßen ausgeruht und munter ist – all dies entspricht in der Behandlung Schizophrener einem guten Neuroleptikum und angemessenen sozialpsychiatrischen Hilfen. Was aber fehlt, ist eine Antwort auf die Frage: Wohin möchte das Schiff eigentlich fahren? Wie sieht sein Kurs aus? Genau dies kann nur der Patient selbst uns sagen, wo sein Kurs ist. Wir können den Patienten ihr Lebensglück doch nicht vorschreiben, und wie sie dieses finden sollen. Da müssen wir schon auf die Patienten hören.

Im folgenden soll versucht werden, in einer Kombination verschiedener psychoanalytischer Theorien die typischen Leiberlebensstörungen Schizophrener, die Veränderungen an ihrem Körperbild, auch anhand von Beispielen und Selbstdarstellungen Schizophrener verständlich zu machen. Ich berufe mich dabei auf frühe Arbeiten über Psychosen, wie die kurzen Aufsätze von Karl Abraham, die schlußendlich die gesamte kleinianische Schule geprägt haben; auf einzelne Ansätze von Lacan; auf die Projektion in den Körper als Idee bei Rosenfeld, der ja auch der kleinianischen Schule angehört. Wenig Nützliches zum Verständnis dieser bizarren Körpererlebensstörungen habe ich bei der New Yorker Ich-psychologischen Linie, von Margret Mahler bis Lichtenberg, gefunden. Diese Entwicklungspsychologien mit einer mehr oder weniger konfliktfreien Reifung des

Selbst bringen für die abenteuerlichen, dramatischen Erlebnisse der
Schizophrenen aus meiner Sicht wenig.

Schizophrene Körpererlebensstörungen sind sehr gegensätzlich.
Manche Patienten haben ein dickes Fell, andere eine dünne Haut und
sind sehr verletzlich. Man kann diese Gegensätze nur dann verstehen,
wenn man eine innere Entwicklung von Stadien im Versuch des Schizophrenen, seine inneren Konflikte zu bewältigen, annimmt. Man
kann Schizophrenie nicht in einer Momentaufnahme einfangen, wie
das die DSM4-Klassifikation versucht. Schizophrenie ist ein mühsa-
mer, langer Weg mit Vorwärts- und Rückwärtsbewegungen und oft
konträr aussehenden Zustandsbildern.

Ich möchte zunächst zeigen, wie der Patient im Prodromalsta-
dium der Schizophrenie die gesamte Welt plötzlich als unheimlich
und bedrohlich erlebt. Die Welt wird fremdartig und gefährlich,

Abbildung 1

und zugleich mit dieser Bedrohung durch die äußere Welt besteht oft eine sexuelle Verführungs- oder Versagungssituation. Häufig verliebt sich ein Patient beispielsweise in ein Nachbarmädchen, das schwer erreichbar ist. Diese Verliebtheit aktiviert eine archaische Mutterbeziehung in ihm.die Welt ist gewissermaßen Erbin der Mutter; »Frau« Welt hat ähnliche Züge wie die frühe Mutter. Für den Depressiven ist es das Selbstregulierungssystem durch Belohnung, Zuwendung oder Verweigerung, das er in der Welt antrifft. Er empfindet die Welt als bedrohlich und bestrafend oder aber bestätigend.

Für den Schizophrenen hat die Beziehung zur Welt einen existentiell bedrohlichen Charakter von inzestuös getönter, gefährlicher Verführung auf der einen und von Vernichtungsdrohung auf der anderen Seite. Aus dieser unerträglichen Ambivalenz zieht sich der Schizophrene zurück. Ich möchte diese etwas abstrakten Gedanken durch Bilder veranschaulichen (siehe Abb.1).

Frauengestalten in der äußeren Welt werden von Schizophrenen als bedrohlich erlebt, als sehr groß. Immer wieder kann man auf Zeichnungen und Malereien Schizophrener eine merkwürdige, waffenartige Betonung der Brüste sehen.

Die Angst, von dieser frühen Mutter verschlungen zu werden, ist deutlich ausgeprägt, und diese Bedrohung bewirkt Aufmerksamkeits- und Konzentrationsstörungen, Blockierungen und das Abreißen des Denkens durch den dauernden Streß in einer furchtbar gefährlichen Welt. Erst der Affekt und die Beziehungsstörung machen die gesamten kognitiven Störungen, die von der modernen psychiatrischen Forschung so sehr in den Vordergrund gestellt werden, verstehbar. Ich möchte aber nicht verhehlen, daß es ebenso die umgekehrte psychodynamische Deutung gibt: Der Patient kann sich nicht mehr konzentrieren, denkt verschwommen, sucht eine Ursache dafür und findet sie darin, daß ihm die Mutter Gift in den Kaffee gegeben hat. Damit hat der Patient eine für ihn befriedigende Erklärung gefunden.

Viele Patienten erleben sich in diesem Stadium als extrem dünnhäutig oder sogar durchsichtig. Auf der vorliegenden Zeichnung (Abb. 2) hat sich ein Patient ein wenig ungeschickt, aber

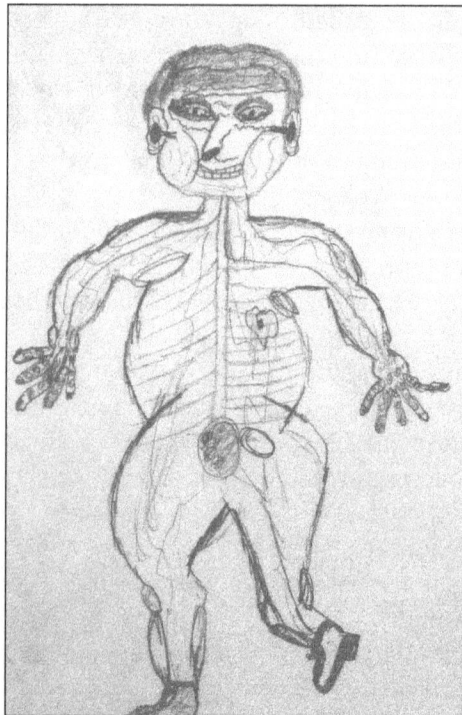

Abbildung 2

dennoch erkenntlich als gläserner Mensch gemalt: Man sieht die Rippen und das kartenförmig gezeichnete Herz und einige innere Organe.

Als Beispiel für die bis zur Verleugnung der eigenen Mutter getriebene Flucht aus einer gefährlichen Beziehung sei eine Fallvignette angeführt: Ein stationär aufgenommener Patient litt sehr darunter, andauernd von Marsraketen beschossen zu werden, und fürchtete noch andere Angriffe aus dem Weltall. Daher hielt er sich immer in der Nähe eines Fensters auf. Dadurch konnte er sich einerseits verstecken, andererseits den Feind beobachten. Entsprechend der modernen Ideologie der Psychiatrie wurde er in die Beschäftigungstherapie gebracht und hat dort auch sehr schön gemalt. Beim Malen hörte er plötzlich, daß seine ziemlich lautstarke Mutter auf Besuch ins Krankenhaus gekommen war. Er fiel wie tot um und blieb mit geschlossenen Augen in einem stuporösen Zustand liegen. Die herbeigerufene Ärztin dachte zunächst an einen Kreislaufkollaps und gab dem Patienten medizinische Hilfe. Dann kam seine Mutter und beugte sich über ihn. Sie fragte besorgt: »Berti, was ist denn los mit dir?« In diesem Moment schlug der Patient die Augen auf, sah seiner Mutter aus 20 Zentimeter Entfernung ins Gesicht und antwortete: »Wer sind Sie?« Darauf die Mutter: »Aber Berti, ich bin doch die Mama!« Der Patient antwortete kaltschnäuzig und ernst: »Zeigen Sie mir Ihren Ausweis!« Dieser Patient befand sich schon so sehr auf einem Rückzug und distanzierte sich auf seinem Fluchtweg nach innen von der äußeren Welt und seiner realen Mutter so deutlich, daß er nichts mehr von ihr wissen wollte. Gerade aus der frühen Psychoanalyse gibt es dazu

Abbildung 3

129

zahlreiche schöne Fallgeschichten, z. B. jene des heute schon verges-
senen Russen Kogan aus Odessa, die genau diese Problematik zeigt.

Sehr schön hat diese Phase schizophrener Entwicklung Goya in seiner
Radierung »Der Traum der Vernunft erzeugt Ungeheuer« dargestellt (Abb.3).
Mit dem Verschließen vor den Reizen der Außenwelt, die mutter-
artig erlebt wird, kommt es natürlich zu einer Fokussierung auf die
Innenwelt, zu einer tiefen Regression. Diese Regression führt zu
einer regressiven Identifizierung archaischer Objekte, d. h. innere
Dämonen aus den frühen Konflikten der Kindheit tauchen auf. Sie
sind auf dem Bild von Goya recht schön durch Eulen dargestellt
und die Abwendung von der Umwelt durch die körperliche Gebärde der Abwendung. Dies ist natürlich ein dramatischer Vorgang,
der wenig mit dem harmlosen Einschlafen am Abend zu tun hat.
Wenn man der ich-psychologischen Entwicklungspsychologie
glauben würde, wäre die tiefe schizophrene Regression vergleichbar mit dem Hinlegen und Entschlummern am Abend. So einfach
ist es nicht. Wer mit Schizophrenen zu tun gehabt hat, die dauernd
von Zerstückelung reden, denen die Knochen aufgebohrt werden,
denen das limbische System glüht, bei denen wie in einem Flei-
scherladen die Brust aufgerissen ist weiß um ihre fürchterlichen,
blutrünstigen Halluzinationen. Ich kenne Patienten, die immer
wieder schnuppern, um den eigenen Leichengeruch zu riechen, der
sie sehr erschreckt, weil sie sich wie lebende Leichen fühlen – das
ist sicher keine sanfte Regression! Wenn nun ein erwachsener
Mensch in diese Regression eintritt, mit seinem großen Körper, mit
einer reifen Genitalität, bei der Frau mit der Möglichkeit schwanger zu werden, beim Mann mit der Erektionsfähigkeit, und in eine
frühe symbiotische Verstrickung mit der Mutter zurückkehrt, sozusagen ins Bett der Mutter zurückfällt, was für die Schizophrenen oft
tatsächlich physisch geschieht, dann tritt natürlich auch der Vater
in Gestalt des Teufels mit auf den Plan, und es kommt zu einem
Zerfall des Körperschemas, das sich ja in der allmählichen Lösung
von der Mutter entwickelt hat.

Hier noch ein Bild zur Demonstration des Rückzugs aus der
Welt – das Selbstprotrait eines Schizophrenen, der sich von seiner
Mutter so fotografieren ließ. (Abb. 4)

Abbildung 4

Abbildung 5

Er selbst hat sich völlig unsichtbar gemacht, indem er sich unter die Decke legte, aber es ist doch eine Gebärde durch die Decke hindurch erkennbar, und man sieht in diesem Bild sehr schön den Kompromiß zwischen Sehnsucht nach der Welt und der Notwendigkeit, sich von ihr völlig abzutrennen. Für mich ist es eine tief beeindruckende Selbstdarstellung.

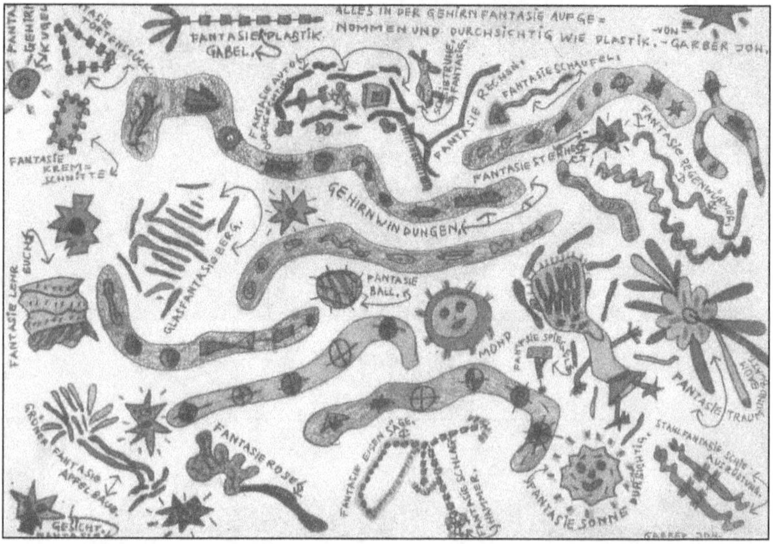

Abbildung 6

Das nächste Bild thematisiert den Zerfall – im krassen Fall ein Zerreißen des Menschen, wie Johann Garber diese Zeichnung genannt hat: ein Zerfall der Grenzen des Ich. (Abb. 5)
All dies kann bis zur völligen Auflösung des Körperbildes gehen. Es handelt sich hier um ein Selbstportrait, das Elemente der Außenwelt beinhaltet. (Abb. 6)
Es sind nicht nur Gehirnwindungen und Körperteile dargestellt, sondern auch Phantasie-Cremeschnitten, eine Phantasie-Eisensäge u. a.; d. h. in dieser projektiv-introjektiven Vertauschung und Verwechslung mit der Umwelt bei völligem Verlust der Körpergrenze kommt es zu einer totalen Auflösung eines zusammenhängenden Körperbildes. Dies ist sozusagen die tiefe Regression, die sehr

bedrohlich ist, dem Tod gleichkommt, schwer erträglich ist und förmlich nach einer Abwehr schreit, und diese Abwehr wird in höchst kreativer Weise vom Patienten benutzt.

Ein schönes Bild für das, was in der Abwehr geschieht, ist das Bild von Untergang und Wiedergeburt. Ich versuche hier, mit aller Vorsicht, das Bild des Schamanismus heranzuziehen: Eine kleine Elfenbeinschnitzerei der Nootka-Indianer, wo ein Bärendämon, der sehr menschenartig aussieht, einen Initianden zum Schamanen verschlingt – ist ein Bild für eine fressende, archaische Mutter, für einen bösen Aspekt der frühen Mutter. Der Initiand wird zerstückelt und vernichtet, um aber auf einer höheren Ebene als neuer Mensch, in diesem Fall als Heiler, wiedergeboren zu werden. In der Phantasie schizophrener Menschen spielt sich sehr oft diese Sequenz von Apokalypse, Weltuntergang, Körperzerfall und Neuschaffung eines neu konstruierten Körpers ab.

Der neue Körper ist oft wahnhaft restituiert, und dies sind die merkwürdigen Leibhalluzinationen. Häufig ist dieser Körper durch technische Geräte unterstützt, durch Prothesen, Sender, elektronisches Material, und schon dies ist ein Hinweis, daß es sich dabei um eine Projektion dieser inneren, zerfallenen Fragmente von frühen Objekten in die Landschaft des Körpers, in das »innere Ausland des Körpers« handelt. Die Schizophrenen projizieren für sie bedrohliche innere Objekte in die zunächst verleugnete Umgebung. In einer Art Handlungssprache, einem Agieren, versuchen sie die Umgebung dazu zu bewegen, diese Projektionen anzunehmen. Deutlich wird dies in den sozialen Dramen, die sich rund um Schizophrene abspielen – die nackt herumspazieren, die auf der Straße Passanten ohrfeigen. Nicht nur die Gesellschaft treibt ihr Spiel mit den Verrückten, sondern umgekehrt provozieren und manipulieren Schizophrene auch ihre Umgebung, etwas mit ihnen zu machen, entsprechend ihren Projektionen sich zu verhalten, um innere Ruhe zu finden. Dies entspricht einem tiefen Bedürfnis. Und so wird auch in den Körper projiziert, und der Körper, der zerfallen war, wird neu geschaffen. Der berühmte schizophrene Maler August Walla hat sich selbst mit einem Heiligenschein und mit einem doppelten Penis einen neuen Körper konstruiert. (Abb.7)

Die Phantasien einer Wiedergeburt und einer individuellen

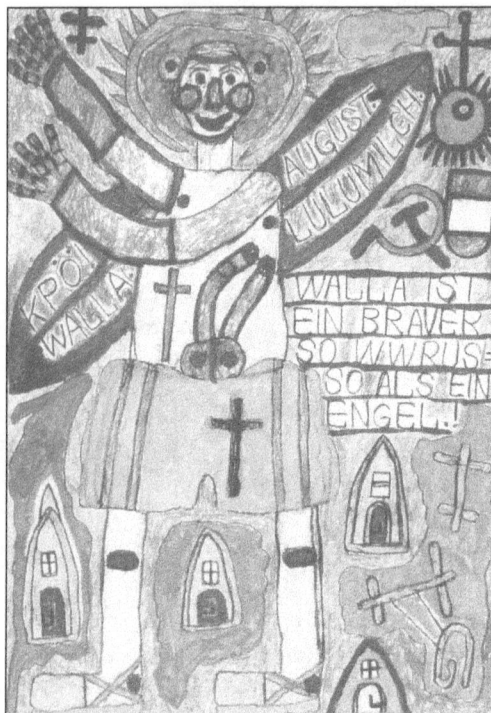

Abbildung 7

Neuschöpfung des Körpers können auch Doppelgängererlebnisse in vielfältigen Variationen beinhalten, wie sie bei Sterbenden auftreten oder bei existentiell bedrohten Menschen (z. B. Polarforschern), bei Schlaganfällen oder unter Menschen unter LSD-Einfluß. Schizophrene haben also Doppelgängererlebnisse, wie es viele Dichter – Edgar Allan Poe, Dostojewski u. a. – beschrieben haben. Dahinter steht die Idee: Wenn ich mich derart auflöse und mein Körper zerfällt, dann möchte ich einen zweiten haben, ein Bild von mir, das überlebt. Ähnliche Vorstellungen haben wir alle – z. B. daß unser Körper von den Würmern zerfressen wird, daß unsere Seele in den Himmel flattert, um die Idee des Todes tröstlich abzuwehren. Bei schizophrenen Frauen findet man häufig die Idee, sich selbst neu zu gebären. Es gibt schizophrene Frauen, die in einer Nacht 60 Retortenbabys auf die

Welt bringen und unentwegt phantasierte Schwangerschaften erleben. Darin steckt die Hoffnung, selbst neu anfangen zu können. Auch diese Phänomene treten in Geschichten, Witzen und Fantasien »ganz normaler« Menschen auf. Nichts, was uns Schizophrene in ihren oft bizarren Leibhalluzinationen anbieten, ist völlig unverständlich.

Charakteristisch ist auch der schizophrene Konkretismus. Wenn ein Patient kommt und behauptet, »ich habe Scherben in der Brust, ich muß operiert werden«, ist das für ihn, der zwischen Symbolebene und imaginärer Ebene nicht unterscheiden kann, ganz einfach die Folge eines gebrochenen Herzens. Oder ein anderer, der gern Nerven wie Drahtseile hätte, behauptet z. B.: »Ich habe Kupferdrähte im Körper!« Es handelt sich hier um sehr verständliche, intensive körpersprachliche Ausdrücke, die diese Patienten wörtlich nehmen.

Wenn es gelungen ist, daß man die Dämonen, die regressiv identifizierten Selbst- oder Objektfragmente aus der frühen Entwicklung des Körperbildes, als Teil des Selbstbildes in die Außenwelt bzw. in den eigenen Körper projiziert und auf diese Weise einen funktionierenden Körper strukturiert, dann muß im nächsten Schritt verhindert werden, daß die bösen Geister ins Ich zurückkehren. Es folgt daher eine Phase des Abschottens, des Verschließens nach außen.

Vieles von den katatonen Manierismen, von rituellen, sehr oft abwehrenden Gesten oder Tänzen, ist so zu verstehen. Als Beispiel mag ein Patient dienen, mit dem ich oft gesprochen habe, der während der Kommunikation mit seiner flachen Hand eine Art Klappe zwischen uns geschoben hat, wenn es ihm zu viel wurde.

Ein weiteres Beispiel sind Echopraxien: Wenn der Patient immer wieder alles nachahmt – er wiederholt z. B. den letzten Teil der Sätze, die ich gerade gesprochen habe –, dann spiegelt sich darin eine Identitätsschwäche und der Versuch, eine Art Echo-Identität aufzubauen.

In dieser Phase des Abschottens spielt natürlich eine forcierte Betonung der Haut als Körpergrenze eine große Rolle. Patienten, die sich im Vorstadium der Krankheit als sehr verletzlich und dünnhäutig erlebt haben, machen jetzt ihre Haut dick und unempfindlich.

Schizophrene, die sich in das Trümmerfeld ihres eigenen Inneren zurückgezogen haben, werden in der Regel von der Psychiatrie abfällig charakterisiert: als Versandete, Verblödete, Abgestumpfte, Desinteressierte, chronisch Schizophrene mit massiver Minussymptomatik. Dabei handelt es sich um höchst kreative, manchmal geniale Menschen, die in einer übermächtigen Anstrengung von künstlerischer Erfindung einer neuen Welt, eines neuen eigenen Körpers sich ihrer Dämonen entledigt haben, diese nach außen projiziert haben, sich kichernd in der Höhle ihres eigenen Inneren verstecken, dort, heimlich Zigaretten rauchend, kauern, sich gelegentlich mit anderen Schizophrenen verständigen und oft nur auf der Ebene eines gewissen Galgenhumors erreichbar sind. Aber auch diese Menschen sind mit entsprechender behutsamer Annäherung, gerade über den Körper, z. B. mit vorsichtigen Dehnungs- oder Berührungsübungen, doch zugänglich.

Abschließend noch einige Bemerkungen zur Therapie: Körpertherapie setzt voraus, daß derjenige, der dem Patienten auf körperlicher Ebene begegnen möchte, in einer Sprache von Berührung und Bewegung kommuniziert. Denn Körpersymptome sind auch eine Fortsetzung der Sprache, und man kann auf dieser Ebene den Dialog mit dem Patienten aufnehmen, sollte dabei aber sich und den Patienten nicht überfordern. Manche Therapeuten neigen dazu, dem Patienten zu viel abzuverlangen, und dies führt nur zu Beschämungserlebnissen. Was oft für Therapeuten schon langweilig wirkt, z.B. sich an der Körperoberfläche abzuklopfen, Spürübungen, oder wie im KBT mit Hilfe eines Seils den Eigen- gegen den Fremdbereich abzugrenzen, all dies ist für den Patienten schon sehr viel. Überforderung und überzogene Rehabilitationsansprüche führen immer dazu, daß die Patienten mit ihren Therapeuten gemeinsam auf die Nase fallen.

Der notwendige respektvolle und hinhörende Umgang läßt sich schwer beschreiben, läßt sich eigentlich nur direkt erfahren; er läßt sich nur atmosphärisch mitteilen.

Die inneren Erlebnisse schizophrener mit Leibhalluzinationen zeigen ein ganz fremdartiges, extrem subjektives Bild vom Körper. Das Bild, das die Medizin von unserem Körper hat, ist seit der Renaissance bekanntlich ein extrem verdinglichendes. In diesem potentiell sadistischen Umgang mit dem Körper wird etwas ausgedrückt: der Wunsch, den Patienten umzubringen, steckt ja irgendwie in der Individual- und Kulturgeschichte des Arztberufes drin. Der Arzt kommt von einem bösen Zauberer her, und als Reaktionsbildung wird der Heiler daraus. In der Medizin kommt diese Ambivalenz immer wieder zum Ausdruck: Zuerst wird aufgeschnitten, erst dann wird repariert, ein neues Organ eingesetzt und zugenäht. Mit dieser fast beliebigen Manipulierbarkeit des Körpers – Genetic Engeneering, Transplantationschirurgie usw. – wird die Verdinglichung auf die Spitze getrieben, und die subjektiven Stimmen des Körpers haben überhaupt keinen Platz mehr, wenn nicht einmal die Rede eines leidenden Patienten Platz hat. Häufig ist es in der Arzt-Patient-Interaktion schon eine Störung, wenn der Patient von seinen Kopfschmerzen erzählt und wie es ihm dabei geht, denn der Arzt möchte möglichst schnell ein Magnetresonanzbild machen und rasch seine Diagnostik abschließen. Der Arzt sieht eine Gewebekultur und nicht den subjektiven Leib. Er sieht den verdinglichten Körper, die leise »Naturstimme« aus dem Körper hat keinen Platz in der modernen Medizin.

Abschließend seien noch einige Hinweise auf mir hilfreich erscheinende Ansätze aus der Körpertherapie gegeben. Das Untertauchen im Wasser ist ein zentrales, existentielles Erlebnis, und Bädertherapien und Umgang mit Wasser spielen in der Symbolik der Schizophrenen eine wichtige Rolle – sie duschen sich z. B. unentwegt, um sich neu zu konstituieren. Das Körperbild verändert sich, eine schizophrene Patientin, die ich gut kannte, mit einer chronischen Leibhalluzination, daß Scheide und Rectum eine gemeinsame Höhle bildeten, litt sehr darunter und ging immer wieder zum Gynäkologen. Ich ging mit ihr baden, wir schwammen nebeneinander, und sie schaute mich an und sagte: »Herr Doktor, wenn ich im Wasser schwimme, bin ich eine ganz normale Frau!« Es handelt sich also um Veränderungen, die mit Untertauchen im Wasser und Wiederauftauchen zu tun haben, die etwas von Auflösung und Wiedergeburt an sich haben. Das kann aber auch mißbraucht werden, denn, die Badetherapie wurde, ebenso wie die Festhaltetherapie, in sadistischer Weise mißbraucht.

Körpertherapie kann keine Wunder wirken, aber das wird sehr oft von ihr erwartet. In ihr steckt potentiell, wie in manch anderen Therapien auch, eine romantisch-sektiererische Erlösungsmythologie:

Erlösung durch den Körper. Die Romantik hat das Kind, den Traum, die Nacht, den Wahnsinn idealisiert, und natürlich auch den Körper. Diese Wiederentdeckung des Körpers und seine Verherrlichung, was er alles könne, bis hin zum Fliegen, kehrt periodisch wieder. Das war in der Jugendstilzeit so, im Wandervogel, und ein wenig ist davon in der Körpertherapie-Bewegung der 70er Jahre enthalten: der Traum, zaubern zu können.

Das Konzept der »Körper-regression« von George Downing

Peter Geißler

Mit seinem 1996 in deutscher Sprache erschienenen Werk »Körper und Wort in der Psychotherapie« hat George Downing ausführlich und systematisch beschrieben, wie sich die Arbeit mit dem Körper – er nennt sie »Körperregression« – in eine tiefenpsychologische bzw. psychoanalytisch orientierte Therapie organisch eingliedern läßt. Downing, selbst nicht nur Psychotherapeut, sondern auch als Psychologe integriert in Säuglingsforschungsprojekte am »Salpêtrière Hospital« in Paris, bezieht in seine theoretischen Gedanken und praktischen Leitlinien analytisch orientierter, körperbezogener Psychotherapie nicht nur den aktuellen Stand der neuen Entwicklungspsychologien ein; besonders verdienstvoll ist sein Bemühen aufzuzeigen, wie psychoanalytisch orientierte Arbeit gerade durch die Berücksichtigung des Körpers als »Selbstpol« bereichtert und vertieft werden kann, ohne daß dadurch Übertragungs-, Gegenübertragungs- und Widerstandsanalyse behindert oder unmöglich gemacht werden. Sie werden in spezifischer Weise modifiziert.

Im praktischen Therapievollzug macht veranschaulicht er, wie man zwischen beiden »Polen«, dem »Objektpol« (d. h. der Beziehungsarbeit) und dem »Selbstpol« (d. h. der Arbeit am Körperselbst) alternieren kann, und dies nicht nur im gruppentherapeutischen Setting (siehe dazu auch den Beitrag von Jacques Berliner im vorliegenden Sammelband), sondern auch in einem einzeltherapeutischen Setting.

Um therapeutisches Geschehen in seiner hochgradigen Komplexität ordnen zu können und überschaubar zu machen, benötigen wir übergeordnete Ordnungsprinzipien. Solche Ordnungsprinzipien sind beispielsweise die Unterscheidung von Subjektpol und Objektpol. Vom Subjektpol aus beschrieben kann man analytisch orientierte Körperpsychotherapie dadurch charakterisieren, daß das körperliche Selbsterleben des Patienten auf einfühlsame und differenzierte Art und Weise – häufig über Körperwahrnehmung – angegangen und erweitert wird. In bestimmten Fällen kann es dabei von Bedeutung sein, den Patienten zu berühren – häufig jedoch erfolgt die Arbeit am Subjektpol ohne körperlich-taktile Berührung. Das während dieser Spürarbeit freigelegte Material wird anschließend in der Beziehung zum Therapeuten bearbeitet. So gesehen kann man analytische Körperpsychotherapie als »Arbeit am Körperbild« verstehen (vgl. dazu auch Maaser 1999).

Durch die Fokussierung der Bearbeitung des Materials in der Übertragung auf den Therapeuten handelt es sich bei diesem Vorgehen um eine übertragungszentrierte Körperpsychotherapie – im Gegensatz zu energie- und affektzentrierten Körpertherapien (z. B. Bioenergetik, Core-Therapie, Reichianische Therapie u. a.) und funktionalen Körpertherapien (z. B. Konzentrative Bewegungstherapie, Funktionelle Entspannung, Tanztherapie u.a.). Vom Blickwinkel des Objektpols aus ist analytische Körperpsychotherapie dadurch charakterisierbar, daß die inneren Objektbeziehungen des Patienten (Objektrepräsentanzen) in der Beziehung zum Therapeuten Gegenstand des Interesses sind, auch wenn die therapeutische Arbeit nicht ausschließlich *in* der Übertragung stattfindet, sondern szenische Interventionen und eben auch Selbstwahrnehmungsprozesse miteinschließt – unterschiedlich je nach Patient und Vorlieben des Therapeuten. Die Zentrierung der Beziehungsperspektive hat den Preis, daß dadurch der Spielraum für körperliche oder handlungsmäßige Interaktionsangebote eingeengt, wenn auch nicht unmöglich gemacht wird. Jedoch erhöht sehr aktives Eingreifen oder Anleiten von Übungen die Manipulationsgefahr erheblich. Der Patient lernt zwar dadurch – durch angeleitete Übungen – vielleicht etwa Neues, jedoch ist u. U. die Anpassung an den Therapeuten (im Sinne des Befolgens von Übungsanleitungen) das entscheidende Motiv, womit das »neue Verhalten« im System neurotischer Lösungsmuster verbliebe (vgl. dazu auch Worm 1999).

Downing schlägt nun einen Weg vor, wie man die Arbeit an Selbst- und Objektpol sinnvoll und originell verknüpfen kann. Von besonderer Wichtigkeit scheint mir der Hinweis zu sein, daß Downing sein Vorgehen durchaus als »multimodalen« Zugang versteht – d. h. unter Nutzung aller Sinneskanäle, wobei vom Therapeuten der jeweils passende für den Patienten auszuwählen ist. Multimodal zu arbeiten heißt daher nicht, *ausschließlich* körpertherapeutisch vorzugehen, sondern bereit zu sein, *auch mit* dem Körper zu arbeiten, weil die Ebene über den Körper in ein ganzheitliches Behandlungskonzept hineingehört und bei bestimmten Patienten in bestimmten Therapiesituationen indiziert ist (vgl. dazu auch Vogt 2000).

Im vorliegenden Beitrag möchte ich mir wichtig scheinende Grundelemente von Downings Körperregression in geraffter Form skizzieren (interessierte Leser mögen das sehr empfehlenswerte Originalwerk studieren) und daran eigene Überlegungen, zentriert um den Begriff der Regression, anschließen.

Affektmotorische Schemata und motorische Überzeugungen

Beginnen wir mit einem wichtigen, von Downing geprägten Konzept: dem *affektmotorischen Schema*. Was ist mit diesem Begriff gemeint?

Interaktion ist im Säuglingsalter ein körperliches Geschehen. Die prägende Rolle von Körperlichkeit und Bewegung, gegenseitige Abstimmungs- und Regulierungsvorgänge sowie das Fehlen symbolischer oder sprachlicher Verständigungsmöglichkeiten führen dazu, daß das Baby lange vor verbal-intellektuellen Überzeugungen *motorische Überzeugungen* ausbildet – also Erwartungen an die Umwelt, die durch wiederholte Erfahrung aufgrund von Lernvorgängen entstehen und die in die zwischenmenschliche Interaktion eingebracht werden. Hinzu kommen bestimmte affektive Färbungen und kognitive Einschätzungen, wie durch mittlerweile zahlreiche Experimente belegt werden kann. Das Zusammenspiel von sensorischen, motorischen, affektiven und kognitiven Ebenen nennt Downing affekt-motorisches Schema, wobei das Baby ursprünglich auf angeborene, vorge-

prägte Versionen solcher Muster zurückgreift (Downing 1996, S. 127 ff).
Diese Schemata, von denen das Baby über eine ganze Reihe
verfügt – Downing untergliedert sie in Verbindungsschemata und
Trennung- oder Differenzierungsschemata (ebd.,S. 134 ff.) – kann
man sich als die Bausteine vorstellen, die frühe Repräsentanzen des
»Selbst« und des »Objekts« ausbilden. Viele Bewegungen mit
begleitenden Emotionen im Rahmen konkreter Interaktionsmuster
mit den primären Bezugspersonen führen Schritt für Schritt zur
Weiterentwicklung einzelner affektmotorischer Schemata und zur
Ausbildung früher »motorischer Überzeugungen« – denn die motorische Ebene ist diejenige, die anfangs stark dominiert: »Gelernt
werden müssen (...) die Fähigkeit der Einschätzung und der damit
einhergehenden Überzeugungen. Natürlich sind diese Überzeugungen nicht sprachlich verschlüsselt, sondern ›motorischer«
Natur‹ (ebd., S. 131).

Überreste solcher »motorischen Überzeugungen« beeinflussen
auch im späteren Leben noch das Verhalten des Erwachsenen. Die
frühen Erwartungen und Überzeugungen entstehen im Kontext von
Intensität, Rhythmus und Ausmaß an elterlicher Stimulierung und
der stimmigen, angemessenen, »richtigen« Wechselseitigkeit des
Austausches (vgl. dazu auch Kuntz 2000, S. 38, 51 ff). Die hohe
Kompetenz des Kleinkindes im Wahrnehmungs- und Gefühlsbereich
ist als menschliche Grundausstattung vorgegeben, muß aber durch
die Bezugspersonen gefördert werden, um sich optimal ausprägen zu
können. Handlungswissen muß Schritt für Schritt erworben werden,
um erfolgreich beziehungsfähig sein zu können, wobei als Voraussetzung gilt: der Körper als Quelle von Wirkungskraft und Macht muß
deutlich, muß differenziert werden.

In Downings Sichtweise der Entstehung motorischer Überzeugungen werden reale Ereignisse sehr ernst genommen.

Reale Ereignisse beeinflussen die Evolution der affektmotorischen Schemata des Klein-
kinds nachhaltig, und diese wiederum erzeugen gemeinsam seine frühen Selbst- und
Objektrepräsentanzen (...). Das bedeutet nicht, daß die Phantasie keine Rolle spielt.
Natürlich kann das Kind reale Ereignisse verzerrt wahrgenommen haben. Emotionen
beinhalten eine Einschätzung, und Einschätzungen können fehlerhaft sein (...). Trotzdem würden wir davon ausgehen, daß der Kern der Phantasie, wie verzerrt sie auch sein
mag, in den meisten Fällen eine objektive Wahrheit birgt. (ebd., S. 132)

Im folgenden widmet sich Downing den Untersuchungen Mahlers (in Downing 1996, S. 136), die sich in ihren Kleinkindforschungen auf prototypische Bewegungsmuster konzentrierte, deren Schicksal und Ausformung bei der Festlegung des gewohnheitsmäßigen Interaktionsstils des Kleinkindes eine zentrale Rolle zu spielen schien. Mahler konzentrierte sich dabei auf Bewegungen der Differenzierung, d. h. auf Bewegungen, die von der Mutter wegführen, der Abgrenzung und Raumschaffung dienen, ganz im Sinne ihrer Idee des allmählichen Loslösungs- und Individuationsprozesses. Das Kleinkind muß jedoch im Laufe seines frühen psychischen Wachstums – das zeigen die Untersuchungsdaten der Kleinkindforscher sehr deutlich – ebenso Verbindungsschemata, d. h. Bewegungen im Sinne der Zuwendung und Kontaktsuche mit der Mutter, ins Spiel bringen. Auch diese muß es mit seinem Körper lernen. Solche Verbindungsschemata spielen bei der Strukturierung des intersubjektiven Feldes eine wesentliche Rolle.

> Es [das Kind, Einfügung P. G.] muß eine motorische Repräsentanz von sich und anderen als ansprechbare Personen entwerfen. Verschiedene Verbindungsschemata aktivieren verschiedene Körperteile in zahlreichen Kombinationen. Besonders, wenn das Kleinkind einen ›gegenseitigen Blickkontakt‹ einleitet, setzt es bestimmte Bewegungen von Rumpf, Hals und Augen ein (...). (ebd., S. 143)

Mit anderen Worten: Die Verbindung des Kindes zur Mutter ist nicht etwas, was sich ganz von selbst herstellt, wie Mahlers Konzept der symbiotischen Phase suggeriert. »Die Fähigkeit, eine Brücke zum anderen zu schlagen, ist auch für das Kleinkind das Ergebnis einer langen, allmählichen Reise. Und auch diese Route hat ihre entscheidenden Einschnitte und Wendepunkte« (ebd.).

Die Kleinkindforschung hat deutlich gemacht, daß bereits bei der Geburt rudimentäre Ansätze beider Typen affektmotorischer Schemata vorhanden sind. Zahlreiche Videoanalysen haben gezeigt, daß

> dieser winzige Körper bereits körperlich und motorisch für eine gegenseitige Interaktion gut ausgestattet [ist]. Natürlich stehen Neugeborene im Vergleich zu ihren Betreuern sehr viel weniger Bewegungsmöglichkeiten zur Verfügung. Aber, wie sich herausstellt, reichen die vorhandenen völlig aus. Die Muskelgruppen, die die Bewegungen der Augen und das Drehen des Kopfes steuern, funktionieren bei der Geburt bereits recht gut. Diese Muskeln sofort einsetzend, beteiligt sich das Kleinkind von Anfang an am gegenseitigen Austausch – oder versucht es zumindest. (ebd., S. 146)

Die Nuancen des nonverbalen Austausches zwischen dem Baby und seinen Bezugspersonen haben vom ersten Tag an eindeutige Auswirkungen. »Es findet ein ›Aushandeln‹ zwischen dem winzigen Körper und dem riesigen Körper statt. Fortgesetzte Dysfunktionalität in diesem Austausch zieht bleibende Spuren nach sich« (ebd., S. 149). Mit Verweis auf die Bindungsforschung von Ainsworth u. a. (1978, in Downing, S. 150 ff.) verweist er auf die enorme Bedeutung der Berührung zwischen Kind und Eltern. Kinder, deren Mütter im Bereich von Berührung und Körperkontakt am kompetentesten waren, zeigten eine starke und sichere Bindung, wobei sich als entscheidender Faktor die Qualität der Berührung herausstellte, nicht aber die Quantität.

Die zeitliche Abstimmung, die Fähigkeit, auf das Kind einzugehen und die generelle Kompetenz im körperlichen Austausch erwiesen sich als die zentralen Faktoren. Hierzu gehört auch – und das kann nicht stark genug betont werden – *der Raum oder der mangelnde Raum dafür, daß das Kind selbst die Initiative für Berührungen ergreifen kann.* (ebd., S. 153)

Klinisches Material aus Körperpsychotherapien sieht Downing als indirekte Bestätigung des prägenden Einflusses der ersten Formen körperlichen Kontaktaustausches.

Was in der Arbeit mit dem Körper hochkommt, ist eindrucksvoll: starke Ängste, Wünsche und unterentwickelte affektmotorische Schemata, die mit Körperkontakt zu tun haben (...). Natürlich sind hier auch sexuelle Ängste und Sehnsüchte im Spiel. Aber vieles von dem, was in Bezug auf Kontakt und Berührung zutage tritt, hat mehr den Geschmack des Präödipalen, Präverbalen, Präsexuellen. Wir sprechen von einer schwer faßbaren, aber, wie ich vermute, grundlegenden Dimension. Unsere tief unbewußten Erwartungen in bezug auf unsere Fähigkeit oder unser Recht, zu berühren und berührt zu werden, müssen das motorische zwischenmenschliche Feld nachhaltig färben. (Downing, 1996, S. 156)

Die therapeutische Arbeit mit der Körperregression

Die körpertherapeutische Vorgangsweise, die sich für Downing sinnvoll erwiesen hat, besteht in einem stufenweisen Einbau körperbezogener Interventionen in den insgesamt überwiegend verbal ablaufenden analytischen Arbeitsprozeß; stufenweise insofern, als

Downing zunächst in einer sehr milden und unspektakulären Form den Körper einbezieht – d. h. auf der Ebene der Körperwahrnehmung. In diesem Vorgehen unterscheidet sich Downings Vorgehen zunächst wenig von psychoanalytischer oder tiefenpsychologischer Therapie, die ja auch – zumindest als potentielle Möglichkeit – körperliche Vorgänge wie Atemveränderungen, Haltungen und Bewegungen einschließt und zur Sprache bringt. Downing bleibt aber nicht bei der Körperwahrnehmung als Interventionsform stehen: Wenn die erste Stufe gut etabliert ist, folgen weiterführende, den körperlichen Ausdruck bzw. die konkrete Handlungsebene allmählich stärker miteinschließende Interventionen, die anfänglich natürlich auch mehr Angst im Klienten auslösen. Indem der Klient sich jedoch stufenweise mit dieser Vorgehensweise vertraut machen kann und anfängliche Ängste analysiert werden, werden diese Ängste abgebaut und der Grad an Erlebnisintensität immer größer.

Stufe 1 ist also die Körperarbeit im Wahrnehmungsbereich mit »experientiellen Interventionen«, bei denen es vorwiegend um die körperliche Lokalisation von Affekten geht. Typische Fragen auf dieser Stufe sind z.B.: »Wo im Körper spüren Sie das?« Oder: »Beschreiben Sie, wo im Körper Sie dieses Gefühl wahrnehmen.« Bereits diese sehr milde Fokussierung auf den Körper ändert, so postuliert Downing, schrittweise den verbalen Diskurs, in Inhalt und im Stil. Der Diskurs wird durch Einbezug derartiger Körperinterventionen schrittweise tiefer.

Stufe 2 besteht in sog. »inneren Techniken«. Es geht dabei darum, dem Patienten Hilfestellungen dabei zu geben, wie er bestimmte Affektzustände besser fokussieren kann, z. B. durch die Intervention: »Die Trauer, die Sie spüren – würden Sie eine Position (Haltung) finden, in der Sie die Trauer besser spüren können?« Wenn der Patient es möchte und wenn das Arbeitsbündnis gut ist, dann geht der Patient in der Regel auf einen solchen Vorschlag ein. Ein bißchen mehr an Emotion kommt nun häufig hoch, der Patient hat aber noch vollständige Kontrolle über den Vorgang. Die »inneren Techniken« sind so angelegt, daß das Ich des Patienten die Steuerung behalten kann. Der Therapeut wird zwar auf Stufe 2 ein wenig direktiver als auf Stufe 1, das ist aber auch schon alles.

Stufe 3 bilden »leichte externe Techniken«, als Vorstufen einer möglichen späteren Körperregression. Beispiele dafür sind: behutsame Arbeit mit der Atmung des Patienten, im Liegen oder im Stehen, aber keinesfalls von langer Dauer. Oder: »Folgen Sie dieser Bewegung ein paar Minuten und beobachten Sie, was dabei in Ihnen passiert; achten Sie auf Gefühle, die dabei hochkommen.« Der Therapeut macht auf dieser Stufe bereits aktive Vorschläge oder gibt spezifische Suggestionen. Daher stellt der Übergang von Stufe 2 auf Stufe 3 den größten Sprung, die bedeutsamste Veränderung im therapeutischen Setting dar. Er beinhaltet letztlich ein Verlassen des üblichen Sitzarrangements in den Stühlen – plötzlich ist das Setting offen, und es ist auf einmal viel mehr möglich!

Körperarbeit auf *Stufe* 4 beinhaltet »starke externe Techniken«, wie längere Atemarbeit, Arbeit mit Streßpositionen, tiefen Massagen usw. und entspricht im wesentlichen bereits der Arbeit mit körperregressiven Phänomenen. Die Übertragungsbeziehung auf den Therapeuten bleibt dabei im Hintergrund, sie wird in diesen Phasen der Arbeit nicht thematisiert, obwohl sie im Bewußtsein des Therapeuten immer präsent bleibt. In diesem Sinne ist Downings Ansatz als ein dialektisches Pendeln zwischen Beziehungsanalyse und Selbstexploration zu verstehen, wobei er seiner Arbeit zwei Prämissen zugrundelegt:

1. In Übereinstimmung mit der Objektbeziehungstheorie stellt für Downing die präverbale Vergangenheit des Patienten einen wichtigen Teil des Veränderungsprozesses im Patienten dar; daher sollte man in der Therapie die präverbale Schicht erreichen und mit ihr arbeiten.

2. Externe Körpertechniken sind der beste Weg, auf der präverbalen Ebene des Patienten zu arbeiten; es gibt dazu für ihn keine wirklich gute Alternative. Durch Arbeit auf der Ebene von Übertragung und Gegenübertragung kommt zwar die präverbale Vergangenheit auch *ein bißchen* in das therapeutische Feld hinein; kein Vergleich aber zu der viel detaillierteren Art und Weise durch Arbeit auf der »Körperebene«, die die wichtigste Tür zum präverbalen Unbewußten des Patienten darstellt.

Von der Wirkung her, folgert Downing, geschieht durch Einbeziehung des Körpers eine »Körper-Selbst-Reorganisation«. Er begründet diese Behauptung durch Bezug auf seine Theorie der affektmotorischen Schemata, die »wachsen wollen«. Erst Körperarbeit mit externen Techniken macht es möglich, daß affektmotorische Schemata im Bereich der präverbalen Erfahrungen deutlich genug gespürt werden und neue Schemata ausgebildet werden können.

Eröffnungsmomente der Körperregression

Die ersten Anzeichen einer Körperregression (Downing 1996, S. 214 ff.) sind oft gedämpft und undeutlich; der Patient nimmt wahr, daß »etwas passiert«. Das Erlebnis erscheint aus der Sicht des Patienten dumpf und vage, ist aber für den im Umgang mit der Körperregression geschulten Therapeuten gut zu erkennen und zu spüren.

Es gibt bestimmte Zeichen, an denen man eine einsetzende Körperregression erkennen kann: das Erleben des Patienten, der sich plötzlich klein fühlt; bestimmte somatische Empfindungen, wie z. B.: der Mund fühlt sich größer als gewöhnlich an, der Brustkorb aber kleiner, die Arme schwach – allesamt Anzeichen dafür, daß der Patient zu einer Körperporganisation der frühen Kindheit regrediert. Jäh auftretende Schmerzen in bestimmten Körperbereichen können mit Rückerinnerungen z. B. an Kindheitsunfälle zu tun haben.

Es liegt nun beim Therapeuten, ob die »Tür geöffnet« werden soll. Kriterien, die für diese Entscheidung hilfreich sind, bzw. Bedingungen, daß der regressive Zustand vom Patienten produktiv genutzt werden kann, ergeben sich aus der Beantwortung folgender Fragen:
1. Kann der Patient das Auftauchen von Affekten tolerieren?
2. Wie bereit ist er, sich schmerzlichen Wahrheiten über seine Vergangenheit zu stellen?
3. Wie gefestigt ist das augenblickliche Arbeitsbündnis des Patienten mit dem Therapeuten?
Grundsätzlich besteht in der Erforschung körperlicher Regressionszustände keine Eile, meint Downing. Für viele Patienten ist es besser, erst später in der Therapie mit regressiven Zuständen zu arbeiten, nachdem sie sich durch wiederholte behutsame Arbeit mit Körper-

empfindungen daran gewöhnt haben, ihre Aufmerksamkeit auf
körperliche Erfahrungen zu richten, ohne sich zu ängstigen. Von einer
gründlichen Erforschung regressiver Körpererlebnisse nimmt man
also zunächst eine Weile Abstand.

Es kann jedoch geschehen, daß Klienten spontan in körperregressive Zustände geraten und Angst entwickeln. In solchen Fällen ist es
günstiger, auf die verbale Ebene zu wechseln. Der Übergang in den
verbalen Bereich geschieht häufig auch dadurch von selbst, daß der
Therapeut eben nicht auf der körperlichen Ebene interveniert und
keine weiterführenden Vorschläge macht. Das »Schließen des
Fensters« ist in vielen Fällen leicht möglich und kann auch durch einen
Wechsel der Körperhaltung herbeigeführt werden. Will man jedoch in
der Körperregression bleiben, sind ermutigende Interventionen erforderlich, die den Patienten mit seiner Aufmerksamkeit bei den Prozessen halten, die in seinem Körper vorgehen. Der Therapeut selbst stellt
sich vollständig auf kleinste körperliche Reaktionen des Patienten ein
und nutzt nun erlebnisorientierte Interventionen. Jene sind zu diesem
frühen Zeitpunkt der Körperregression deswegen erforderlich, weil der
regressive Zustand an diesem Punkt meistens ziemlich diffus ist. Der
Patient spürt, *daß etwas hochkommt*, weiß aber noch nicht, was. Es fehlt
eine für ihn erkennbare zusammenhängende Logik, und zwar deswegen, weil die auftauchende Erinnerung aus einer Vielzahl konstituierender Elemente des ursprünglichen Ereignisses besteht, die seinerzeit auf verschiedenen Ebenen des Bewußtseins erlebt wurden.
Solange der Kontext unklar ist, scheinen die einzelnen Elemente
keinen Sinn zu ergeben. Kollektiv bildet sich ein »assoziatives Netzwerk«. Erlebnisorientierte Interventionen helfen zu diesem Zeitpunkt,
die verstreuten Elemente Schritt für Schritt in das Blickfeld zu rücken.

Das Netzwerk

Die beste Interventionsstrategie, so Downing, besteht meist darin,
häufig von einer Ebene des Bewußtseins auf eine andere zu wechseln. Ebenen des Bewußtseins sind für ihn (ebd., S. 53 ff.):

1. die verbal-kognitive Ebene
2. die bildliche Ebene
3. die emotionale Ebene
4. die Empfindungsebene
5. die Bewegungsebene

> Je nachdringlicher sämtliche fünf Ebenen in den Bereich der Aufmerksamkeit gebracht werden können, desto größer ist die Wahrscheinlichkeit, daß die verstreuten Elemente des auftauchenden Zustands zusammengetragen und verstanden werden können. Hier liegt wirklich ein Schlüssel für die angemessene Arbeit mit regressiven Zuständen. (ebd., S. 217-218)

Und hier zeigt sich, daß Downing sich klar für einen multimodalen therapeutischen Zugang zum Patienten ausspricht. Die Arbeit auf der Körperebene ist *eine* unter mehreren möglichen.

Schreitet der therapeutische Prozeß nun gut voran, kann ein Stück der Vergangenheit des Patienten hochkommen als

– primitive Objektbeziehungseinheit
– Repräsentanz eines einzigen traumatischen Erlebnisses.

Dabei ist außerdem zu beachten, daß die meisten regressiven Zustände zusammengesetzt sind; sie bestehen aus

a) einem langsamen, auf Umwegen verlaufenden Bewußtwerden dieser Art von Repräsentanz,
b) dem fortlaufenden Versuch, einige seiner ungelösten Aspekte zu verarbeiten

Erinnerungen, die auf diese Weise hochkommen, können der frühen Geschichte des Patienten angehören, aber auch aus seiner Erwachsenenvergangenheit herrühren. Erinnerungsfragmente aus der präödipalen Zeit haben eine v. a. somatische Struktur. Die einzelnen Elemente, die ins Blickfeld der Aufmerksamkeit rücken, gehören vor allem der motorischen, der emotionalen und der Körperempfindungs-Ebene des Bewußtseins an. Visuelle Elemente können auftauchen, sind aber meist vage; verbale Elemente fehlen in aller Regel. Downing nennt diese Art von Erinnerungen »Kinogramme« (ebd., S. 219). Ein Kinogramm ist mit einiger Übung unschwer zu erkennen; ihm fehlt bei seiner weiteren Entfaltung die Dimension der Worte und Gedanken.

Selbst- und Objektpol

Die erste technische Herausforderung bei der Arbeit mit der Körperregression besteht darin, die allmählich zum Vorschein kommende
Repräsentanz in den Mittelpunkt zu rücken. Der Patient wird ange-
halten, sich in den Zustand einzufühlen und sozusagen Daten über
ihn zu sammeln.

Meist wird von Patientenseite zunächst der Selbstpol wahrgenommen; der Patient erläutert, wie er sich fühlt. Der Objektpol, d. h.
der Kontext, in welchem die hochkommende Szene verläuft, ist aber
latent immer vorhanden und muß ebenfalls herausgearbeitet
werden. Ein häufiges Hin- und Herpendeln zwischen Selbst- und
Objektpol ist meistens hilfreich. Besonders wichtig ist die Klärung
des Objektpols, wenn Kinogramme im Spiel sind. Zur Veranschauli-
chung möge ein Beispiel dienen, das Downing anführt (ebd., S. 221):

> Eine Patientin begann wütend und verzweifelt ihren Kopf hin- und herzuwerfen. Durch
> erlebnisorientierte Interventionen half ich ihr, herauszufinden, wie sich die äußere
> Situation anfühlte. Während sie auf ihre eigenen Bewegungen und einige diffuse visu-
> elle Bilder reagierte, wuchs in ihr das Gefühl, daß sich ein großes Gesicht vor ihr rasch
> hin- und herbewegte und sie wie ein Flugzeug oder ein riesiges Insekt verfolgte. Wir
> hatten in der Therapie bereits intensiv mit späteren Erinnerungen an die Zudringlich-
> keit ihrer Mutter gearbeitet. Aber diese und einige ähnliche regressive Erlebnisse
> ermöglichten uns die Konfrontation mit einer Schicht von Erinnerungen, die offen-
> sichtlich noch früher angesiedelt waren. Wir bekamen dadurch eine Chance, mit eini-
> gen affektmotorischen Differenzierungsschemata zu arbeiten, die bei ihr offensichtlich
> unterentwickelt waren.

Anfängliche motorische Impulse

Die ersten unmittelbaren motorischen Impulse sind Reaktionen auf
die aktivierte Objektbeziehung oder die äußere Situation (ebd., S. 222
ff.). Der Körper des Patienten »will etwas tun«. Aus der Sicht des Patienten werden diese anfänglichen Impulse am »natürlichsten« erlebt.
Entweder der Patient nimmt sie selbst wahr, oder er führt sie aus und
der Therapeut rückt sie in den Mittelpunkt des Interesses. Die zuerst
auftauchenden motorischen Tendenzen geben wertvolle Hinweise
auf den zugrundeliegenden Status und Zustand bestimmter affekt-

motorischer Schemata.

Die weitere Entfaltung der Körperregression folgt einer eigenen Aktivierungskurve, d. h. es gibt auch Phasen von Stillstand, ohne daß es sich dabei um einen Widerstand des Patienten handeln würde. Es findet, so Downing, von Zeit zu Zeit eine Art Kräftesammeln statt, bevor der Patient weitergeht. Aufgabe des Therapeuten ist es, die Schritt für Schritt auftauchenden affektmotorischen Schemata zu diagnostizieren, und zwar im Hinblick auf folgende Fragen:

a) sind sie produktiv oder defensiv verzerrt

b) fehlen bestimmte Schemata, oder bemerkt der Patient sie nur nicht

Downing geht von einer grundlegenden Annahme aus, die an die »Selbstaktualisierungstendenz« aus bestimmten humanistischen Therapierichtungen erinnert. Eingefrorene Schemata haben eine Tendenz zu wachsen, vor allem dann, wenn sie immer wieder auftauchen. Diese *fundamentale Wachstumstendenz affektmotorischer Schemata* kann unter dem einzigartigen Umstand einer Körperregression am leichtesten stimuliert werden (ebd.,S. 192, vgl. auch Kuntz 2000, S. 77).

Noch ein Umstand ist wichtig, weil er den technischen Umgang beim Auftauchen affektmotorischer Schemata entscheidend betrifft: Der Patient ist oft auf unterstützende Interventionen des Therapeuten eindeutig angewiesen. Dieser kann nicht einfach passiv warten. Je tiefer sich der Patient in einen regressiven Zustand hineinbegeben hat, desto mehr fühlt er sich wie in einer fremden Welt. Er braucht Orientierung, die der Therapeut ihm geben soll. Der Therapeut muß sich einschalten und durch subtile, möglichst wenig direktive Führung helfen, etwa nach dem Motto: Überprüfen Sie jetzt dies, ziehen Sie jetzt das in Betracht. Mit anderen Worten, die vom Therapeuten in dieser Phase geforderte Kompetenz ist die eines präsentischen Verstehens (vgl. Heisterkamp 1998, S. 19 ff.) klinisch bedeutsamen Materials, das aus der Sphäre des prozeduralen Unbewußten, des Handlungswissens, aufzutauen beginnt. Allerdings ist diese Impulswelt anfänglich oft so fremd, daß eine klare Führung des Therapeuten unerläßlich ist.

Downing beschreibt in der Folge weitere technische Details, wie z. B. die Verdeutlichung der Schemata durch die Suche nach parallel zu den motorischen Impulsen innerlich ablaufenden Bildern. Er unterscheidet dabei Restbilder und transformatorische Bilder (Downing 1996, S. 229). Restbilder geben einen Aspekt einer früheren negativen Situation wieder, z. B. die haßerfüllten Augen der Mutter. Transformatorische Bilder fördern die beginnende Neuorganisation; sie enthalten präzise Vorschläge, welche neuen Schritte der Patient auf der Empfindungs- und Bewegungsebene weiter erforschen kann.

Umgang mit Emotionen

Ebenso klärt Downing auf eindrucksvoll detaillierte Weise den Umgang mit Emotionen, die er in eigentliche und »Meta-Emotionen« unterteilt. Meta-Emotionen sind solche, die mit dem Einsetzen dieses zunächst neuartigen Zustandes an sich zu tun haben (Freude, Sorge, Angst usw.). Ein Beispiel:

> Ein Patient, der phobisch auf Ärger reagiert, hat in der Therapie schon seit einiger Zeit mit diesem Thema zu kämpfen gehabt. Eines Tages dann zeigt sich ein regressiver Zustand voller Ärger und Schmerz, ein ungewöhnliches Ereignis. Und doch ist der Patient gleichzeitig erfreut, ja, fast überwältigt vor Freude; hier zeigt sich endlich etwas von dem so viel besprochenen und bislang so wenig empfundenen Ärger. (Downing, 1996, S. 230)

»Eigentliche Emotionen« sind solche, die dem regressiven Zustand selbst innewohnen. Auch dazu ein Bespiel:

> (...) Eine Patientin verspürt in einem regressiven Zustand Sehnsucht nach Kontakt. Auf die Frage, wie sie das in ihrem Körper erlebt, kann sie berichten, daß ›etwas‹ mit ihren Augen ›passieren will‹. Sie erforscht das weiter: ihre die Augen möchten weicher werden, ein wenig schmelzen, um ›etwas hereinzulassen‹. Dies ist natürlich ein Bewegungsimpuls: Das Gewebe von winzigen Muskeln im Bereich der Augen muß seine Position verändern, damit das gewünschte ›Weicherwerden‹ eintreten kann. Wenn die Patientin außerdem beschließt, sie umzusetzen – tatsächlich loszulassen und die Augenmuskeln zu entspannen, anstatt sich dies nur vorzustellen –, dann wird die Sehnsucht, die sie verspürt, sich mit ziemlicher Sicherheit verstärken. Folgt sie der Bewegung, dann wird die begleitende Emotion fast automatisch intensiver, selbst wenn die Patientin ganz behutsam vorgeht,

denn:

Wir können nicht mit einer Dimension eines affektmotorischen Schemas [des Weicher-
werdens in den Augen als affektmotorisches Verbindungsschema, Einfügung P. G.]
arbeiten, ohne nicht auch die andere anzusprechen. (ebd.,S. 231)

Affektive Mikroausdruckstechniken sind bei der Arbeit mit körperlichen
Regressionszuständen äußerst angemessen. Ein winziges Segment
der Bewegung wird näher erforscht und nicht die ganze Bewegung,
so wie man sich bei der Analyse eines Traums eine ganze Weile auf
ein bestimmtes Detail konzentrieren kann und seine vielfältigen
Bedeutungsebenen analysiert. Abhängig von den Wünschen und
Signalen des Patienten kann die Entfaltung des jeweiligen Impulses
leicht, gemäßigt oder heftig vor sich gehen. Der Therapeut folgt
einfach dem Aktivierungszyklus des Patienten. Es können dabei auch
mehrere Emotionen parallel zum Vorschein kommen. Downings
technische Empfehlung: man sollte mit der jeweils vorherrschenden
Emotion arbeiten und sich etwas später den unterschwelligen
zuwenden, um schließlich wieder zur dominanten Emotion zurück-
zukehren.

Weitere technische Details betreffen den Umgang mit Hilflosigkeit
(Lähmung, Apathie, Ausgeliefertsein) sowie die Rolle positiver
Emotionen. Fazit: man sollte jedenfalls eine Idealisierung positiver
Emotionen vermeiden. Es geht keinesfalls darum, daß sich ein Patient am Ende einer Sitzung »gut fühlt«. »Ein Therapeut leistet sehr
viel effektivere Arbeit mit regressiven Zuständen, wenn er sich in
seinen Absichten von jedem festen affektiven Resultat freimacht«
(ebd.,S. 238). Ziel der Körperregression ist es lediglich, daß der Patient Kontakt mit einem Teil seines Unterbewußtseins bekommt, der
normalerweise tief verborgen ist. Downing grenzt sich an dieser Stelle sehr klar von den kathartischen Zielen energietheoretisch begrün-
deter Körpertherapien ab:

Bei dieser Form der Arbeit liegt die Betonung auf abgestuften Lernerfahrungen, statt
auf kathartischen Entladungen. Nicht etwa, daß die auftauchenden Emotionen zwangsläufig gedämpft wären; das kann ganz unterschiedlich sein. Aber das leitende Kriterium ist die Nützlichkeit des Lernschritts und nicht die Intensität des emotionalen
Ausdrucks. (Ebd.,S. 239)

Die Grundhaltung des Therapeuten während körperregressiver Zustände

Im Vergleich mit der Psychoanalyse, stellt Downing (ebd.,S. 240 ff.) fest, ist die Situation in der von ihm praktizierten Form körperbezogener Psychotherapie komplizierter. In der Psychoanalyse ist die Strukturierung der zwischenmenschlichen Situation klar umrissen. Der Therapeut hört zu, sagt hin und wieder etwas, berührt den Patienten aber nicht. Die Regeln sind für beide Interaktionspartner eindeutig. Diese Struktur ist eine Garantie für Sicherheit und Autonomie. Eine klare Struktur dieser Art existiert in körperbezogener Psychotherapie nicht – was *nicht* bedeutet, daß *keine* Struktur existiert.

Auch in der Körperpsychotherapie sind Richtlinien notwendig; Downing spricht sich gegen ein Vorgehen aus, das der Intuition grundsätzlich Priorität einräumt.

> Die generelle Haltung, daß der Therapeut ›seiner Intuition folgen‹ und tun soll, ›was im Augenblick angemessen erscheint‹, ist einfach nicht richtig. Es ist ein sicheres Rezept für Verwirrungen in der Gegenübertragung.

Daher seine Schlußfolgerung:

> Sämtliche Therpeutinnen und Therapeuten, die mit dem Körper arbeiten, müssen durchdenken, was ihnen hier vernünftig erscheint. Eine emotional intensive Sitzung ist jedoch genau der falsche Zeitpunkt, um solche Überlegungen anzustellen. Die anzuwendenden Richtlinien müssen bereits vorher entwickelt worden sein, ganz gleich, wie sie aussehen. (ebd.,S. 242)

In diesem Punkt stimmt Downing mit Stern (1998, S. 90) überein, der das intuitive Moment in der Arbeit mit dem Patienten ebenfalls stark hervorhebt:

> Therapeutische Interaktion ist wesensmäßig Improvisation. Man weiß nicht, was als nächstes passiert. Manchmal geschieht etwas plötzlich und ist nicht einzuordnen. Das ist das Paradigma (...).

Im Gegensatz zu einem abstinenten Vorgehen ist der Therapeut gefordert, sich in die spontane Interaktion mit dem Patienten einzulassen, und notwendigerweise tritt daher seine Subjektivität stark in den Vordergrund. Gelegentlich kann sich die Situation zwischen Patient und Therapeut sogar zuspitzen; Stern nennt solche Situationen »Now-moments«. Der Angstpegel bei beiden Interaktionspartnern steigt, beide sind nun völlig im Hier und Jetzt. »Dieser Jetzt-Augenblick wird oft als Bedrohung für die übliche Arbeitsweise empfunden. Die Beziehung wird plötzlich auf den Tisch gelegt« (Stern, ebd., S.90). Das Risiko für den Therapeuten ist in solchen Momenten groß, denn er exponiert sich sehr und verläßt die vertraute Technik. Er ist einfach als Person mit all seinen Stärken, Schwächen und Verletzlichkeiten vorhanden. In solchen Momenten liegt aber eine ebenso große Chance für eine sehr positive Veränderung des therapeutischen Prozesses.

Auch körpertherapeutische Interventionen, z. B. Berührungen, sind nicht immer planbar, sondern ergeben sich aus der Dynamik des Prozesses. Berührung hat dabei häufig eine unterstützende Funktion. Letztlich geht es darum, eine sinnvolle Mitte zu finden zwischen »zu viel« und »zu wenig« an Unterstützung. Den Patienten gar nicht zu berühren, ist sicher ein technischer Fehler in körperbezogener Psychotherapie, denn Körperarbeit ist gleichsam ein Teil des Therapiekontrakts. Dies ist der Grund, warum Nicht-Berührung in der Körperpsychotherapie viel stärker als Mangel erlebt werden kann als in der Psychoanalyse, meint Downing. Ebenso schädlich ist es aber, wenn man den Patienten automatisch berührt. Therapeuten, die auch die Übertragung systematisch explorieren, werden bemerken, daß viele und häufige Berührungen zu negativen Übertragungsreaktionen führen, v. a. weil sich die Patienten dadurch allmählich sehr infantilisiert fühlen.

Downings technische Empfehlung: »Ich rate zu Berührungen, die mit möglichst wenig Oberflächenkontakt einhergehen. Im typischen Fall lasse ich entweder eine Hand tröstlich auf der Schulter, dem Rücken, Nacken ode Kopf des Patienten ruhen oder nehme die Hand des Patienten in meine« (ebd.,S. 245), immer natürlich auch in Abhängigkeit von der Körperposition, in der sich der Patient gerade befindet. Bei der erstmaligen Berührung empfiehlt Downing, den Patienten um Erlaubnis zu bitten. Dabei soll er immer auch die nonverbalen Hinweise des Patienten beachten, denn diese zeigen noch deutlicher an als die verbalen, was erlaubt ist und was nicht.

Es ist produktiv, wenn man zeitweise während tiefer regressiver Zustände unterstützende Berührung anbietet. Aber es kann auch so sein, daß es gerade für den Patienten eine hilfreiche Lernerfahrung ist, keine Unterstützung zu erhalten, d.h. Autonomie zu entwickeln. Es gibt also in dieser Hinsicht keine Regel. Als Orientierung ist wichtig, daß das Ziel der Arbeit mir regressiven Zuständen im Erforschen und Untersuchen von Erfahrungen und nicht im Schaffen befriedigender Erfahrungen besteht.

Downing äußert sich noch deutlicher in Bezug auf Einwände, die von psychoanalytischer Seite immer wieder angeführt werden: zur Befriedigung von Bedürfnissen.

Es geht nicht darum, daß der Patient überhaupt keine befriedigenden Erfahrungen machen soll. Jeder therapeutische Rahmen bringt solche Erlebnisse in gewissem Umfang mit sich. Sie sind ein natürlicher Bestandteil dieses Rahmens. In einem klassischen psychoanalytischen Setting zum Beispiel beinhalten solche befriedigenden Erfahrungen verläßliche Zeitabsprachen (...), ein aufmerksames Zuhören, hilfreiche Deutungen und ähnliches mehr. Da sie die Bedingungen der Therapie darstellen, sind sie ganz selbst verständlich. Daneben sind sie aber auch ganz klar befriedigende Erfahrungen. Nichtsdestoweniger werden die meisten Wünsche des Patienten (wie z. B. der nach Kontakt mit dem Therapeuten außerhalb der Sitzungen) nicht erfüllt (...). Das gleiche gilt für die Körperpsychotherapie. Der einzige Unterschied besteht darin, daß bestimmte zusätzliche befriedigende Erfahrungen zu den grundlegenden, dem Rahmen innewohnenden Bedingungen Erfahrungen hinzukommen. Diese sind, außer aufmerksamem Zuhören und so weiter, 1. verbale Anleitung für die Arbeit mit dem Körper, 2. restrukturierende (d. h. technische) Berührungen und 3. unterstützende Berührungen. Diese drei zusätzlichen Elemente gehören zu den Bedingungen der Körperpsychotherapie; sie haben in diesem Setting für den Patienten ebenso wie für den Therapeuten eine natürliche Logik. Ihr Zweck besteht darin, die Therapie überhaupt erst zu ermöglichen. (ebd.,S. 246-247)

Berührung und Unterstützung

Noch eine wichtige Unterscheidung trifft Downing: die zwischen begleitender und antwortender Unterstützung.

Begleitende Unterstützung geht auf den Wunsch des Patienten ein, daß jemand bei ihm ist, während er schwierige Erlebnisse durchmacht. *Das ist nicht das gleiche wie der während einer Körperregression auftauchende motorische Wunsch.* Dieser kann zum Beispiel darin bestehen, beißen, zugreifen oder stoßen zu wollen; er kann alle möglichen motorischen Färbungen annehmen. Der Wunsch nach Begleitung sieht jedoch völlig anders aus.

Diese Sehnsucht stammt aus anderen Persönlichkeitsschichten: aus jenem Ich-Sektor, der das gesamte Erleben ›bewältigt‹ und bei dieser Bewältigung unterstützt werden möchte. *Die meisten unterstützenden Berührungen sind tatsächlich eine Form der begleitenden Unterstützung.* Mit ihnen können wir den Patienten daran erinnern, daß eine zweite Person anwesend und in Kontakt mit dem ist, was er erlebt, und zwar auf eine Art und Weise, die über Worte hinausgeht. Natürlich kann diese Begleitung oft nur verbal zum Ausdruck gebracht werden. Aber ihre nonverbale Form hat in der Körperpsychoptherapie ihren nützlichen und logischen Platz. (ebd.,S. 247-248)

Die *antwortende* Unterstützung geht hingegen direkt auf den motorischen Wunsch selbst ein und entspricht diesem.
Ein Beispiel:

So kann der Patient zum Beispiel mit einem regressiven Ärger in Berührung sein. Durch genaues Explorieren wird deutlich, daß der damit einhergehende motorische Wunsch mit Grenzen zu tun hat. Dieser Patient, sagen wir, hatte in der Kindheit mit seinen Bezugspersonen Probleme in bezug auf körperliche Grenzen. Einige seiner grundlegenden affektmotorischen Differenzierungsschemata hatten nur wenige Entwicklungsmöglichkeiten. Der augenblickliche Wunsch entspricht deshalb dem Bedürfnis, eines dieser Aktionsmuster zu mobilisieren und umzusetzen (...). Der Patient könnte also zunächst anfangen, genau das tu tun. Er experimentiert zum Beispiel mit einer leichten stoßenden Bewegung des Armes und der Hand. An diesem Punkt wird sein Wunsch noch präziser und äußert sich als Verlangen, zu stoßen *und dabei auf einen deutlichen Widerstand zu treffen.* Dieses Verlangen ist mit Erinnerungen daran verbunden, wie eine Betreuungsperson ›einfach nicht da war‹ und damit auch ihre Grenzen nicht gespürt werden konnten (...). Um das Schema noch weiter zu explorieren, schlägt der Therapeut als nächstes vor, daß er der stoßenden Bewegung des Patienten mit seiner Hand Widerstand leistet. Wenn der Patient dem zustimmt, kann das eine sinnvolle Technik sein. Beide zusammen können dann mit diesem Zusammenspiel von Bewegung und Gegenbewegung experimentieren. Sie können verschiedene Geschwindigkeiten, Druckstärken und ähnliches ausprobieren. Hier besteht die antwortende Unterstützung in der entsprechenden Bewegung, dem Gegendruck von seiten des Therapeuten. Der angebotene Kontakt ist genau abgestimmt auf den spezifischen motorischen Impuls des Patienten(...). Mit Sicherheit ist dies eine befriedigende Erfahrung. Sie geschieht zwar auf einer quasi-symbolischen Ebene; aber sie befriedigt den Wunsch des Patienten, einen körperlichen Widerstand zu spüren. (Ebd.,S. 248)

In der Folge geht Downing auf spezifische Formen der Berührung und auf mögliche Übertragungs- und Gegenübertragungskomplikationen ein. Die möglichen Verwirrungen, die dabei entstehen können, vergleicht er mit den Verwirrungen, mit denen sich eine Mutter mit ihrem Kind in der Wiederannäherungsphase aussetzen muß (ebd.,S. 255). Wenn der Therapeut die dabei möglicherweise ablaufenden Dynamiken im Hinterkopf hat, kann er den mit dem Patienten stattfindenden Austausch handhaben, ohne sich zu sehr zu verstricken.

Die gelegentliche Anwendung von antwortender Unterstützung kann eine große Hilfe dabei sein, daß affektmotorische Schemata wachsen, daß sie sich aufrichten. Minimale Hilfen durch den Therapeuten sind dabei unentbehrlich. In Abgrenzung zu den an sich sehr verdienstvollen Versuchen Ferenczis positioniert Downing seine therapeutische Grundhaltung folgendermaßen:

> Der Therapeut versucht gar nicht, die ›gute Mutter‹ oder der ›gute Vater‹ zu werden. Er bleibt Therapeut. Er beugt sich nicht dem Druck, ein bodenloses Faß an Bedürftigkeit zu füllen. Gleichzeitig bietet er jedoch bei der Arbeit mit regressiven Zuständen differenzierte Formen von Unterstützung an. Dabei stellt er jedoch nur das zur Verfügung, was der Patient für den Prozeß der inneren Transformation wirklich nutzen kann. Und er tut das so, daß die grundlegende Verläßlichkeit des therapeutischen Umfelds erhalten bleibt. (ebd.,S. 256)

Aktivität des Therapeuten

Die Rolle des Therapeuten in einem körperregressiven Setting muß eine aktive sein. Es ist der Therapeut, der bestimmte Experimente vorschlägt, der den Körper schrittweise in den therapeutischen Prozeß einführt – der Patient würde dies von sich aus nicht tun. Dieses sehr aktive therapeutische Vorgehen ist vor allem bei den ersten Experimenten dieser Art wichtig und unausweichlich – anders würde der Körperregressionsprozeß gar nicht anlaufen. Downing bekennt sich zu dieser aktiven Haltung. Die gesamte Struktur des Geschehens wird maßgeblich vom Therapeuten bestimmt – Aufgabe des Patienten ist es, immer wieder zu entscheiden, ob er in diesem Prozeß weitergehen möchte oder nicht. Später, wenn die Therapie weiter fortschreitet und der Patient mit dieser Art der Arbeit vertraut geworden ist, wird er immer mehr ermutigt, sich an der Struktur der gegebenen Entscheidungen zu beteiligten. Er kann dann selbst immer besser seinem »Körperprozeß« folgen, selbst spüren, was für ihn der nächste Schritt sein kann – mit anderen Worten, es hat sich eine Pilotenfunktion in ihm etabliert (vgl. dazu Pesso 1991), die einen aktiv-steuernden Part übernimmt – ähnlich wie in verbal-analytischen Therapien, in denen der Patient im Laufe der Zeit auch immer besser mitarbeitet und die eigenen Widerstände und Abwehren selbst erkennt und anspricht.

Leitziel im Umgang mit dem Körper ist das Explorieren von emotionalen Zuständen. Der Hauptzweck der Körperregression besteht darin,

> daß der Klient 1. zu einer klaren Wahrnehmung der Emotion gelangt, die auch all ihre körperlichen Manifestationen einschließt, 2. daß er in etwa eine angemessene Sprache findet, um die Emotion zu beschreiben, und 3. daß er zumindest einen Schritt unternimmt, um herauszufinden, worauf die Emotion sich bezieht. (ebd.,S. 49)

Hinter dieser technischen Ausrichtung steht die Auffassung, daß im Affektleben wichtige Fähigkeiten stecken. Sie gelten nicht als eine Art

> innerer Rückstand, der durch Entladung ›entleert‹ werden muß, sondern als Bereich, in dem ein komplexes Zusammenspiel von Lebensfähigkeiten stattfindet. Diese Fähigkeiten beziehen sich auf das körperliche Registrieren eines Affektes, auf die Erhaltung seines Flusses, die Ergründung seiner Bedeutung sowie die Möglichkeit der Wahl, wann und wie er mitgeteilt werden soll und vieles mehr. (ebd., S. 50)

Grundlegend ist also ein Menschenbild, in dem Affekte und vor allem der Umgang mit ihnen einen wichtigen Stellenwert einnehmen. Es ist dies ein Menschenbild, in welchem der Affekt auch eine eigene Sprache hat, die genauso wie die verbale Sprache einer eigenen Logik folgt. Im Kontrast zum gängigen psychoanalytischen Menschenbild, in dem die Wortsprache immer noch als höchste Errungenschaft des Menschen betrachtet und hierarchisch an erste Stelle gestellt wird, schließt sich Downing hier, selbst Säuglingsforscher, dem neuen Paradigma an, das nonverbal-körpersprachliche Vorgänge als das »basale Urgestein« (ein Ausdruck von Daniel Stern) aller seelischen Vorgänge betrachtet und ihnen daher, auch und gerade in einer verbal-analytischen Therapie, eine gleichwertige Bedeutung neben der Wortsprache beimißt.

Grundsätzliche Überlegungen zum Regressionsbegriff

Bevor ich meine Gedanken bezüglich Downings Körperregression fortführe, möchte ich ein wenig ausholen und grundsätzliche Überlegungen zum Regressionsbegriff anstellen. Freud hat diesen Begriff mehrfach verwendet: zunächst als Erklärungsmodell zur Beschreibung bestimmter Aspekte des Traumgeschehens, später in seiner Differenzierung in eine topische, formale und zeitliche Regression zur Beschreibung bestimmter seelischer Funktionen – all dies im Rahmen einer Ein-Personen-Psychologie (vgl. dazu Geißler 2000). Dies bedeutete, als Psychoanalytiker die im Patienten ablaufenden regressiven Vorgänge von außen, als neutraler Beobachter, zu sehen, zu verstehen und allenfalls zu deuten.

Freud steht der Regression jedoch ambivalent gegenüber. Er sieht in ihr nicht den eigentlichen Weg, sondern einen Umweg. In gewissem Maß ist auch in der gegenwärtigen Psychoanalyse eine gewisse Vorsicht der Regression gegenüber zu spüren – darin mag ein wichtiger Grund liegen, daß der Körper nie so richtig Eingang in die Psychoanalyse finden konnte, und zwar in praktisch-technischer Hinsicht. In der Theorie der Psychoanalyse ist der Körper sehr präsent, in der Praxis wird er stillgelegt. Einsicht und Vernunft sowie frustrationstheoretische Überlegungen haben bis heute überlebt. Die Frustration libidinöser Bedürfnisse ist und bleibt ein wichtiger Wirkfaktor in der Psychoanalyse, der gereifte Mensch muß sich von regressiven Wünschen verabschieden oder sie zumindest gut kontrollieren können.

Das Hochkommen der Objektbeziehungstheorien hat dazu geführt, daß die Einpersonen-Psychologie Freuds von einer Zweipersonen-Psychologie abgelöst wurde, deren wichtigste Vorreiter Ferenczi, Balint und Winnicott waren. Da sich nun die Rolle des Psychoanalytikers entscheidend veränderte – er wurde nicht länger als neutraler Beobachter und Versuchsleiter betrachtet, sondern als Beteiligter in einem gemeinsamen Geschehen – änderte sich auch die Sichtweise regressiver Prozesse: sie waren nun eine gemeinsame Angelegenheit zwischen Patient und Therapeut. Diese neue Perspektive machte es möglich, völlig neue Dimensionen der therapeutischen Regression vor allem in der Behandlung struktureller Ichstörungen zu erschließen.

Regression ist somit einerseits ein Vorgang im Patienten. Damit ist in einem therapeutischen Kontext im allgemeinen gemeint, daß sich »das Kind im Patienten zeigt« – in vielerlei Gestalt: durch eine Intensivierung der Gefühle, durch Trotzigsein, durch ein starkes Erleben von Abhängigkeit, durch Passivität und Hilflosigkeit, durch eine Überschwemmung des Ichs mit Affekten, durch eine besondere Empfindlichkeit usw. Aus diesem Blickwinkel regrediert der Erwachsene auf ein früheres alltägliches, traumatisches oder vortraumatisches Erleben, wobei sich ein Teil des ursprüngliches Erlebens trotz nachträglicher Veränderungen oder Verzerrungen gleichsam im Originalzustand wie durch ein Zeitfenster hindurch abbilden soll. Vom bewußten Erleben abgespaltene Teile der Persönlichkeit werden im Rahmen einer Regression, unter affektiver Beteiligung, wiederbelebt. Im günstigen Fall fördert solche Regression den therapeutischen Prozeß, kann ein wichtiger Teil des Erlebens ins Ich integriert werden und stärkt dieses. Es handelt sich dann um eine Regression im Dienste des Ich, um eine Regression um der Progression willen.

Regression ist aber auch ein interpersonelles Geschehen. Regression als interaktioneller Vorgang konzentriert sich auf die Bedeutung von regressiven Objektbeziehungen und ihrem therapeutisch fruchtbaren Potential. Therapeutische Settings werden daraufhin untersucht, ob sie geeignet sind, regressive Objektbeziehungen zu stimulieren. Es stellt sich ein besonderer Beziehungsmodus ein, bei dem nichtsprachliche Elemente eine dominierende Rolle spielen und den Balint den »Modus der primären Liebe« genannt hat.

Regression als interaktionelles Geschehen besteht in zirkulären Vorgänge zwischen zwei Individuen, die wie in einem geschlossenen System stattfinden und sich, durch autopoietische Vorgänge, selbst wieder erzeugen. Im Rahmen zirkulärer Prozesse werden Angebote und Gegenangebote ausgetauscht, es findet eine überwiegend unbewußte Verhandlung statt. Alles, was in der Therapie geschieht, ist dann letztlich ein »Verhandlungsergebnis«. Insofern ist zu hinterfragen, ob die Vorstellung tatsächlich zutrifft, daß wir Patienten an der

Hand nehmen und mit ihnen in ihre unbewußte Biografie hinabsteigen. Zumindest muß diesem Hinabsteigen in die Vergangenheit des Patienten eine stillschweigende Übereinkunft vorangegangen sein, daß beide – Patient und Therapeut – dies tun wollen. Diesen Umstand sollte man nicht übersehen.

Schließlich versteht man unter dem Überbegriff Regression auch technische Maßnahmen auf Seiten des Therapeuten. Es geht dabei um

- Settingmaßnahmen (Couch-Setting, bioenergetischer Atemstuhl, Arbeit auf der Matratze)
- Zurückführen des Patienten hin zu den traumatischen Positionen, je nach Technik verschieden (durch Hypnose, Empathie, Körperübungen, sensorische Deprivation usw.)
- erlebnisintensive Aktivierung früherer Erfahrungen
- kathartische Techniken
- Aktivierung ganzheitlicher Erinnerungen durch Zentrierung auf körperliches Erleben, z. B. Atmung
- therapeutisch induzierte Krisen
- direkte Regressionsarbeit, z. B. durch körperliche Druckpunkttechniken (z.B. Streß-Bioenergetik)

Als krankheitsverursachend werden von Vertretern regressionsorientierter Therapieansätze häufig traumatische Ereignisse in der frühen Lebensgeschichte angesehen, z.B. das Geburtstrauma. Die therapeutische Regressionsarbeit zielt darauf ab, die primäre Krankheitsursache aufzudecken. Regression wird dabei eher aus intrapsychischer Perspektive betrachtet, der Therapeut versteht seine Rolle als Begleiter und Unterstützer des Regressionsprozesses. Die Beschränkung der Regression des Therapeuten auf traumatisches Geschehen (wie z. B. in der psychoanalytischen Regressionstherapie, vgl. Hollweg 1995) wird nicht als willkürlicher Akt des Therapeuten gesehen, sondern als ein vom Unbewußten des Patienten selbst gesteuerter Vorgang; denn – so der Erfinder dieser Therapie – aufdeckend-therapeutische Regression setzt bei der biologischen Basis an. Der unterstellte Heilungsvorgang folgt in einem hierarchischen Prinzip von der geistigen Einsicht über die Gefühlsebene bis hin auf die organismische Basis. In der Regressionsarbeit vertraut man dem Prinzip, daß das Unbewußte einen eigenen Auftrieb hat, »seine Chance riecht«, daß sich unerledigte Geschichten oder traumatische Positionen immer wieder an die Oberfläche der Seele drängen; vielleicht eine Analogie zu Downing, der meint, daß unvollkommene affektmotorische Schemata nach Weiterentwicklung drängen.

Regression und Menschenbild – der Einfluß der Säuglingsforschung

Ob man Regression überwiegend als intra- oder interpersonelles Geschehen konzipiert, ist eine Frage des Menschenbildes. Innerhalb der Psychoanalyse lassen sich dabei zwei Bilder unterscheiden (vgl. dazu Dornes 1999): ein »heroisches« und ein »romatisches« Menschenbild.

Der intrapsychischen Sicht der Regression – am deutlichsten in der Freudschen Triebtheorie – liegt ein heroisches Menschenbild zugrunde. Der Mensch wird von Trieben geplagt, die ihn von Anbeginn seines Lebens an beherrschen. Konflikte dominieren sein Dasein, er ist polymorph-pervers angelegt und lustsuchend und scheitert an den Grenzen der frustrierenden Realität. Das Unbewußte ist wie ein trübes, brodelndes Wasser, der Mensch kann nie in Frieden leben, denn dämonische Kräfte beherrschen sein Unbewußtes, Größenphantasien, Inzestwünsche und Vatermord gehören zum normalen Seelenalltag des Kindes, dessen seelische Entwicklung im Ödipuskomplex mündet und in dessen Meisterung das Hauptkriterium der späteren Persönlichkeitsentwicklung gesehen wird.

Entwicklungspsychologisch ist der Ausgangspunkt des Kindes ein Zustand symbiotischer Verschmolzenheit. Symbiose wird als paradiesischer Zustand betrachtet, in dem der Säugling sich vorwiegend passiv verhält und auf orale Spannungsabfuhr ausgerichtet ist. Die Sprache hilft ihm dabei, auf dem Wege der Separation und Individuation voranzuschreiten – Getrenntheit ist ein wichtiges Therapieziel. Der Therapeut verhält sich überwiegend neutral und hilft dem Patienten, seine inneren Konflikte zu verstehen. Der Therapeut nutzt sehr wohl seine Gegenübertragung zum Verstehen der konflikthaften Inszenierungen des Patienten, er läßt sich aber nur begrenzt in eine

163

Interaktion verwickeln. Emotionale und konkrete Distanz zum Patienten ist aus dieser Sicht wichtig, um ihn besser verstehen und die in ihm ablaufenden unbewußten Vorgänge besser deuten zu können. Der Stellenwert der emotional korrigierenden Erfahrung spielt eine geringere Rolle als bei Vertretern einer Psychoanalyse, der ein »romantisches« Menschenbild zugrunde liegt.

Dieses »romantische« Menschenbild teilen Vertreter eines objektbeziehungstheoretischen Ansatzes, aber auch – bis zu einem gewissen Grad – die Selbstpsychologen im Gefolge Kohuts. Das Unbewußte ist dabei eine Quelle, aus der klares Wasser sprudelt, es ist ein Hort von Gesundheit, Kreativität, Ambitionen, Wachstum und wahrem Selbstausdruck. Der Säugling ist in diesem Menschenbild ein beziehungssuchendes Wesen, ausgestattet mit einer Menge an angeborenen Fertigkeiten und sofort in der Lage, die Beziehung zu den Eltern aktiv mitzugestalten; von Passivität kann nicht die Rede sein. Attribute wie Freude, Spaß, Begeisterungsfähigkeit, Spiel, Faszination und Begeisterung erfahren in diesem Menschenbild eine hohe Bewertung, sie sind wichtige Essenzen des menschlichen Seins. Regression bedeutet aus dieser Sicht das Zulassen vitaler Kräfte, lebendiger Ausdrucksformen und unbewußter Ressourcen. Konsequenterweise muß ein therapeutisches Setting, das die genannten Attribute positiv bewertet, Eigenschaften aufweisen, die diese Attribute fördern können. Aus der Sicht der Romantiker hindert das psychoanalytische Standardverfahren daran, das innerste lebendige Wesen des Menschen wirkungsvoll zur Entfaltung zu bringen.

Die Säuglings- und Kleinkindforschung der letzten 10 bis 20 Jahre scheint nun eine Reihe von Befunden ans Tageslicht gebracht zu haben, die in Richtung eines romantischen Menschenbildes gedeutet werden können.

Moderne Psychoanalytiker beziehen gewisse Aspekte der Säuglings- und Kleinkindforschung in ihre Überlegungen zur Regression ein. Regression ist für sie nicht einfach nur mehr eine chronologische Rückkehr zu früheren Objekt- und Subjektbildern, die auf den Analytiker übertragen werden und dort zu einem Irrtum in der Zeit führen. Der strukturelle Aspekt der Regression besteht für sie vielmehr in einer Aktivierung früher Erlebnisstrukturen, die auf innere Schemata mit jeweils altersgemäß unterschiedlichen Verarbeitungsmodi und Abstraktionsebenen zurückgehen. Theoretischer Bezugspunkt sind dabei die Rigs von Daniel Stern, bestehend aus Ereignisrepräsentanzen, semantischen Repräsentanzen, Wahrnehmungsschemata und sensorisch-motorische Repräsentanzen. Diese Schemata bilden ein Netzwerk, das Stern das *Schema einer Form des »Zusammenseins«* nennt. Dieses Schema wird von ihm aus dem angenommenen subjektiven Blickwinkel des Säuglings konzipiert, der sich in einer Interaktion mit der Pflegeperson befindet. Solche Schemata zeichnen sich durch unterschiedlich hohe Verarbeitungformen aus, je nach Niveau der Persönlichkeitsorganisation.

Moderne Psychoanalytiker konzentrieren sich aber auch mehr und mehr auf den interaktionellen Aspekt im Hier und Jetzt, wenn sie von regressiven Prozessen sprechen. Denn die Aktivierung von erfahrungsmäßigen Aspekten der Vergangenheit geschieht immer in einer gegenwärtigen Objektbeziehung, im »Hier und Jetzt«. Im Rahmen eines strukturellen Regressionsverständnisses wird sogar der Traum vorrangig unter der Perspektive von Einfällen im Hier und Jetzt der Übertragungssituation bearbeitet. Durch die Konzentration des Regressionsverständnisses auf diese Gegenwartsperspektive nähern sich moderne Psychoanalytiker in diesem Aspekt ihrer theoretischen Sichtweise, aber auch ihrer Technik an Vorstellungen und Zugangsweisen in bestimmten humanistischen Therapieverfahren, wie beispielsweise der Gestalttherapie, an, die den Prozessen im Hier und Jetzt große Bedeutung beimessen. Gerade die Arbeit im »Hier und Jetzt« ist für die Gestalttherapie besonders typisch.

Von modern denkenden Psychoanalytikern nun auch immer deutlicher beziehungsorientierte, systemische Sichtweisen, wie z. B. zirkuläre Austauschprozesse zwischen Patient und Therapeut auf verbalem und nonverbalem Organisationsniveau konzeptuell einbezogen oder rücken sogar zentral ins Blickfeld und beeinflussen auf diese Weise die psychoanalytische Sichtweise von Regression. Die ursprüngliche psychoanalytische Sichtweise von einer objektiven Beobachtung des Patienten hinter der Couch weicht einer immer größeren Gewichtung der persönlichen Note des Therapeuten, die z. B. schon früh von Ferenczi betont wurde. Die ursprünglich naturwissenschaftlich orientierte Psychoanalyse wird zugunsten einer sozial-konstruktivistischen Perspektive aufgegeben, in welcher es keine vorgefundene Wirklichkeit gibt, sondern Patient und Therapeut die gemeinsame Wirklichkeit miteinander konstruieren. Nach dieser Annahme besteht auch während der Beobachtung des Patienten durch den Therapeuten eine mehr oder weniger subtile Interaktion zwischen dem wahrnehmenden Subjekt und dem wahrgenommenen Objekt, wobei das beobachtete Objekt bereits durch den Vorgang des Beobachtens verändert wird. Immer deutlicher wird, wie wichtig die Therapeutenvariable ist, wie sehr die Werthaltungen des Therapeuten eine Rolle spielen, wie unausweichlich sein Menschenbild einen bestimmten Einfluß auf regressive Prozesse im Patienten haben muß. Regression in der Therapie kann man daher nicht mehr als hauptsächlich intrapsychischer Prozeß verstanden werden. Der Einfluß der Therapeuten, seine Einstellung zur Regression – all dies hat immense Bedeutung für den Patienten.

Es ändert sich also zur Zeit vieles in der Psychoanalyse, sehr unter dem Druck der modernen Säuglings- und Kleinkindforschung, die eine Reihe von psychoanalytischen Entwicklungskonzepten als Entwicklungsmythen entlarvt. Der Regressionsbegriff bleibt von den im Gange befindlichen Revisionen nicht verschont, denn er impliziert Vorgänge, die mißverständlich oder zu vereinfachend sein können:

> Das Bild vom Kind im Patienten ist meiner Meinung nach sowieso ein unpassendes Bild, das je nach Argumentationslinie wie ein Kippbild benutzt wird: einmal zieht man die Karte ›Erwachsener‹ und ein anderes Mal die Karte ›Kind im Erwachsenen‹. Es geht immer um frühentwickelte, bis in das Hier und Jetzt hineinwirkende, unerledigt nachwirkende Beziehungs- und Sicherungsmuster, an und mit denen wir arbeiten. (Heisterkamp, 1998, S. 25)

Manche Psychoanalytiker überlegen bereits offen, den Regressionsbegriff als theoretischen Konstrukt gänzlich aufzugeben:

> Die psychoanalytische Selbstpsychologie folgt in ihrer Entwicklungspsychologie der neueren Säuglingsforschung, die diese Idee [der Regression, Einfügung P. G.] fallen lässt und beim neurotischen Patienten von pathologischer Entwicklung spricht (...). Dementsprechend behält der Begriff Regression hier seine phänomenologische, deskriptive Bedeutung, die metapsychologische ist aufgegeben (Pawlowsky, in Stumm u. Pritz, 2000, S. 589-90).

Eines wird durch die neuen Entwicklungspsychologien sehr deutlich: Die alte psychoanalytische Vorstellung, daß sich neurotische Phänomene im späteren Leben auf *phasenspezifisch normale kindliche Vorgänge* zurückführen lassen, ist nicht länger haltbar. Die neuen Entwicklungspsychologien legen nahe, in solchen Fällen von pathologischer Entwicklung zu sprechen, die bereits im kindlichen Alter ihren Ausgangspunkt nimmt und im Erwachsenenleben unter bestimmten Umständen reaktiviert wird. Es geht also bei seelischer Krankheit nicht um Fixierungen auf kindliche, im Kindesalter normale und altersangemessene Vorgänge. Das Kind, das in einer genügend guten Umgebung aufwächst, ist seelisch gesund, sagen die Kleinkindforscher. Und es gibt eine eigene infantile Pathologie, die Grundlage pathologischer Entwicklungen bei erwachsenen Menschen ist.

Die zentrale Dimension der Intersubjektivität

Neuere psychoanalytische Modelle konzipieren den psychoanalytischen Prozeß also als »intersubjektives Feld« (vgl. dazu auch Storolow 1996). Freud hat die Seele einmal mit einer Wohnung verglichen, in der es verschiedene Räume gibt, die der Patient mehr oder weniger leicht betreten kann. Einer intersubjektiven Auffassung zufolge könnte man, um dieses topische Modell auf den intersubjektiven Bereich auszudehnen, möglicherweise von einer Wohnung sprechen, die von beiden begangen wird, vom Patienten und vom Therapeuten. Ein fixes und statisches Konzept wie beispielsweise die Verdrängungsschranke hat jedoch im Sinne des alten topischen Modells keinen Platz mehr und und muß einer mehr dynamischen Sichtweise weichen, in der man davon ausgeht, daß der jeweilige Kontext entscheidend mitwirkt und die unbewußt organisierenden Prinzipien (wie z. B. die Verdrängungsschranke) von Patient und Therapeut in einem dynamischen Aushandlungsprozeß gemeinsam bestimmt werden. Die einstmalig starre Verdrängungsschranke wird auf diese Weise durch die Vorstellung einer beweglichen und kontextabhängigen Grenze ersetzt (Hinterhofer, in Stumm u. Pritz, 2000, S. 706). Eine solche intersubjektive Sichtweise verläßt den naturwissenschaftlichen Boden der Psychoanalyse mit ihrem kausal-deterministischen Menschenbild zugunsten einer intersubjektiven Theorie (Hinterhofer, ebd.,S. 696).

> Technik als Aktion im Dienste eines theoretischen Konstrukts oder eine ›Mythologie‹ – etwa im Sinne der Freudschen Metapsychologie – mit durch die Theorie bestimmten Zielsetzungen impliziert ein Machtgefälle zwischen einem Analytiker, der im Besitz einer ›objektiven Wahrheit‹ ist und die Realität unverzerrt wahrnimmt und einem Analysanden, der zu korrigierende, intrapsychisch bedingte Wahrnehmungsverzerrungen in den analytischen Prozeß einbringt. Dies ist mit einer intersubjektiven Haltung unvereinbar. Dies widerspricht der Auffassung von der Begegnung grundsätzlich gleichberechtigter Subjektivitäten im analytischen Geschehen (...). (ebd.,S. 696)

Wie stark das intersubjektive Moment in der therapeutischen Situation vertreten ist, versucht Bettighofer (1998) nachzuweisen, indem er konversations- und inhaltsanalytische Untersuchungen der Interaktion heranzieht (z. B. Wilke 1992, in Bettighofer, 1998, S. 92). Wilkes Untersuchung zeigt, daß schon die drei ersten Redebeiträge beider Beteiligter in großer Verdichtung wesentliche Elemente des Beziehungsangebotes von Patient und Therapeut enthalten. Während dieser Eröffnungssequenzen werden unbewußte Erwartungsmuster, Rollen- und Situationsdefinitionen sowie Themenmuster in einem *beidseitigen Aushandlungsprozeß* abgeklärt. Therapeut und Patient stellen sich darauf ein und versuchen, eine Art »thematisches« Gleichgewicht herzustellen. Dieses Gleichgewicht bezieht sich auf Faktoren wie Themeneinführungen, Detaillierungen, Themenwechsel, Nachfragen, Abbrüche und Schweigephasen. Es werden dabei auch die jeweiligen Grenzen des Gesprächspartners sensibel erspürt und geachtet. Die nonverbalen Angleichungsprozesse sind dabei die wesentlichen.

Es entwickelt sich in gemeinsamer Abstimmung ein unbewußtes Regelsystem zwischen Patient und Therapeut, das über behandlungstechnische Regeln hinausgeht. Mehr noch: Das unbewußte Regelsystem, bestehend aus relativ stabilen Interaktionsmustern, wird zum therapeutischen Kontext, in dessen Rahmen Patient und Analytiker als Teil eines übergreifenden Prozesses handeln und von dem sie ganz wesentlich bestimmt werden, *während sie bewußt den Eindruck haben, in ihren Entscheidungen und Handlungen relativ frei zu sein.*

Der Kontext übt einen zwingenden Einfluß auf die weitere Ausgestaltung der therapeutischen Situation aus.

Nimmt man diese Befunde ernst, kommt man nicht umhin, auch regressive Vorgänge in der Therapie als Teil der genannten Aushandlungsprozesse zu verstehen.

Regression unter gestalttherapeutischem Blickwinkel

Die gegenwärtigen Entwicklungen bei modernen Objektbeziehungstheoretikern und Selbstpsychologen nähern sich in gewisser Weise gestaltpsychologischen Sichtweisen seelischen Geschehens an. Staemmler (1995, S. 13 ff.) ist einer jener Gestalttherapeuten, die sich nicht scheuen, über die eigenen Mauern der Gestaltszene hinweg zu blicken und sich mit Freud und der postfreudianischen Psychoanalyse auseinanderzusetzen. Staemmler bezieht sich in seinen Gedanken auch auf die neue Entwicklungstheorie von Daniel Stern.

Ausgehend von der Annahme Sterns, daß die verschiedenen Selbst-Erlebens-Bereiche parallel weiterbestehen und einander nicht – wie in der psychoanalytischen Phasentheorie – ablösen, kann man – so Staemmler – nicht mehr von einer zeitlichen Regression sprechen. Wenn also ein Patient sich über seine Körpersprache ausdrückt, wenn seine Muskeln zittern, anstatt daß er verbal ausdrücken kann oder will, daß er Angst hat, dann läßt sich dieser Vorgang nicht als zeitliche, sondern wenn überhaupt, dann als formale Regression verstehen. »Wenn überhaupt« soll heißen: Eine Regression ist ein Phänomen wie Muskelzittern nur unter der Annahme, die man all jene Ausdrucksweisen als höher bewertet, die von einem Standpunkt der Komplexität aus differenzierter sind als »primitivere« Verhaltensweisen, wie z.B. körperlich ausgedrücktes Muskelzittern (Staemmler, ebd.,S. 33). Regression unter diesem Blickwinkel ist »eine (vorübergehende oder länger andauernde) Einschränkung in den aktuellen Möglichkeiten eines Menschen zu verstehen, alle bereits einmal erworbenen Kompetenzen seinem Wunsch entsprechend zu realisieren« (ebd.).

Bewertungsprozesse sind aber unweigerlich in diese Sichweise einbezogen. Das Körperliche wird in unserer Kultur und auch in der Psychoanalyse als einer Erscheinung unserer Kultur geringer bewertet als geistige Fähigkeiten. Bewertet man hingegen alle Kompetenzen eines Menschen gleich, werden Begriffe wie »kindlich« und »erwachsen« im Grunde genommen irreführend sein. Streng genommen, so meint Staemmler, müßte man konsequenterweise auch dann von Regression sprechen, wenn jemand eine Kompetenz über eine früh erworbene Fähigkeit verliert und nur mehr eine später erworbene einsetzen kann – wie z. B. beim »Mind-Fucking«, bei dem nur mehr die Verstandessprache möglich ist und nicht mehr andere Formen des In-Kontakt-Seins, frühe Formen einer »verbundenen«, affektnahen Sprache (Staemmler, ebd.,S. 33).

Wir kommen also um Bewertungen nicht herum, sie fließen in unsere Theorien ebenso ein wie in unser Handeln. Downings Körperregression ist ein Verfahren auf dem Boden einer Anthropologie, die Affekten einen hohen Stellenwert einräumt und im Rahmen des Zusammenhanges von Affekt und Motorik von einer Wachstumstendenz unzureichend entwickelter affektmotorischer Schemata ausgeht.

Desweiteren spielt bei Downing ebenso wie bei den Körpertherapien im allgemeinen die Prämisse eine Rolle, daß eine bewußt verfügbare und lebbare Körperlichkeit auch im Erwachsenenleben bedeutsam ist, übereinstimmend mit Sterns Auffassung, der nicht mehr von Entwicklungsphasen (wie die psychoanalytische Entwicklungstheorie), sondern von Erlebnisbereichen oder Domänen spricht. Die Domäne des Kernselbst-Erleben als primär körperliches Erleben ist dabei ebenso wichtig wie alle anderen Domänen, auch wenn sie häufig nur ein Hintergrund-Dasein führt. Im Erleben des Patienten findet in der Regel eine oszillierende Bewegung zwischen den einzelnen Domänen des Selbstempfindens statt, bei der einmal der eine, ein anderes Mal ein anderer Selbstempfindungsbereich im Vordergrund steht. Auch unter der Annahme von parallel bestehenden Domänen des Erlebens ist es mehr als fragwürdig, ob man von Regression sprechen sollte, wenn sich beispielsweise das Kernselbst-Erleben in den Vordergrund schiebt. Zutreffender wäre eine

Sicht wie in der Gestaltpsychologie, die von Vorder- und Hintergrundphänomenen, von Figur und Hintergrund ausgeht. Zu bedenken ist schließlich der Gesichtspunkt, daß selbst dann, wenn aus der Vorgeschichte stammendes seelisches Material gegenwärtig auftaucht, dieses im »Hier und Jetzt« neu gestaltet wird – und sei es in Form neurotischer Symptombildungen. Auch diese sind immer auch gegenwärtige Gestaltungen einer Situation, mit der der Symptomträger auf die für ihn bestmögliche Weise im Hier und Jetzt fertig wird, selbst wenn sein Verhalten aus einer Außenperspektive noch so unangemessen erscheinen mag. Aus der Innenperspektive des Symptomträgers gibt es gegenwärtig keine alternativen Möglichkeiten, bzw. ist die Symptomatik und die mit ihr einhergehende Inszenierung ein kreativer, wenn auch in der Regel weitgehend unbewußter Versuch der optimalen Gestaltung einer Konfliktsituation.

Regression im Kontext der therapeutischen Beziehung

Downing betrachtet regressive Prozesse in der Therapie als Anzeichen dafür, daß sich die Übertragungsbeziehung vertieft. »Wenn sie auftaucht, leitet sie eine wichtige und wertvolle neue Dimension der Behandlung ein – vorausgesetzt, der Therapeut weiß damit umzugehen« (Downing 1996, S. 213). Insgesamt sind Übertragungsprozesse in Downings Therapie zentral, daran kann kein Zweifel bestehen, wenn man sein Buch studiert. Er macht aber auch deutlich, daß der die Körperregression zulassende bzw. einsetzende Therapeut über bestimmte technische Fertigkeiten verfügen *muß*, die über rein psychoanalytisches »Know-how« weit hinausgehen.

Ungünstige therapeutische Entwicklungen können daher einerseits einen inadäquaten Umgang des Therapeuten mit dem Verhalten des Patienten – also einen Gegenübertragungswiderstand – spiegeln; sie können aber auch durch eine ungenügende Technik des Therapeuten bedingt sein, v. a. dann, wenn der therapeutische Setting ein für körperbezogene Interventionen geöffnetes ist.

171

Auf der Beziehungsebene verhält sich der Therapeut während körperregressiver Prozesse – v.a. in fortgeschrittenen Prozeßphasen – nicht als konturiertes Gegenüber, und ebenso wenig sind Deutungen der Übertragung in solchen Phasen angezeigt. Vielmehr steht er im Sinne einer mütterlichen Umwelt, wie Balint und Winnicott dies schon aufzeigten, dem Patienten unterstützend und hilfreich zur Verfügung. Er ist für den Patienten wie eine Mutter, die vom Kind solange nicht registriert wird, als sie einfach präsent ist. Erst wenn ihre Präsenz ausfällt, bemerkt das Kind ihre Abwesenheit und reagiert mit einer Störung seiner Befindlichkeit. Zentrale Attribute einer solchen Hintergrundbeziehung bzw. *nonobjektalen Übertragung* sind Präsenz, Verfügbarkeit, Einfühlung und Antwortbereitschaft auf die Bedürfnisse des Patienten. Selbstpsychologen würden von einer Selbstobjekt-Übertragung sprechen.

Wesentlich ist dabei auch, daß der Therapeut für den Patienten eine gewisse emotionale Greifbarkeit aufweist. »Das wesentliche (...) ist dabei nicht die absolute Einhaltung einer Abstinenz und Neutralität, die u. U. die Lebendigkeit nicht fördern« (Bettighofer 1998, S. 105). Hilfreich sind vielmehr Gefühle der Wechselseitigkeit und einer gemeinsamen Bedeutung, sodaß ein »Wir-Gefühl« entstehen kann. Kommt es zu Störungen in der Hintergrundbeziehung, verflacht der therapeutische Prozeß oder stagniert eine im Gange befindliche Körperregression (abgesehen von den Ruhephasen, die sie charakterisieren). Bettighofer weist daraufhin, daß Patienten aus Angst, den Therapeuten zu verletzen, solche Störungen nicht ansprechen, sodaß in diesem Bereich eine besondere Sensibilität und Beobachtungsschärfe des Therapeuten gefragt ist (die Störungen im Prozeß zeigen sich häufig auch nonverbal, z. B. über Atemverflachung, Blickvermeidung, etc.). Die Wiederherstellung einer intakten Hintergrundbeziehung ist zentral wichtig und hat Priorität gegenüber genetischen und psychodynamischen Faktoren; ansonsten besteht die Gefahr, daß der Patient ein falsches Selbst aktiviert (Bettighofer 1998, S. 108).

Regressionsorientierte Arbeit auf der Körperebene in einem analytischen Gesamtverständnis des therapeutischen Prozesses ist somit ein komplexer und vielschichtiger Prozeß, bei dem es nicht einfach darum geht – wie dies traditionelle reichianische und neoreichianische Therapien progagieren – unterdrückte Emotionen freizulegen, Energien strömen zu lassen und Lebendigkeit zu fördern. Die Fokussierung des Beziehungsgeschehens in der Therapie legt die Latte gewissermaßen höher und umfaßt eine Vielzahl an Komplexitätsgraden, die aus analytischer Körperpsychotherapie eine große Herausforderung machen. Vielfach wird eine psychoanalytische *und* körpertherapeutische Ausbildung als notwendige Selbsterfahrung, aber auch Technik notwendig sein. Gerade Downings Ansatz der Körperregression zeigt, daß wir an den vielen neuen Erkenntnissen der Säuglings- und Kleinkindforschung nicht mehr vorbeigehen können. Eine Politik der Scheuklappen, wie sie in gewissen Psychoanalytikerkreisen gepflegt wird, ist kontraproduktiv. Die neuen Befunde können darüber hinaus künftig Grundlage für ein besseres theoretisches Verständnis körperbezogener Therapie sein. Downings Arbeit ist diesbezüglich als Meilenstein zu sehen.

Kritiker mögen meinen, daß Downings Körperregression – das fortwährende Wechseln zwischen Selbst- und Objektpol – ein eklektischer Ansatz ist. Tatsächlich grenzt ein analytisch orientiertes Vorgehen die Möglichkeiten therapeutischen Handelns entscheidend ein, will man die vielen feinen Facetten der Übertragungs-Gegenübertragungsbeziehung erfassen und reflektieren können. Andererseits ist in Downings Gesamtdarstellung seines therapeutischen Zuganges unverkennbar ein roter Faden enthalten, sodaß man im schlechtesten Fall von einem systematisch-kritischen Eklektizismus sprechen könnte, aber nicht von einem simplen Integrationsversuch theoretisch unvereinbarer Techniken, der manch anderen neuen Therapieformen zu eigen sein dürfte. In jedem Fall präsentiert uns Downing einen modernen multimodalen therapeutischen Ansatz, der sicherlich noch weiter ausbaufähig und differenzierbar ist.

Literatur

Bettighofer, S. (1998): Übertragung und Gegenübertragung im therapeutischen Prozeß. Stuttgart, Berlin, Köln (Kohlhammer).

Dornes, M. (1999): Von Freud zu Stern. Klinische und anthropologische Implikationen der psychoanalytischen Entwicklungstheorie. Psychotherapeut, 2, S. 74-82.

Downing, G. (1996): Körper und Wort in der Psychotherapie. Leitlinien für die Praxis. München (Kösel).

Geißler, P. (2000): Mythos Regression. Unveröff. Manuskript, beim Autor.

Heisterkamp, G. (1998): Der Umgang des Analytikers mit passageren Überschreitungen des Settings durch den Patienten. In: Geißler, P. (Hg.) Analytische Körperpsychotherapie in der Praxis.»Leben lernen« 127, München (Pfeiffer), S. 11-36.

Hollweg, W. H. (1995): Von der Wahrheit, die frei macht. Erfahrungen mit Tiefenpsychologischer Basis-Therapie. Heidelberg (Mattes).

Kuntz, H. (2000): Der rote Faden in der Sucht. Neue Ansätze in Theorie und Praxis. Weinheim – Basel (Beltz).

Maaser, R. (1999): Körperbezogene Psychotherapie. In: Nissen, G. (Hrsg): Verfahren der Psychotherapie. Stuttgart (Kohlhammer), S.186-197.

Pesso, A. (1991): Körper, Seele, Ego und »Pilot« in der psychomotorischen Therapie. In: Hoffmann-Axthelm, D. (Hrsg): Der Körper in der Psychotherapie. Oldenburg (Transform).

Staemmler, F.-M. (1995): Zur Theorie regressiver Prozesse in der Gestalttherapie. Über Zeitperspektive, Entwicklungsmodell und die Sehnsucht nach Verständnis. Gestalt-Publikationen, Heft 21, Würzburg, beim Autor.

Stern, D. (1998):»Now-moments«, implizites Wissen und Vitalitätskonturen als neue Basis für psychotherapeutische Modellbildungen. In: Trautmann-Voigt, S., Voigt, B. (Hrsg): Bewegung ins Unbewusste. Beiträge zur Säuglingsforschung und analytischen Körperpsychotherapie. Frankfurt a. M. (Brandes & Apsel), S. 82-96.

Storolow, R. D., Brandchaft, B., Atwood, G. E. (1996): Psychoanalytische Behandlung. Ein intersubjektiver Ansatz. Frankfurt a. M. (Fischer).

Stumm, G., Pritz, A. (2000): Wörterbuch der Psychotherapie. Wien, Berlin, New York (Springer).

Vogt, R. (2000): Analytische multimodale Körperpsychotherapie mit Übergangs-Übertragungs-Objekten als Symbolisierungsmedien. Unveröff. Manuspkript.

Wilke, S. (1992): Die erste Begegnung. Eine konversations- und inhaltsanalytische Untersuchung der Interaktion im psychoanalytischen Erstgespräch. Heidelberg (Asanger).

Worm, G. (1999): Zum Verstehen von Übertragungsprozessen durch Interaktion. Unveröff. Vortrag auf dem 4. Bonner Symposium zur angewandten Körperpsychotherapie. Bonn, 1999.

Beitrag der Gruppenarbeit zum individuellen Prozess in der körpervermittelten, analytischen Psychotherapie[1]

Jacques Berliner

1. Allgemeine Einführung

Unterschiedliche Beweggründe veranlaßten mich, meine Gruppenerfahrung schriftlich niederzulegen: Zunächst weil ich meine, daß es für uns alle einen Zeitpunkt gibt, an dem eine Erfahrung von ausreichender Länge und Tiefe zu einem Wissen führt, dem das Bestreben nach Vollständigkeit und Weitergabe innewohnt. Es scheint der Wunsch des Menschen in einem bestimmten Alter zu sein, nachdem man die eigene Erfahrung häufig genug weitergegeben hat, von einer anderen Frucht zu kosten: Den eigenen Überlegungen, die sich aus diesen Erfahrungen ergeben.

Ich glaubte auch, daß es von Interesse für andere sein könnte, sie an der eigenen persönlichen Wegbeschreibung teilnehmen zu lassen, an dem unvermeidlichen Herumtasten, den mehr oder weniger verwickelten und eingestandenen Umwegen sowie den Täuschungen und Überzeugungen, die mit diesem Suchprozeß einhergingen. Ich erkenne gleichzeitig eine meiner eigenen Illusionen, die darin besteht, andere vor diesen Irrwegen schützen zu wollen, als wäre dies möglich oder gar wünschenswert – als könnte oder sollte man ihnen die Erfahrung eines Weges mit anfänglich unklarem Ziel ersparen, der erst allmählich – nach Versuchen und häufigen Irrtümern – eine sinngebende Richtung erhält.

Ein weiterer Grund für eine solche schriftliche Niederlegung ist auch die Originalität dessen, was man meint geschaffen zu haben. Mancher mag »Neuartiges« geschaffen haben – für mich gilt dies eigentlich nicht. Mancher mag auf eine neue Art Wissen und Praktiken miteinander verbunden haben, die bereits eigenständig in der Vergangenheit, aber ohne sichtbaren Zusammenhang existierten. Mir ging es darum, eine erweiterte Disziplin mit ausreichend spezifischen Arbeitsmethoden zu schaffen. Mein Beitrag ist nichts gravierend Neues, sondern lehnt sich an die Freudsche Psychoanalyse an.

Seit mehreren Jahrzehnten wird die Gruppenarbeit zu unterschiedlichen Zwecken eingesetzt. Sie ist eingeordnet in die verschiedenen Lehrgebiete, die sie umfaßt, ob es sich dabei um die Psychoanalyse, systemische Theorie, Gestalttherapie, Transaktionsanalyse, das Gruppentraining usw. handelt.

In der Einzel- und Gruppentherapie wird die körperliche Intervention seit mehr als 40 Jahren angewandt. Eingeführt wurde sie von Alexander Lowen, der dabei seinem Lehrmeister Wilhelm Reich folgte. Von 1958 bis 1985 verfaßte Lowen zahlreiche Werke, die sich in Theorie und Praxis mit dieser Frage beschäftigen. Mein eigener Ansatz und meine lange Praxis der Bioenergetischen Analyse ließen mich zu meinem großen Erstaunen erkennen, wie sehr sich aus der Praxis eine – vom wissenschaftlichen Standpunkt aus völlig unhaltbare – Theorie herausbilden kann und bei bestimmten Personen und unter gewissen und in gewissen Umständen durchaus therapeutisch wirksam sein kann.

Mein persönlicher Beitrag beruht auf zwei Ebenen:

Seit ca. zehn Jahren habe ich versucht, theoretische Grundlagen für körperliche Intervention zu erstellen. Unter diesem Aspekt habe ich die Konzepte für die Aktivierung der Übertragung, den Übertragungskörper, die emotionale Überschwemmung, die Aktivierung der inneren Welt usw. in der Einzeltherapie geschaffen.

Ich habe diese körperliche Intervention in meine Gruppenpraxis eingeführt. Dabei habe ich festgestellt, wie stark – manchmal geradezu erstaunlich – die Gruppen mit körperlicher Intervention den individuellen Entwicklungsprozess bereichern können, sofern gewisse Bedingungen respektiert werden, insbesondere daß der Einzel-

und Gruppentherapeut ein und dieselbe Person ist, trotz aller Risiken, die diese Doppelfunktion birgt, und der Gefahr des Größenwahns, die daraus erwachsen kann.

Ich beabsichtige, meine Erfahrung am Beispiel zweier Patienten darzustellen, die vor einigen Jahren eine Einzeltherapie mit einem Gruppenprozeß verbanden. Sie bezeugen, daß die Gruppe persönliche Aspekte offenbart, die in einer Zweierbeziehung niemals auftreten würden, und daß die Gruppensituation Affekte und Assoziationen hervorbringt, die in derselben Zweierbeziehung nie ausgelöst worden wären.

Viele von den »neuen Therapien« sind das Ergebnis eines doppelten Antriebs ihrer Begründer: Der Enttäuschung, nicht zur psychoanalytischen Welt gehören zu können (manchmal dort nicht die Stelle besetzen zu können, die den eigenen Erwartungen entspricht), verstärkt durch einen kräftigen »Machthunger« (das scheint mir der Fall bei Reich, Lowen, Perls, Berne usw. gewesen zu sein). Andererseits hatte ich Gelegenheit, die manchmal restriktive Seite der reinen Psychoanalyse zu erfahren. Alle diese Begründer neuer Theorien und Praktiken beabsichtigten, wie ich vermute, sich von der Psychoanalyse in dem Bestreben, ein eigenständiges Modell zu schaffen, zu distanzieren. Der Eine lehnt den Übertragungsbegriff in der Therapie ab, der Andere spricht vom körperlichen Unterbewußten. Das trifft für Alexander Lowen zu, den ich fast 15 Jahre lang begleitete. Seine körperlichen Interventionen haben in Wirklichkeit nichts mit der Psychoanalyse gemein, obwohl mir sein Wissen über die psychoanalytische Theorie im Gegensatz dazu recht umfassend erscheint. Seine Methode, dieses Wissen in die Praxis umzusetzen, schränkt jedoch dessen Wirksamkeit weitestgehend ein. Letztere hängt nicht nur vom theoretischen Wissen des Therapeuten ab, sondern auch – und vielleicht besonders – von der Art und Weise und von dem Zeitpunkt, an dem dieses Wissen Anwendung findet.

In der Tat muß die Interpretation dem Patienten in dem Augenblick geduldig dargeboten werden, in dem er dabei ist, selbständig eine entsprechende Entdeckung zu machen. Andernfalls dient eine Interpretation dazu, das Wissen des Therapeuten zu demonstrieren und so die infantile Abhängigkeit des Patienten zu verstärken. Dazu fallen mir die beiden Ratschläge von Freud ein:

Mitteilungen haben nicht eher zu erfolgen, bis zwei Bedingungen erfüllt sind (...).
Erstens bis der Kranke durch Vorbereitung selbst in die Nähe des von ihm Verdrängten
gekommen ist, und zweitens, bis er sich so weit an den Arzt attachiert hat, daß ihm die
Gefühlsbeziehung zum Arzt die neuerliche Flucht unmöglich macht. (Freud 1910)

So entfernen sich etliche dieser neuen und modernen Therapien,
die von sich behaupten, die Psychoanalyse überwunden zu haben,
nicht in dem Maß von ihr, wie sie es mitunter lauthals behaupten.
Die von mir entwickelte Theorie der körperlichen Intervention beim
Einzelnen und in der Gruppe zielt auf ein erweitertes psychoanalytisches Gebiet, unter Verwendung von Schlüsselbegriffen der
Psychoanalyse. Es geht nicht darum, um jeden Preis »Neues« zu
schaffen, sondern darum, das Arbeitsfeld der klassischen Psychoanalyse dergestalt zu erweitern, daß man damit auch andere Pati-
entengruppen effektiv erfassen kann. Dabei muß man freilich die
Tatsache hinnehmen, einen der Grundsätze der klassischen Psychoanalyse fallen zu lassen: das Berührungsverbot. Ich habe zu diesem
Thema in anderen Schriften ausführlich Stellung bezogen (Berliner
1995), auch wenn ich wiederhole, daß diese körperliche Intervention nur vorübergehend angewendet werden soll, gerade ausreichend, um dem Patienten eine verbale analytische Beziehung zu
ermöglichen.

Wenn zu den Heilungserfordernissen die liegende Haltung außerhalb des Gesichtsfeldes des Analytikers und eine erhöhte wöchentliche Sitzungsrate (3–4 Sitzungen) gehören, dann können meiner
Meinung nach heutzutage nur wenige Patienten diesen Erfordernissen genügen und Hilfe finden. Es war also nötig, die therapeutische
Praxis an die Gegebenheiten in einer Weise anzupassen, daß sie
einem größeren Personenkreis zugute kommen kann. Es wird
behauptet, daß unser Zeitalter Krankheiten hervorbringt, die vor
einem Jahrhundert nicht existierten. Ich neige eher zu der Annahme,
daß diese Krankheiten damals noch nicht definiert waren oder wegen
Fehlens oder unvollständiger Theoriebildung nicht behandelt
werden konnten. Damit meine ich besonders die Borderline-Struktur,
die narzißtische Pathologie und Personen mit »konkret operationalem Denken« (Marty, De M'uzan, David, 1963).

Man kann zurecht behaupten, daß der von mir hier aufgezeigte therapeutische Zugang das psychoanalytische Modell verändert, daß er dadurch verfälscht wird. Ich kann diesen Vorwurf akzeptieren, zumal ich selbst keinerlei Absichten hege, »reine« Psychoanalyse anzuwenden.

Der junge Freud schrieb über seine Patientin Emmy von N.:

> Ich wurde zur Behandlung einer etwa 40jährigen Frau gerufen, deren Krankheit ebenso wie ihre Persönlichkeit mein Interesse so stark erweckte, daß ich ihr ein Großteil meiner Zeit widmete, und es mir eine Herzensangelegenheit wurde, sie zu heilen (Freud u. Breuer 1895, S. 35),

sowie über Elisabeth v. R.:

> Das Interesse, das man ihr entgegenbringt, das Verständnis, das man sie ahnen lässt, die Hoffnung zu genesen, die man aus ihren Augen leuchten läßt, treiben den Kranken, sein Geheimnis preiszugeben (...). (Freud u. Breuer 1895, S. 109).

Auch dieser Freud ist mir teuer.

Ich verdanke es meiner Zugehörigkeit zur Ärzteschaft und einer jahrelangen klassischen psychiatrischen, also auch medikamentösen Praxis, die Veränderungen beim Patienten im Blick behalten zu haben, die durch die Hilfe entsteht, die ihm entgegengebracht wird. Die Menschen, die in meine Sprechstunde kommen, beginnen eine Therapie, um sich »zu verändern«, nicht etwa nur oberflächliche Verhaltensweisen, nicht nur Symptome, sondern die Art, mit ihrem Innersten zu leben, mit der Vorstellung, die sie von sich und von anderen haben; dies trotz der Ungewißheit und der Widerstände, die der Wunsch nach Veränderung erweckt. Ich betreibe also eine Psychotherapie (die den Gesichtspunkt der Veränderung, der Heilung einschließt) der psychoanalytischen Inspiration, in einem Rahmen, der mir nicht stark von der klassischen Analyse abzuweichen scheint (bis auf die körperliche Intervention in einigen Fällen) und in dem ich mich im Vorfeld um ein Verständnis und um eine Interpretation der Übertragung dessen bemühe, was der Patient mir gegenüber ausdrückt. In diesem Punkt befinde ich mich in Übereinstimmung mit André Green:

> Ich begriff schnell, daß es nicht nur eine Psychoanalyse gab, sondern verschiedene Arten, die Wirklichkeit zu verstehen, von der die Psychoanalyse spricht (die psychische

Realität); verschiedene Methoden, sie erkennbar werden zu lassen, zu hören, zu analysieren, zu vermitteln, dem Patienten davon etwas zurückzugeben und verschiedene
Arten sie zu vermitteln. (Green 1994, S. 48)

Ich habe einen therapeutischen Stil entwickelt, der zwar grundsätzlich von einer Übertragungsperspektive ausgeht, manchmal aber
andere Wege geht als den der Neutralität und des wohlwollenden
Zuhörens, weil mir in der Einzelarbeit die begrenzte Nützlichkeit
einer solchen Haltung deutlich geworden ist. Ich schlage daher unter
bestimmten Umständen den Weg einer Mobilisierung des Klienten
ein, wobei mein ganz persönlicher Stil, dies zu tun, keinesfalls
unberücksichtigt bleiben darf, auch wenn er vor allem der Aktivierung
der Übertragung und der Interpretation dient.

2. Meine ersten Gruppenerfahrungen

A. Auf der verbalen Ebene

Ich hatte Gelegenheit, ziemlich gegensätzliche Erfahrungen zu
machen. Meine erste Gruppe Ende der 60er Jahre erstreckte sich über
einen Zeitraum von zwei Jahren (zwei Stunden pro Woche) und war
nach der Rogers-Methode orientiert: Das Zuhören, das Offenlegen
der Affekte, einfühlsame verbale Kommunikation, das »Duzen« des
Gruppenleiters, das Fehlen eines klar definierten Rahmens – insbesondere auf dem Gebiet der Sexualität; der Versuch, die »charakteristische Eigenart« eines jeden Teilnehmers offenzulegen, kein Bezug
auf die psychoanalytische Theorie – also auch nicht die Übertragung
auf den Therapeuten und die anderen Teilnehmer; sehr wenige
Konflikte, viel aufmerksames Zuhören und Unterstützung und trotzdem wenig Affekte, keine oder fast keine Arbeit an sexuellen Themen,
usw.

Meine zweite Gruppe, ebenfalls wöchentlich (zwei Stunden pro
Woche) und über einen Zeitraum von zwei Jahren, war nach der
Methode von Jacques Lacan: keine Empathie, keine Hervorhebung
der Affekte, kein Arbeitsrahmen (namentlich auf dem sexuellen
Gebiet), keine Analyse der Übertragung, »Siezen« des Therapeuten,
intellektuell-philosophische Interventionen. Ich kann mich nicht

erinnern, aus dieser Erfahrung profitiert zu haben, außer vielleicht ein wenig philosophieren gelernt zu haben.

Meine dritte Gruppe fand in einem anderen Rahmen statt: der Arbeit in einer Nervenheilanstalt, in der acht Leute beschäftigt waren und in der ich eine leitende Funktion innehatte. Ziel dieses Gruppenprozesses war es, die Wirksamkeit der Einrichtung dadurch zu verbessern, daß man das unterbewußte Räderwerk offenkundiger machte. Das schwerpunktmäßige Interesse galt nicht dem Einzelnen, insbesondere nicht seiner Kindheit, sondern der Person in ihrem beruflichen Bezug zu ihren Kollegen, ihrem Aufgabengebiet und der Art und Weise der Berufsausübung in der gesamten Institution. Über einen Zeitraum von ca. zehn Jahren wurden jährlich zwei bis drei Arbeitstage nach der Methode der systemischen Intervention abgehalten. Ich habe dort viel gelernt – speziell über die Grenzen des Individuums innerhalb der Institution ebenso wie über die Grenzen der Einrichtung gegenüber dem Einzelnen.

B. Mit körperlicher Ausrichtung

Diese drei genannten Modelle haben mich in keiner Weise auf eine Gruppenpraxis vorbereitet, deren Anfänge in das Jahr 1977 zurückgehen. Damals widmete ich mich mit Begeisterung dem Modell der Bioenergetischen Analyse. Bei diesem Modell, das in den USA von Alexander Lowen und seinen Mitarbeitern gelehrt wurde, vollzog sich sowohl die therapeutische als auch die didaktische Arbeit in Gruppen. Man lernte ausschließlich durch persönliche Erfahrung. Man stand allen Überlegungen und gedanklichen Assoziationen mißtrauisch oder ablehnend gegenüber, wenn sie nicht aus einer mehr oder weniger stark geladenen persönlichen emotionalen Erfahrung folgten. Nach Auffassung meiner Lehrmeister verlangte die Wahrheit diesen Preis. Wir redeten über Gefühle und sollten unser Gehirn »an der Garderobe abgeben«.

Die Gruppe trat nicht als spezifische Einheit auf, die von den Gesetzen der Gruppendynamik regiert wird und einen speziellen Arbeitsrahmen sowie spezielle Interventionen des Gruppenleiters erfordert, sondern als eine Ansammlung von Personen, die zumeist aus ökonomischen Gründen zusammengestellt wurde. Die verbale und körperliche Arbeit verlief wie in der Einzeltherapie. Die Bildung von Gruppen entsprach also eher der Bequemlichkeit und Wirtschaftlichkeit als einem besonderen Ziel, selbst wenn die »Verstärkerfunktion« der Gruppe auf die emotionale Erfahrung erwünscht war, jedoch ohne daß dies jemals spezifiziert wurde.

Besonderer Nachdruck galt der körperlichen Mobilisierung eines jeden Teilnehmers. Man machte Einzelübungen mit vertiefter Atmung, benützte die Stimme (bis zum Schrei) und Ausdrucksbewegungen. Es folgt eine ganze Reihe von Übungen (heute würde ich eher Gymnastik dazu sagen): Dehnen lokaler und übergreifender quergestreifter Streckmuskeln, Streßstellungen und schmerzhafte Anspannungen, die »chronische Spannungen« lösen sollten. Leser, die an einer ausführlichen Studie dieser psycho-körperlichen Techniken interessiert sind, finden eine recht vollständige Informationen in meinem Aufsatz »Ein kritischer Blick auf das theoretische Modell der Bioenergetischen Analyse« (Berliner, 1991).

Das Ziel dieser oft schmerzhaften Praktiken war das »Lockern«, das »Gehenlassen« des Körpers, das sich durch Muskelzittern und -zucken äußerte. Bei einigen Teilnehmern wurde dieses lokale oder generalisierte Zittern von Affekten begleitet (was nach der energetischen Hypothese zu dem Glauben führte, durch das eine – das Zittern – unbedingt gehen zu müssen, um zum anderen – den Affekten – zu gelangen), gefolgt von ihrer Entladung in Form von Weinen, Schreien, Bewegungen der Glieder, also in regressiven Äußerungen. Hass, Verzweiflung, Wut und Furcht gaben sich oft – wenn auch nicht immer und bei allen – ein Stelldichein.

Dem Affekt folgte dann eine Aussprache, die das Erlebte in Worte faßte; in der Regel wurde eine alte emotionale Erfahrung verbalisiert. Daraus ergab sich dann eine psychophysische Erleichterung, die einige Stunden – manchmal auch Tage – andauern konnte.

Bei diesem Vorgehen werden die ersten Theorien Freuds und Breuers über die Affektentladung in der Hysterie praktisch umgesetzt: Besonders bei der Behandlung von Anna O., was von der Patientin humorvoll als »Chimney sweeping«, also Schornsteinfegen, und von Breuer als »blutreinigender Bericht« bezeichnet wurde (Freud u.

Breuer 1895, S. 21). Man mußte die pathogene Erinnerung wieder mit der ganzen affektiven Ladung verbinden, damit die mündliche Äußerung das Symptom zum Verschwinden bringen würde. Aber schon damals hatte ihr Therapeut Breuer bemerkt, daß das Wohlbefinden am Tag nach dem »Schornsteinfegen« dann ab dem zweiten und dritten Tag einer gesteigerten Reizbarkeit wich. Es war also nur von sehr begrenzter Dauer.

In diesen Gruppen ging es immer wieder auf's Neue darum, den emotionalen Anstieg bis zu unvermeidbaren Erschöpfung zu wiederholen: » (...) Einige klinische Erneuerungen und die Aktualisierung der Übungen reichen nicht aus, um über die kriechende Monotonie hinwegzutäuschen, die heimtückisch die Magie der Bioenergetik zerfrißt« (Breittmayer, 1982). Das schrieb ein Kollege schon 1982.

C. Meine Anfänge als Gruppenleiter

Die Gruppen »nach der Art von Mesmer«

Auch nach 18 Jahren empfinde ich immer noch eine tiefe Dankbarkeit gegenüber einer Kollegin aus einer anderen Fakultät, die mich fragte: »Warum arbeitest Du eigentlich nicht mit Gruppen?« Sie bot sich sogar an, mich im Abfassen von Informationsschreiben, in den praktischen Einzelheiten des Organisierens, in der Rekrutierung usw. zu unterweisen, denn sie selbst leitete in ihrer Disziplin seit einigen Jahren Gruppen. Sie ahnte nicht, wohin sie mich trieb und auch nicht, wie sich Theorie und Praxis dieser Gruppen im Laufe der Jahre ändern sollte.

In diesen Anfangsgruppen wurde die Übertragung nicht herausgearbeitet, denn die Hauptaufgabe des Gruppenleiters bestand darin, ein »Katalysator« zu sein, jemand, der durch seine technischen Anleitungen das Erleben und Äußern von Gefühlen begünstigte. Ich stellte mir damals keinerlei Fragen über den Ursprung der auftretenden Affekte, auch nicht darüber, was sie über die Vergangenheit des Klienten ausdrückten oder gar über die Funktion, die sie in diesem Moment im Bezug auf Gruppenleiter und Gruppe ausübten.

Jacques Berliner

Ich bemühte mich, möglichst intensive Affekte, also eine starke Katharsis zu »erzeugen«. Wenn es dazu kam, waren Klient und Therapeut zufrieden: Jeder hatte seine Aufgabe erfüllt. Mesmers Arbeiten vor zwei Jahrhunderten waren mir damals unbekannt. Ich wußte auch nicht, was heute allgemein bekannt ist, daß Körperarbeit und Eimer mit magnetisiertem Wasser, kombiniert mit Suggestion, zu identischen Resultaten gelangt. Die Sätze von Jean Thuillier über Mesmer hätten ebenso gut für mich gelten können:

> Er begleitete seine Sätze mit schnellen Handbewegungen über ihr Gesicht und ihre Gliedmaßen, wobei er gleichzeitig waagerecht dann senkrecht mit ausladenden Gesten über all die ihm zugeneigten Körper strich, die in der Hoffnung auf Heilung gespannt waren und ihre Augen auf seinen Mondstein gerichtet hatten, auf sein seidenes Gewand und auch auf seine Augen, mit denen er sie alle miteinander in seinen Blick einhüllte (...). (Thuillier 1988, S. 105)

und :

> (...) Jeder setzte sich einem Metallstift gegenüber, den er auf die kranke Stelle hielt. Jeder Gast war mit seinem Nachbarn durch ein Seil verbunden oder reichte ihm die Hände, um so eine magnetische Kette zu bilden, die die Zirkulation des Fluidums zwischen den Patienten ermöglichte (...). So harrte man lange aus, ohne ein Wort zu sagen (...) einige wurden von Schauern geschüttelt und übertrugen ihr Beben auf die anderen, die ihrerseits in Schrecken versetzt dann diesen Schrecken an ihre Nachbarn weitergaben, wodurch die gesamte Kette von einem kolossalen gemeinsamen Schauder ergriffen wurde. (ebd., S. 194)

Und weiter:

> (...) Er (Mesmer) kommt und geht rund um den Kübel, wobei er seine Bewegungen, seine Berührungen vermehrt. Dadurch bezaubert er nach und nach die versammelten Patienten, die transpirieren, seufzen oder schluchzen. Und plötzlich entspringt einer Kehle ein Schrei und ein Körper richtet sich gespannt auf, die Luft mit den Armen schlagend, und sackt danach von Schauern und Krämpfen geschüttelt zusammen (...). Einige lachen (...) andere weinen usw. (ebd., S. 195)

Damals habe ich so gearbeitet und daran geglaubt. Jahre später würde ich die Grundlagen, die zu dieser Arbeit führten (und die damals meistens noch nicht erarbeitet waren), vor allem als »negativ« bezeichnen, und zwar wegen
– des Fehlens eines im Vorfeld klar abgesteckten Rahmens (der insbesondere beinhaltet: die sexuelle Enthaltsamkeit, das Verbot außerhalb der Gruppe Kontakte aufzunehmen, die Notwendigkeit, alle

Gespräche in ihrer Gesamtheit der Gruppe mitzuteilen).

– der fehlenden Interpretation der Übertragung durch den Gruppenleiter, was logisch aus dem Fehlen der psychoanalytischen Theorie
folgte. In der Tat betrachtete ich mich nicht als das Übertragungsziel
der Gruppenteilnehmer. Da ich obendrein die persönliche und familiäre Vorgeschichte der meisten Gruppenteilnehmer nicht kannte,
konnte ich zwischen der soeben gemachten Erfahrung und denen aus
der Vergangenheit keinen Bezug herstellen. Der starke Glaube an die
»Wahrheit der Körpersprache« machte obendrein die Ausarbeitung
durch das Gespräch fast überflüssig.

– des Fehlens einer Bezugnahme auf den von Anzieu geprägten
Begriff der imaginären Gruppe, ohne den, wie mir heute scheint, die
Gruppe in einer unüberwindbaren Sackgasse zu landen droht.

Da es mir damals schwer fiel, Gefühle zu erkennen und auszudrücken,
war ich von der emotionalen Intensität, die sich bei meinen eigenen
Gruppenerfahrungen entlud, völlig hingerissen. So war es also nur
natürlich, daß ich diese Erfahrung auch meinen Klienten zugute
kommen lassen wollte.

Erst Jahre später wurde mir der eigene persönliche Nutzen klar, den
ich aus meiner damaligen Praxis als Gruppenleiter mit dem Schwerpunkt auf der emotionalen Entladung der Klienten ziehen konnte.

Das Fehlen des Rahmens

Anfangs befand ich mich als Gruppenleiter in der gleichen Situation,
wie sie P.-B. Schneider 1963 während eines Kolloquiums beschrieb:
»Die meisten von uns (d. h. die 40 Teilnehmer eines viertägigen
Seminars in Lausanne) sind, was die Gruppentechnik betrifft, ›self
made man‹, Autodidakten (...)« (Schneider 1965, S. 12). Ich versuchte, eine Gruppenpraxis nachzuahmen, deren theoretische Grundlagen weder mir noch sonst jemandem beigebracht worden waren.

So nahm ich Anmeldungen für meine Gruppen an, die zunächst
über ein Wochenende, später dann über drei Tage liefen, ohne die
persönliche oder die familiäre Vorgeschichte der Teilnehmer zu
kennen. Die einzige Teilnahmebedingung von Seiten des Patienten
war, nicht psychotisch zu sein und unter neuroleptischer Medikation
zu stehen, nicht Alkoholiker oder »aktiv« drogenabhängig zu sein.

Meine Gruppenteilnehmer mußten damals auch akzeptieren, im Badeanzug zu arbeiten, wie es in den USA üblich war. Die Teilnehmer durften Namen und Adressen austauschen und auch außerhalb der Gruppentreffs miteinander verkehren. Es gab keine Einwände gegen mögliche sexuelle Beziehungen zwischen den Gruppenmitgliedern, und so kam es regelmäßig zu sexuellen Affären, die sich einstellten und ebenso schnell wieder lösten. Damals wußte ich nicht, daß die Paarbildung eine Möglichkeit darstellt, sich innerhalb der Gruppe vor einer unerträglichen archaischen Angst zu schützen, die Bion folgendermaßen beschreibt:

> Das Verlangen nach Paarbildung enthält ein aus psychotischer Angst entspringendes Element, das mit urtümlichen ödipalen Konflikten zusammenhängt und auf Teil-Objektbeziehungen beruht. Diese Angst veranlaßt den Einzelnen dann dazu, sich Verbündete zu suchen. Der Ursprung des Wunsches nach Paarbildung wird verdeckt durch die scheinbar vernünftige Erklärung der Paarbildenden, wonach ihr Motiv sexueller Natur und ihr Ziel die Fortpflanzung ist. (Bion, 1965, S.111-112)

Einige dieser Beziehungen hatten sogar negative Auswirkungen auf das alltägliche Leben einiger Teilnehmer. Zum Glück hatte ich keinen Selbstmord zu beklagen, keine psychotische Dekompensation, die einen psychiatrischen Klinikaufenthalt zur Folge gehabt hätte, was durchaus hätte eintreten können. Noch heute fühle ich mich für das Ausagieren mancher Teilnehmer verantwortlich, weil ich das Arbeitsfeld und das Arbeitsziel der Gruppe nicht klar begrenzt hatte.

Meine Art, mit dem sexuellen Ausagieren (denn so nennt man es) »umzugehen«, bestand darin, die Augen zu schließen, so zu tun, als fände es nicht statt. Manchmal war ich irritiert, manchmal neidisch angesichts dieser sexuellen Praktiken, weil ich ihre symbolische Dimension damals nicht erfaßte – den Übertragungsaspekt und den Wiederholungszwang in der Geschichte derer, die sich ihnen hingaben.

Oft war ich sogar der Letzte, der davon erfuhr, während die Gruppenteilnehmer ihrerseits genau wußten, »wer mit wem geschlafen hatte«. Aber sie hüteten sich davor, dem Gruppenleiter und der Gruppe davon zu erzählen, um nicht den stillen Groll der Anderen auf sich zu ziehen, was auch ein Ende des Vergnügens, welches die heimliche Übertretung bereitet, bedeutet hätte.

Es war auch die »Nach-68er-Zeit«, eine Zeit weitgehenden Gewährenlassens, um nicht zu sagen des »Laxismus«, wo ein Verbot der sexuellen Beziehungen innerhalb der Gruppe – selbst wenn es theoretisch begründet gewesen wäre – einen Proteststurm hervorgerufen hätte. Da die zahlreichen Gruppen, an denen ich in den USA jahrelang teilgenommen habe, sich nach Aussage ihrer Leiter rasch in ein systematisches »Bordell« verwandelt hatten, wäre es mir damals nicht gelungen – selbst wenn ich über die theoretischen Begründungen verfügt hätte – mich diesen Praktiken zu widersetzen.

Der Schwerpunkt lag auf der Regression, der Entladung, dem Erleben, dem Ausdrücken starker Affekte, der Bedürfnisbefriedigung, der Mangelbeseitigung, Augenblicken der Symbiose usw. Die sexuellen Beziehungen zwischen den Teilnehmern waren im Rahmen einer energetischen Theorie nicht unbedingt anstößig. Für einige Fachkollegen waren sie sogar Anzeichen und Quelle einer guten »Energetisierung«.

Die Arbeit an »chronischen Muskelverspannungen«

Die Gruppenarbeit umfaßte die zunehmende Mobilisierung des Körpers und eine bestimmte Atemtechnik (Hyperventilation, um die Kontrolle über die Affekte zu lockern). Ziel war, jedem Teilnehmer dabei zu helfen, seine »chronischen Muskelverspannungen« zu entdecken, sie durch Bewegung und affektiven Ausdruck zu lockern. Die Idee von chronischen Verspannungen, hinter denen sich unbewußte kindliche Konflikte verbergen, war sicher bestechend. Obendrein bildete sie die Anleitung zu einer gut begründbaren Behandlungspraxis. Arbeit an Muskelverspannungen schien auch einen sehr viel schnelleren Durchbruch zu den unbewußten Kindheitskonflikten zu ermöglichen; jedenfalls schneller als der Weg über die klassische psychische Schiene – die der Gedanken und des Gespräches – die mancherorts zur »persona non grata« wurde. Die Intensität der ausgelösten Affekte schien Garant einer schnelleren Besserung zu sein.

Leider hat diese »Theorie« keine solidere wissenschaftliche Basis als die des animalischen Magnetismus, von dem Mesmer vor 200 Jahren sprach. Das hinderte freilich viele Kranke nicht daran, dank des »Fluidums« von emotionalen Störungen zu »genesen«. Die Erinnerung an zurückliegende Konflikte ist nicht in den Muskeln, sondern im Unbewußten der betroffenen Person gespeichert. Wie ich wiederholt schrieb (Berliner 1989), ist der Affekt die regressive Aufgabe des Klienten gegenüber der Suggestion durch den Therapeuten. Dies geschieht auf Wunsch des Klienten in einem diese Regression begünstigenden Rahmen, d. h., der Übertragungsbeziehung. Heute unterscheide ich zwischen den »oberflächlichen« Affekten – zu denen es durch mangelnde Kontrolle schnell kommt – und den tieferen – die an die Entwicklung eines »neurotischen« Abhängigkeitsverhältnisses, d. h., an die Übertragung, geknüpft sind.

Nichtsdestotrotz wandte ich seit Beginn meiner Praxis als Bioenergetischer Therapeut Übungen an (dieser Begriff schmeckt mir nicht, er beinhaltet zu viel »Gymnastik«, ich ziehe den der »körperlichen Erfahrung« vor), die sich auf Körperpartien bezogen, welche für starke regressive Erfahrungen empfänglich waren. Durch die klassische Psychoanalyse wußte ich, daß das Auftreten und der Umgang mit Phantasien manchmal die (körperliche) Bewegung begünstigte. Ich hatte auch erfahren, daß man umgekehrt von der Bewegung zur Phantasie gelangen konnte (wenn man die Übertragung berücksichtigte).

Aus eigener Erfahrung wußte ich, daß bestimmte Körperhaltungen, Ausdrucksbewegungen und das Anheben der Stimme Phantasien und Affekte hervorrufen. Beispielsweise:

– Das wiederholte Spitzen der Lippen in einfühlsamer Atmosphäre kann die Phantasie hervorrufen, seinen Mund zur Mutterbrust zu führen, verbunden mit dem Gefühl der Überfülle (selten), oft jedoch mit dem Gefühl der Enttäuschung.

– Das langsame Hin- und Herbewegen der Augäpfel kann sowohl die Suche nach der Mutter als auch Verfolgungsabwehr gegen die drohende Überwältigung durch die Mutter an den Tag bringen.

– Das Aufrichten von Kopf und Nacken kann bei einer männlichen Person die beängstigende Phantasie einer Konfrontation mit dem Vater auslösen.

– Beckenbewegungen lösen bei einigen Schamgefühle, bei anderen sexuelle Phantasien aus.

- Das Beugen der Knie kann entweder die Phantasie drohender depressiver Niedergeschlagenheit hervorrufen, oder aber die Angst, von einem Elternteil gedemütigt zu werden.

In den Anfangsjahren glaubte ich, daß diese Erfahrungen emotionaler Öffnung und der Freisetzung von Phantasien wirklich die Folge eines »verbesserten, befreiten Energieflusses« im Körper sei. Ich maß also den Muskelvibrationen große Bedeutung bei und verstand nicht, warum bei einigen Affekte auf diese Vibrationen folgten, bei anderen jedoch nicht. Ich legte auch großen Wert auf den Einsatz der Stimme, auf ihre Verstärkung bis hin zum Schrei. Ich glaubte damals auf diese Weise, die Spannungen der Halsmuskulatur zu steigern, um »darüber hinaus zu gehen«, die Abwehr gegen den Affekt zu überwinden. Viele Jahre später erkannte ich den eigentlichen Wert der Stimme: Einen Dialog des Subjekts mit sich selbst anzuregen zwischen seinem affektiven Unterbewußtsein und seinem beobachtenden Ich.

Ich habe gelernt, daß Atemtechniken, das Beugen und Strecken der Knie, das Schließen der Augen einen Zustand psychophysischer Entspannung bewirken, eine Distanzierung von äußerlichen Reizen, eine gesteigerte Wahrnehmung vor allem der inneren Reize, d. h. der inneren Welt des Subjektes, bewirken kann. Ich habe an anderen und mir selbst erfahren, daß das laute Selbstgespräch und das Ausdrücken von Gedanken und Bildern, wenn sie auch für einen Dritten vernehmbar sind, diesem häufig eine emotionale Botschaft vermittelt. Die Identifizierung von (Übertragungs)-Personen, an die dieses Gespräch gerichtet ist, verstärkt den emotionalen Anteil.

Ich lernte anhand dieser Praktiken auch, diejenigen innerhalb einer Gruppe ausfindig zu machen, die keinen oder wenig Zugang zu ihrer inneren Welt hatten. Ich meine Personen mit »konkret operationalem Denken«, denen spontan nichts einfällt und die weder Phantasien, noch Bilder, noch Affekte haben, die die körperliche Aktivierung langweilig finden und sie beenden möchten, weil sie bei ihnen zu nichts führt. Sie profitieren sehr viel mehr von Partnerübungen, bei denen der direkte Kontakt mit dem anderen eine fühl- und sichtbare Hilfe darstellt, die dem unzureichenden Zugang zu ihrer inneren Welt, d. h. dem bewußtgewordenen internalisierten Objekt, Abhilfe verschafft.

Die körperliche Aktivierung, die Katharsis und ihre Grenzen
Im Verlauf der Jahre bemerkte ich, daß viele Klienten von Regression zu Regression erleichtert aus den Gruppen kamen, ohne in ihrem Alltagsleben eindeutige Anzeichen einer ödipalen Reifung zu zeigen. Der Grund liegt darin, daß man nicht lernt, seine innere Welt zu verändern, d. h. mit seiner inneren und der uns umgebenden Welt anders umzugehen, indem man andauernd (in der Regression) nach seiner Mama schreit (um ihr ihre Fehler oder ihre vermeintlichen Fehler vorzuwerfen), indem man angesichts furchtbarer Erlebnisse seinen Schrecken bekundet, indem man sich (mit Stimme und Ausrucksbewegung) gegen einen der Elternteile heftig auflehnt.

Mir war damals nicht bewußt, daß der Therapeut seine Aufmerksamkeit sowohl in der Gruppe, als auch in der Einzeltherapie, auf die Übertragung richten muß, und besonders, daß die Gruppensituation und die Wechselbeziehungen zwischen den Teilnehmern eine regressive Bewegung eröffnen, wobei aufwühlende Kindheitserinnerungen entlastend wirken, wenn sie in der Gruppe erwähnt werden. Dies geschah in meinen Gruppen, ohne daß ich es der Übertragung zuschrieb.

Jahre später mag dies einleuchtend erscheinen, aber für mich war die Entdeckung der Wichtigkeit der Übertragung nach den vielen Jahren der Praxis und Lehre bioenergetischer Übungen eine quasi revolutionäre Entdeckung. Die Gruppentherapie ist nicht nur Regression, sondern muß auch – wenn nicht noch mehr – »Progression« sein.

Um den Teilnehmern bei diesem Vorankommen zu helfen, schien es mir nötig, wie im Falle von Kindern zu verfahren. Bei letzteren ermöglicht der selbständige biologische Reifeprozeß der Entwicklung eine Reihe von Stufen zu durchlaufen, in denen bestimmte Funktionen dominieren. Die weder übertriebene noch unzureichende Belohnung dieser Funktionen schafft in der Entwicklung die Basis, die – wenn sie zunehmend mit einer Enttäuschung konfrontiert wird – die Entstehung der folgenden, komplexeren, differenzierteren, angepaßteren Entwicklungsstufe begünstigt. Francoise Dolto sprach in diesem Zusammenhang von »symbolischen Kastrationen« (Dolto 1984) (von der liegenden zur aufrechten Stellung und zum freien Gang, vom Saugen an der Brust zum Greifen mit den

Händen, zur Sprache und zum Denken), die die Entwicklung des Kindes im richtigen Maß und zum richtigen Zeitpunkt gestatten. Um die Progression einzuleiten, mußte ich frustrierende und nicht nur akzeptierende Verhaltensweisen zeigen. Das galt insbesondere, wenn ich einen verstärkt analytischen Rahmen vorgab. Dann, und erst dann, kam es zu Erscheinungen, wie man sie im analytischen Einzelprozeß beobachtet. Dann traten nicht nur gruppenspezifische Erscheinungen auf, die im Zusammenhang mit den Hypothesen von Bion standen, sondern es offenbarten sich auch alte, familiäre Beziehungsformen, die sich allmählich innerhalb der Gruppe – auf einige Teilnehmer – übertrugen, ohne daß der Übertragende es selbst wahrnahm. Bislang hatte ich nur individuell in der Gruppe gearbeitet. Nach und nach öffnete sich ein Feld von Beziehungsformen, die es zu aktivieren und zu interpretieren galt.

Die Jahre nach 1968 waren eine Zeit großer Verwirrung: Verwirrung bezüglich der Generationenschranken, die Ablehnung von Unterschieden und jeglicher Hierarchie, das Gleichsetzen von Reden und Handeln, (»laß uns erst zusammen schlafen, reden können wir hinterher...«) usw. Die Betonung lag auf der »Annäherung«, auf Symbiose, aber mit einer Intensität, die gegenseitige Durchdringung, die Fusion anstrebte. Man weigerte sich, das »Trennende« wahrzunehmen (die Enttäuschung, den Verzicht, die Individualisierung, die Differenzierung usw.).

Viele Therapien aus der kalifornischen Wiege von Esalen tragen das Siegel der Symbiose, der Fusion und daher auch der daraus entstehenden Verwirrung. Ich mußte in den Gruppen zunehmend auf Ablaufmodalitäten verzichten, wie sie Anzieu so treffend beschrieben hat:

> Der Grundsatz der Enthaltsamkeit wird häufig nicht gesetzt oder sogar von den Gruppenleitern ohne psychoanalytische Ausbildung selbst übertreten, (...) die sich von der Gruppenillusion anstecken lassen und bei dieser Erfahrung sogar darauf abzielen, eine herzliche, zusammenhängende Gruppe zu bilden oder in ihr neue Bekanntschaften zu machen. Für sie bedeutet es das große Glück, mit den Mitgliedern weniger das Verständnis des unbewußten Gruppenlebens zu teilen, sondern der Euphorie des gemeinsamen Essens oder der gemeinsamen Zerstreuungen, Liebes- oder unvorhergesehenen sexuellen Beziehungen entgegenzusehen (...). (Anzieu, 1981, S. 14)

Der notwendige Abstand

Eines der ersten Anzeichen von Distanz, das »Siezen«, anstelle des damals vorherrschenden allgemeinen »Duzens«, führte in den Gruppen eine ganze Weile zu einer gewissen Verwirrung. Da die alten Klienten sich allmählich mit immer mehr »Neuen« vermischten, wurde ich auf die verschiedensten Arten angesprochen. Formulierungen wie »Du«, »Dr. Berliner«, »Sie«, »Jacques«, »Berliner« usw. waren jahrelang gleichzeitig im Gebrauch. Meine grundsätzliche Position bestand darin, mich – außer bei therapeutischer Gegenanzeige – auf eine Beziehungsebene zu begeben, die von meinen Gesprächspartnern vorgeschlagen wurde.

Damals habe ich auch auf die »natürliche« Praxis des gemeinsamen Essens mit den Gruppenteilnehmern verzichtet. Bei den Mahlzeiten ergab es sich praktisch zwingend, daß Einzelheiten aus meinem Privatleben zur Sprache kamen – falls man nicht völlig stumm bleiben wollte – die meine Übertragungsneutralität de facto schmälerten, und die Gruppenteilnehmer gleichzeitig daran hinderte, eine Beziehung aufzunehmen, die nicht ›unter den Augen des Vaters‹ stand. Seinerzeit wurden diese Gruppenveranstaltungen etwa 200 km von Brüssel entfernt durchgeführt: Die Teilnehmer hätten es sonderbar gefunden, wenn ich mich an einen gesonderten Tisch gesetzt hätte. Und mir wäre es ebenso ergangen! Glücklicherweise war ich ab 1981 aus anderweitigen Gründen gezwungen, die ursprüngliche Umgangsweise zu ändern. Seitdem habe ich mit keiner therapeutischen Gruppe mehr zusammen an einem Tisch gegessen.

Ich führte während der angebotenen »Übungen« noch eine zusätzliche Distanz durch Verringerung der körperlichen Kontakte zwischen den Gruppenteilnehmern ein. Parallel dazu verringerte ich meine körperlichen Kontakte zu ihnen. Allmählich nahmen meine verbalen Interventionen mehr und mehr den Platz der ursprünglichen häufig angebotenen Körperkontakte ein. Ich konzentrierte mich in erster Linie auf die Verbalisierung, die die emotionale Erfahrung einleitete, und auf das, was ihr folgte. Die gemeinsame Suche nach dem »Sinn« wurde dadurch präziser.

Diese Verringerung der körperlichen Kontakte mußte zu Konfrontation und zu Konflikten führen: Konflikte einerseits zwischen den

Gruppenteilnehmern und dem Gruppenleiter, andererseits zwischen den Gruppenteilnehmern untereinander, hervorgerufen durch das Bestreben nach Differenzierung. So etwas hatte es in meiner Praxis bisher noch nicht gegeben. Bis dato hatte ich geglaubt (nach den Thesen von Carl Rogers und der humanistischen Psychologie), daβ sich »ganz von selbst« eine Individualisierung einstellte, wenn für genügend Liebe, Symbiose, emphatisches Zuhören und Mangelbeseitigung in der Einzel- oder Gruppentherapie gesorgt wird. Das war ein Irrtum (basierend auf persönlichen Bedürfnissen, wie das oft der Fall ist). Meiner Praxis fehlte einfach das, was Schneider folgendermaβen beschreibt: »Die frustrierende Haltung des Therapeuten, die die negative Übertragung der Gruppe auf ihn aufdeckt, löste die Gruppenkohäsion aus (...)« (Schneider 1965, S. 24), bevor das Auftreten von amoureusen Rivalitäten und Machtkämpfen möglich war, was insbesondere die Bestätigung der Identität eines jeden Teilnehmers zur Folge hatte. Das Herstellen eines festen, klar abgegrenzten Rahmens, der den Teilnehmern zu Beginn erläutert wird, hat viel zu dieser Entwicklung beigetragen.

Zusammenfassend – ich werde später noch darauf zurückkommen – wurde von den Teilnehmern folgendes verlangt:
- Vollständige Geheimhaltung der Gesprächsinhalte und der Teilnehmernamen.
- Keine Kontakte auβerhalb der Gruppe, also ein »Stop« für die gängige »Kumpanei«.
- Sexuelle Abstinenz der Teilnehmer untereinander während und nach den Sitzungen.
- In den Sitzungen muβ jedes Gespräch zwischen den Teilnehmern – insbesondere während der Unterbrechungen durch die Mahlzeiten – berichtet werden.
- Pünktliches Erscheinen zu den festgesetzten Zeiten (Beginn und Ende der Sitzung).

Die zunehmende Einhaltung dieser Regelungen trug enorm dazu bei, mein analytisches Können zu entwickeln, und beendete nach und nach eine ganze Reihe von Verwirrungen.

Ich legte zunehmend auch Wert darauf, nur Klienten in die Gruppe aufzunehmen, die schon in Einzeltherapie bei mir waren.

Diesen Anspruch hatte ich zuvor nicht für notwendig gehalten. Viele Klienten, die von der Welle der »bioenergetischen« Gruppen begeistert waren, nahmen an dieser oder jener Gruppe teil, »probierten« verschiedene Gruppenleiter aus (das war in in den 70er Jahren), machten manchmal wirklich beeindruckende regressive Erfahrungen, jedoch ohne jede Möglichkeit, diese in ihrem Alltag zu integrieren.

Das aufmerksame Beobachten der Arbeit meiner Lehrer in Verbindung mit meinem bioenergetischen Credo begünstigten dieses Vorgehen sehr: Da der Körper »die« Wahrheit sprach, genügte es, ihn zu »lesen«, ihn zu mobilisieren, atmen zu lassen und zu »entladen«. Die Vergangenheit der Person, ihre Fähigkeit, sie auszudrücken waren zweitrangig. Die Diagnostik der Körperstruktur drängte die Struktur der Beziehungen in den Hintergrund. Man konnte also mit noch vor einigen Stunden völlig fremden Klienten »arbeiten« und über die körperliche Schiene zu ihrer Entwicklung beitragen. Diese Glaubenshypothese erwies sich für mich zunehmend als Illusion, wie übrigens auch das Reichsche Postulat der »funktionellen Identität der körperlichen und psychischen Strukturen des Menschen« (Reich 1972, S. 213). Das allmächtige Zuhören des Psychoanalytikers wurde hier durch den vermeintlich ebenso allmächtigen Blick des Psycho-Körper-Therapeuten ersetzt. Ich hoffe, in dieser wie auch in den vorangegangenen Schriften beweisen zu können, wie sehr Blick und Zuhören untrennbar mit der Arbeit des Therapeuten verbunden sind. Für die regelmäßig an verschiedenen Gruppen teilnehmenden Klienten war da etwas, was ihrem Wunsch nach Besserung widersprach (gleichzeitig mit dem Wunsch nach Veränderung stellte sich die Abwehr dagegen ein): Sie benutzten die Gruppe nicht als Ort der Integration, sondern eher als Ort der Spaltung – und das fast immer unbewußt.

In der Einzel- und Gruppentherapie denselben Therapeuten zu haben, verminderte weitgehend die Abschwächung, Ablenkung, Zersplitterung und Spaltung der Übertragung. So war es oft möglich, den in der Gruppe gemachten Erfahrungen anhand des in der Einzelsitzung offenbar gewordenen Stoffes einen Sinn zu geben. Die Gruppe war nicht länger der bevorzugte Ort für beeindruckende Affektentladungen - die zumeist an Kindheitserinnerungen geknüpft waren – ohne daß das Verhalten der Person in seinem Alltag überhaupt in Betracht gezogen wurde. Andererseits konnte der in der Gruppe offenbar gewordene Stoff in der Einzeltherapie vertieft werden. Manche Widerstände im Einzelprozeß konnten im Gruppenprozess erhellt werden. Ich werde später dazu einige klinische Beispiele geben.

Die Interpretation der Übertragung war für die progressive Entwicklung einzelner Teilnehmer bedeutsam. Gleichzeitig entwickelte sich eine individuelle Praxis, bei der die Betonung auf dem Imaginären lag – d. h. auf der Übertragung zwischen dem Klienten und dem Therapeuten – im Gegensatz zu einer früheren Praxis, die der materiellen – ich würde sagen sinnlichen – Beziehung die größte Bedeutung beimaß.

Die Gruppe entwickelte sich auch – anders als bei meinen Anfängen – zu einem »imaginären« Treffpunkt (über den Umweg von individuellen Phantasien, die miteinander zu bestimmten Zeiten der imaginären Gruppe in Verbindung traten, so wie von Anzieu definiert) zwischen mehreren Teilnehmern, wobei jeder sowohl zum Gruppenleiter als auch zu den anderen Gruppenteilnehmern Übertragungsbeziehungen entwickelte. Unter dem Eindruck des Wiederauflebens von archaischen Aufsplitterungsgefahren, wie von Melanie Klein beschrieben, wurde für einige die Gruppe auch zu einer regelrechten Bedrohung ihrer Basisidentität.

Mit der Zeit entwickelte ich den Gedanken und die Praxis einer »Forschungsgruppe«, in deren Verlauf, mit Hilfe oft sehr stark geladener emotionaler Erfahrungen unter dem Gesichtspunkt der Übertragung, »jeder jeden benutzen konnte«, um ein Fragment seiner Familiengeschichte im Hier und Jetzt (wieder)herzustellen oder zu klären.

Selbstverständlich implizierte diese zunehmende Veränderung der Betrachtungsweisen ein analytisches Verständnis des Gruppengeschehens. Sowohl die Hypothesen von Bion bezüglich der primären Bedrohung der Basisidentität eines jeden Mitglieds als auch die ödipalen Rivalitätsprozesse innerhalb einer Familie hatten ihren Platz. Aber die Übertragung auf den Therapeuten stand längst nicht immer im Mittelpunkt. Viele affektive Hemmungen schienen

eher auf eine laterale Übertragung (zwischen einzelnen Gruppenteilnehmern) zurückzuführen zu sein. Ihre Interpretation unterstützte die
Entwicklung der betreffenden Klienten.

Zu Beginn meiner Arbeit lag der Schwerpunkt ausschließlich auf
dem Individuum. Allmählich verschob er sich – oder besser erweiterte er sich – auf die Gruppenebene mit ihren spezifischen Gesetzen.
Lange Zeit fragte ich mich, ob meine Interventionen sich mehr auf
das Individuum und seine regressiven Erfahrungen oder aber auf die
Gruppe beziehen sollten ... Weder das Eine noch das Andere scheint
mir der Fall zu sein sondern: »Durch ein dialektisches Hin- und
Herpendeln, das von Interventionen auf Gruppenebene als Einheit zu
den Individuen schwenkt, kann man in der therapeutischen Regression der Einzelnen weit genug gelangen« (Schneider, 1965, S. 67).

3. Die Rolle des »realen« Körpers in den Gruppen

Da die Beiträge innerhalb der Gruppe immer stärker ins Imaginäre
übergingen, der Bezug auf den Symbolgehalt der Sprache zum
Hauptkommunikationsmittel avancierte, kann man fragen, warum es
mir nicht gelang, Gruppen zu leiten, bei denen das Gespräch als einzi-
ges Kommunikationsmittel diente. Warum habe ich Gruppen beibehalten, bei denen (von mir und den Teilnehmern) immer auch körperliche Interventionen praktiziert wurden?

Ich werde dies zu erklären versuchen und dann etwas systemati-
scher die Theorie erläutern, auf die ich mich beziehe, um die
Phänomene zu benennen, an denen ich mitwirke und die ich als
Gruppenleiter interpretiere.

A. Der reale Körper in den Interaktionen zwischen den Teilnehmern

Meine Stellung als Analytiker mit körperlicher Ausrichtung erklärt die
körperliche Mobilisierung, die Berührung, das Tätigwerden nach
einer Theorie, die ich im Laufe der letzten zehn Jahre in mehreren

Schriften aufgestellt habe und deren Zusammenfassung in einem ausführlichen Beitrag steht (Berliner 1995). Bei bestimmten Personen und zu bestimmten Zeiten aktiviert das In-Bewegung-Setzen, die Berührung des realen Körpers, der als »Übergangskörper« verstanden wird, die Übertragung im therapeutischen Raum, der als »Übergangsraum« gesehen wird. Aus dieser theoretischen Vorstellung ergeben sich mindestens drei Konsequenzen:

1. Die Verstärkung, das Herauskristallisieren der Übertragung, d. h. die Klarstellung der zentralen Problematik sowie der daraus folgenden psychischen und körperlichen Widerstände des Klienten.

2. Die emotionale Überschwemmung: Gewisse körperliche Bewegungen – die die unterdrückte Atmung, die Muskelanspannung, die Verstärkung der Stimme, die ausdrucksstarken Bewegungen usw. betreffen – führen zu einer Überschwemmung der psychischen Hemmungen, zu emotionalen Erlebnissen, zur Katharsis. Dabei spielt die Suggestion durch den Therapeuten, evtl. auch durch Gruppenteilnehmer, eine wichtige Rolle, weil sie die Regression und ihre emotionalen Formen zuläßt oder sogar fördert.

3. Die Aktivierung der inneren, imaginären, assoziativen Welt. Sie äußert sich in regressiven Phantasien, Gefühlen, Bewegungen, Gedanken und Verhaltensweisen, die die Beziehungen innerhalb der Ursprungsfamilie zum Vorschein kommen lassen.

Der Begriff der totalen Objektbeziehung beruht zweifellos auf einem edlen Bestreben, das aber meiner Meinung nach ebenso wenig begründet ist, wie die Suche nach dem »genitalen Charakter« von Reich (Reich 1973). In jedem Erwachsenen – so entwickelt und reif er auch sein mag – besteht eine mehr oder weniger ausgeprägte Neigung zu einer Teil-Objekt-Beziehung (es reicht schon ein wenig zu kratzen, damit es zutage tritt). Das erläutert eine in Belgien sehr bekannte Psychoanalytikerin, Jacqueline Godfrind, sehr deutlich in ihrem Werk »Les deux courants du transfer« (Godfrind 1993). Bei einigen, die an offensichtlichen Störungen leiden, ist das praktisch die einzige Form der Beziehung zu anderen. Bei anderen, den »Gesunden«, wechselt diese Form der Beziehung mit einer weiteren, die darin besteht, im Gegenüber eine ganzheitliche Person zu sehen, die man in ihren Grenzen, ihrer Integrität, ihrer Sensibilität respektiert.

Wir alle haben in unterschiedlichen Maßen Schwierigkeiten (das scheint mir bei Männern deutlicher zu sein als bei Frauen), depressive Affekte und Vorstellungen (Trauer, Hoffnungslosigkeit, Einsamkeit, Todeswunsch) sowie Affekte im Zusammenhang mit sexuellen Bedürfnissen, Rivalität, Wettbewerb usw. zu äußern. Um seiner »inneren Wahrheit« besser zu begegnen, sie besser einzugrenzen, bedarf es häufig einer »äußeren« menschlichen Hilfe.

Die Hilfe des Anderen besteht häufig in der Fürsorge, die er uns zukommen läßt. Diese Fürsorge weckt unsere emotionale Reaktion in Form von Zustimmung und Entschuldbarkeit, sie begünstigt Introjektion und Identifikation. Ihr Ziel ist es, uns dabei zu helfen, in unserer inneren Welt – in einem nie endenden, stets erneut aufzugreifenden Prozeß – liebenswürdigere Instanzen zu schaffen (die gute Mutter in uns, die uns gut aufnimmt, tröstet und beruhigt), ebenso anregendere Instanzen (der aktive Vater in uns, der uns dazu treibt, etwas zu unternehmen, zu »rivalisieren mit« – und in einigen Fällen »für« etwas zu kämpfen« usw.).

Bevor wir unsere Mutter und unseren Vater als ganze Personen erkannt haben, die mit geliebten oder verhaßten psychischen Zügen ausgestattet waren, haben wir sie als »Körperteile«, als »Teilobjekte« wahrgenommen. In psychoanalytischer Sprache heißt das: Ihre liebenswürdigen oder schmerzenden Eigenschaften hatten alle eine »körperliche Verankerung«.

Streichelnde, nährende Hände, oder aber harte, zänkische; ein unterstützender, liebevoller, kritischer, aufdringlicher, verführerischer Blick; ein allgegenwärtiges oder erstaunlich abwesendes Geschlecht: Eigentlich hätten diese physischen Ankerplätze zu einem »Bewußtsein« führen müssen. In der menschlichen Realität ist dieses Bewußtsein jedoch nicht immer gut entwickelt, das Bedürfnis nach einer spürbaren physischen Erfahrung mit dem Teil-Objekt bleibt häufig bestehen.

Stellt man einen ersten Kontakt mit einem Körperteil eines Anderen her – beispielsweise innerhalb einer Gruppe – (ich denke hierbei besonders an die Hände und die Augen), läßt sich in den meisten Fällen eine emotionale Reaktion wiederherstellen (die also von einer oder mehreren Phantasien oder Erinnerungen gestützt wird), die dem Therapeuten zeigt, wie die Beziehung dieser Person zu diesem Teil-Objekt gewesen ist. Wohlgemerkt: aufgrund vielfältiger Projektionen kann es sich hierbei um die wirkliche Beziehung, die idealisierte Beziehung oder um eine verzerrte Beziehung handeln.

Natürlich wird in jedem klassischen psychoanalytischen Prozess zu diesem Zweck das Gespräch eingesetzt. Warum soll man dann gerade die Berührung hinzufügen? Weil meiner Meinung nach viele Personen nicht zu einem umfassenden Gespräch in der Lage sind, das »in ihrem Fleisch verankert« ist. Bei einigen handelt es sich um hohle Phrasen, die mit ihrem Dasein in keiner Verbindung stehen, und bei denen das Aussprechen keinerlei Wirkung auf ihr Erleben und Verhalten hat. Natürlich kann die Art und Weise, in der dieses Gespräch vom Analytiker »gehandhabt« wird, bei einigen belebend wirken, aber das ist längst nicht immer der Fall.

Diejenigen jedoch, die zu Beginn der körperlichen Erfahrungen die Intensität mancher Gefühle in sich gespürt haben, verleihen ihren Worten die emotionale Intensität ihrer Erfahrungen. Nachfolgend gebe ich einige Beispiele für körperliche Erfahrungen, die Affekte und Assoziationen übertragen, weil sie mit Teil-Objekten in Beziehung stehen:

Das Armausstrecken nach vorne läßt uns ein starkes Bestreben verspüren, uns festzuhalten, festzuklammern, den Kontakt zu suchen; aber auch den ganzen Widerstand, den wir angesichts dieses Bestrebens empfinden, mit der Wirkung: Ein Verarmen, Unterdrücken unserer Liebesfähigkeit.

Das Bewegen des Unterkiefers erweckt in uns die Lust zu beißen, zu verschlingen: Unser oraler Sadismus findet hier seinen allerersten Ausdruck, besonders wenn der Betreffende über die Freiheit verfügt, zu phantasieren, um damit sowohl die sich entziehende Mutterbrust als auch den fehlenden oder aber allgegenwärtigen, aufdringlichen väterlichen Penis zu verbinden.

Beginnt man ein Handtuch auszuwringen, kann allmählich ein starkes Haßgefühl auftreten bis hin zum Wunsch, ein Familienmitglied (der Therapeut zählt auch dazu, wenn er in der Übertragung mit einem Eltern- oder Geschwisterteil identifiziert wird) zu erwürgen. Das Gefühl wird sich unausweichlich mit einer Reihe von Erinnerungen und Gedanken verbinden, die sich auf die familiäre Vergangenheit der Person beziehen. Daran können sich auch Erinnerungen der mit dem Therapeuten gemachten Erfahrungen anschließen.

Beginnt jemand, in Embryonalhaltung auf dem Boden liegend, hin und her zu schaukeln, kann auf das Empfinden von Einsamkeit, Verlassenheit eine spontane Geste folgen: den Daumen in den Mund zu stecken und daran gierig zu saugen. Oft wird nun die unerträgliche mütterliche Frustration wirklich erfahren, die uns zur heilsamen Entwöhnung führt. Die wiederholte Lektüre über den Ursprung vieler emotionaler Pathologien (das Fehlen mütterlicher Zuwendung) hat für mich durch solche Erfahrungen »Gestalt« angenommen. Sie hörten auf, leere Worte zu sein. In dem Blick eines anderen zu versinken und dort etwa Abwesenheit, Leere zu entdecken, kann zur verzweifelten Suche nach einem mütterlichen Blick führen, an den man sich klammert, und ohne den es keinen Zugang zur menschlichen Welt gibt, zur Begegnung, zum Erkennen.

Aus diesen Erfahrungen heraus glaube ich weiterhin an die heilsame Wirkung von Gruppen, bei denen gewisse körperliche Interventionen praktiziert werden, wenn sie in einem analytischen Rahmen durchgeführt werden und das Ziel haben, die Übertragungsbeziehungen zu entwickeln und zu analysieren.

An dieser Stelle möchte ich eine Hypothese formulieren: Manche Personen können beim Hand- oder Augenkontakt mit anderen keine starken Affekte oder spezielle Assoziationen entwickeln. Abgesehen von denen, die »zubetoniert« sind, wie extreme Zwangscharaktere, ließe sich daraus schließen, daß die Befriedigung ursprünglich ausreichte (gefolgt von der ebenso notwendigen Frustration), um eine Bewußtwerdung, die Schaltfunktion des ursprünglichen »Körper an Körper«, zu ermöglichen – was hieße, daß es keiner dringenden Notwendigkeit »physischer Unterstützung« oder Körpererfahrung bedarf, um die »Bewußtwerdung« zu aktivieren.

B. Beispiele körperlicher Intervention

Jean-Claude

Jean-Claude ist ein Mann in den Fünfzigern, als er mich zum ersten Mal aufsucht. Er sagt, er sei deprimiert. In Wahrheit war er verzweifelt, weil seine Frau zufällig erfahren hatte, daß ihr 20jähriges Zusammenleben auf sexueller Ebene ein einziger Betrug war. Jean-Claudes Augen und sein sexuelles Verlangen waren die ganze Zeit auf eine fremde Frau »gerichtet«. Seine Frau hat aus Rache zunächst »zarte Bande« mit dem Teilhaber ihres Mannes geknüpft (der 15 Jahre jünger ist als sie...) und hat ihren Mann später aus der gemeinsamen Wohnung geworfen.

Er ist ein gutaussehender Mann von ausgeprägt männlicher Gestalt, der aber keine Einsamkeit verträgt. Da er nicht in der Lage ist, sich an seiner Arbeitsstelle zu konzentrieren, wenn er nicht von einer »nährenden« Beziehung getragen wird, bittet er seine 17jährige Tochter, ihn regelmäßig zu besuchen (dreimal pro Woche), um ihn zu unterstützen, seinem Leben noch einen gewissen Sinn zu geben und letztlich, um ihm zu helfen, seinem wiederholt drohenden Wunsch nach Selbstmord zu begegnen. Er ist ein freundlicher Mann, mir gegenüber fast übertrieben höflich und kooperativ. Er, der so starke Angst vor der Einsamkeit hat, entwickelte bislang nur Beziehungen mit »Übertragungsobjekten« vom Typ »Schnuller«, also im höchsten Grade austauschbar.

Was an diesem im Alltag so freundlichen und umgänglichen Mann erstaunt, ja schockiert, ist, daß er in der Gruppe kaum oder nicht spricht und nichts spürt; weder bei den Einzelübungen (was ich noch verstehen kann, weil er wenig Fantasien, Bilder und spontane Assoziationen hat, die seine Gegenwart mit seiner Vergangenheit verbinden) noch bei Partnerübungen (bei Erfahrungen von Körperkontakt, Blickaustausch sowohl mit Männern als auch mit Frauen, von Feindschaft bekundenden Gesten usw.). Nach einer Weile, als ich die Unergiebigkeit seiner Mühen sah, präsent zu sein und etwas zu fühlen, griff ich schließlich ein, indem ich ihm sagte – halb Geistesblitz halb Wahrheit - er wäre ein »Monster«, jemand, der am Rande der Huma-

nität lebe, ein »Unmensch«. Die monate-, ja jahrelange Gefühlskälte gegenüber jedem menschlichen Kontakt mit anderen suggerierte
mir die These des »Monsters« in ihm.

Ich glaube nicht, daß eine Steigerung der Behandlungsfrequenz
über die zweimalige wöchentliche Einzeltherapie hinaus zu der
Erkenntnis seiner Selbst, zu der er inzwischen gekommen war, oder
zu seiner emotionalen Entwicklung geführt hätten. Es gab mehrere
Ursachen seiner Gefühlskälte. Er ist der einzig Überlebende einer
vierköpfigen Familie. Als er neun Jahre alt war, beging sein Vater
Selbstmord; die meiste Zeit zuvor lag er im Bett und dämmerte vor
sich hin. Verschämt nannte man es »Schlafkrankheit«; es wird wohl
eine Morphiumsucht gewesen zu sein...

Jean-Claude erinnert sich daran, zur Apotheke gegangen zu sein,
um Medikamente für seinen Vater zu holen. Sein schizophrener
Bruder beging im Wahn Selbstmord, seine Mutter, die nach dem
Tod des Mannes allein lebte, brachte sich allmählich durch Alko-
hol um. Grauen auf der ganzen Linie. Grauen für alle, bis auf den
Betroffenen, der nach dem Muster vieler ehemaliger Konzentrati-
onslagerhäftlinge alles ausradieren, alles vergessen mußte, um zu
überleben.

Aber niemand kann ohne Wurzeln leben, ohne positive und/oder
negative Bindungen zu denen, die uns zeugten. Angesichts des
Schreckens über diesen kollektiven Selbstmord, der mit einem deutlichen Mangel an mütterlicher Wärme verbunden war, blieb ihm
nichts anderes, als sich einen Panzer – bis hin zur Gefühlskälte zuzu-
legen – auch wenn er die Gefahr birgt, durch organische Krankheit
oder Selbstmord zu dekompensieren oder in »Besitzfragen« und im
müßigen Streben nach materiellem Erfolg überzukompensieren,
oder auf die Gefahr hin, sich an eine warmherzige und vollbusige Frau
anzuklammern. Die regelmäßige Gruppenarbeit trug ganz allmählich
dazu bei, daß diese affektive Betäubung sich wiederholt äußern konnte. Zusammen suchten wir nach sinngebenden Momenten, und Jean-
Claude war es zunehmend möglich, den anderen gegenüber seine
Anhänglichkeit und Leidenschaft zu äußern.

Albert

Der 40jährige Albert, konsultierte mich, weil es ihm in seiner Beziehung zu anderen seiner Meinung nach (und ebenso nach der Meinung seines Umfeldes...) in seinem Leben an Spontaneität fehlte. Er wirkte eingeschüchtert. Tatsächlich sprach er in der Einzelsitzung nur über konkrete Realitäten. Zunächst hatte er Angst, nichts zu sagen zu haben und war nicht in der Lage, das mitzuteilen, was ihm während des angstvollen Wartens durch den Kopf ging. Er empfand sozusagen rein gar nichts, zumindest wenn ich ihn danach fragte.

Das Leben mit seiner Frau und ihren beiden Kindern war problemlos. Er hatte überhaupt keine Lust, über ein Thema zu sprechen, welches in der Therapie oft recht breiten Raum einnimmt: die Sexualität.

Er war Einzelkind; Spätgeborener eines Paares, das nicht oder nicht mehr mit ihm gerechnet hatte. Seit frühster Kindheit war er ohne erkennbaren Grund an verschiedenen Orten untergebracht worden. Ohne erkennbaren Grund? Wie er sagte, hatten seine Beziehungen zu seinen Eltern in ihm kaum Andenken hinterlassen – weder zärtliche noch feindselige. Er stellte sich als sachlicher Mensch mit schneidender, klarer, sauberer, rationaler Redeweise dar, der eher zu wenige als zu viele Worte machte. Sein Lieblingsausdruck war (damals): »Logisch«. Damit rahmte er häufig seine Gedanken ein. Was ich in der Stille so interpretierte: »Sonst gibt es da nichts zu verstehen«.

Seine erste Gruppenteilnahme war für ihn und die anderen merkwürdig. Bei ihm schlug keine Einzelübung an, die Partnerübungen auch nicht. Er schien unberührt – wenigstens dem Anschein nach – von dem Unglück, das die anderen empfanden. Ich werde später genauer berichten, inwiefern die Gruppe für ihn ein ganz außerordentlicher Ort der persönlichen emotionalen Entwicklung wurde.

Zunächst möchte ich auf eine anfängliche Gruppenerfahrung hinweisen, die eine entscheidende Rolle bei meinem Entschluß spielte, ihn in Einzeltherapie zu nehmen. Die Situation betrifft den Sonntagnachmittag, das Auseinandergehen der Gruppenteilnehmer. Er hatte darüber kein Wort verloren, aber drei Tage später – bei einem Einzelgespräch – beklagte er sich über die brutale Art, in der diese

Trennung vor sich gegangen war. Es schien ihm unglaublich, daß Leute, die zeitweilig eine so herzliche Beziehung zueinander hatten, sich mit einem simplen Händedruck oder einer Umarmung trennten, ohne etwa das Bedürfnis zu empfinden gemeinsam noch einen Kaffee zu trinken, um die Trennung erträglicher zu machen. Er, der nicht das mindeste Bedürfnis nach Anwesenheit anderer bekundet hatte, in dessen Leben es keinen Mangel gab, fand es »unmöglich«, daß Leute, die drei Tage lang solch engen Kontakt gehabt hatten, so auseinander gingen. Diese Erfahrung zu entwickeln, hätte in einem Einzelprozeß Jahre gebraucht (oder vielleicht nie stattgefunden), beispielsweise vor seiner oder meiner Abfahrt in den Urlaub, und nun trat sie schon nach dreitägigem Gruppentreffen ein.

Die zweite Situation dreht sich um eine Erfahrung mit einer Gruppenteilnehmerin. Sie war eine wenig gesprächige Frau, die große Herzlichkeit ausstrahlte. Ganz offensichtlich hatte sie einen starken Eindruck auf ihn gemacht. Während er auf dem Rücken lag, stand sie über ihm. Er reichte ihr die Hände (die sie nahm), blickte sie intensiv an und atmete spontan ganz tief durch.

Nach und nach sah man bei diesem »versteiften« Mann ein Zittern der Arme, Lippen und des Oberkörpers. Dieser durch ihre starke Intensität gänzlich ungewohnte Erfahrung schloß sich eine für ihn erschreckenden sexuellen Erregung an, sodaß er – aus Angst davor, überwältigt zu werden, sich nicht zurückhalten zu können – beschloß, dem ein Ende zu machen. In der Einzelsitzung nach dieser Gruppe sprach er darüber als etwas Einzigartigem, Gewaltigem, Aufrührendem. Jemand, der bewußt nichts empfand, gelangte durch die Gruppenerfahrung in eine Welt bislang unbekannter Empfindungen.

Janine

Janine (fast 40), ist eine junge Frau (trotz ihres Alters), schmächtig, vom Körperbau her auf der Grenze zwischen Jüngling und Jungfrau. Sie hat große Schwierigkeiten, soziale Kontakte zu knüpfen, hält sich abseits, spricht kaum spontan (und wenn, dann nur von Ereignissen, die sich außerhalb der Gruppe ereignen), so als könnte sie im Hier und Jetzt keine Beziehung zu irgendjemandem eingehen. Sie ist bisexuell: sexuell und gefühlsmäßig wird sie von Frauen angezogen, weist sie jedoch zurück, sobald es zur Umsetzung kommen könnte.

Obwohl sie Männer als kalte, unsensible Wesen ablehnt, stellt sie sich in ihren Träumen doch Penisse vor, die in sie eindringen. Rasch hat sie die Penisgröße aller männlichen Teilnehmer abgeschätzt, ohne das es jemand mitbekam. Aber dieses sichtliche Interesse für das männliche Geschlechtsteil erlischt, sobald sie im Alltag versucht, sich mit einem Mann zu treffen. In diesem Augenblick fühlt sie sich wieder völlig vom Wunsch nach einer Frau vereinnahmt.

Im Rahmen einer regelmäßigen Gruppenteilnahme traten in ihrer konkreten Wirklichkeit sowohl die Weigerung gegen Hautkontakt mit einem Mann als auch ihr fehlendes Verlangen nach einer Frau aus der Gruppe hervor; dieses Verlangen kann sich nur »draußen« entwickeln. Ihre Teilnahme erstreckt sich auf eine Erfahrung »in der Abgeschlossenheit« (wie im Familienleben, wo sie von ihrer Mutter und ihren drei Schwestern umgeben ist): Die Übungen dienen nur dem Selbstzweck, haben keinen Kommunikationswert, einige hin und wieder auftretende regressive Affekte haben nie einen Bezug auf das Gruppenleben.

Kurzum, was hier vor sich geht, entspricht der sexuellen Befriedigung, die ihr die Masturbation verschafft. Warum soll man bei anderen nach etwas suchen, was man sich auch selbst geben kann, indem man in die männliche oder in die weibliche Rolle schlüpft?

C. Der Körper als Einstieg in die Psychodynamik

Auch wenn das Reichsche Postulat von der funktionalen Identität der somatischen und psychischen Strukturen seit einigen Jahren seinen Stellenwert eingebüßt hat, hat der reelle Körper einer Person doch weiterhin eine große Bedeutung. Dies gilt zunächst anfangs, vor dem therapeutischen Prozeß, während der mündlichen Anamnese und der körperlichen Untersuchung, die mir die Ausarbeitung einer diagnostischen Hypothese über die zentrale Problematik des Patienten gestattet. Es gilt aber auch weiterhin während der gesamten therapeutischen Behandlung, wo Körpersignale das Gespräch verstärken, es hinterfragen oder auch bestätigen.

Muß ich daran erinnern, daß es »neben der«, »am Rande von der«, »parallel zur« (es gibt viele Redewendungen) verbalen Kommunikation weitere Kommunikationsformen gibt? Es geht nicht darum, das Präverbale dem Verbalen, das Regressive dem Progressiven entgegenzusetzen, sondern darum, verschiedene Kommunikationsformen – mit ihrem bereichernden Gehalt für das Gesamtverstehen einer Person – miteinander zu verbinden und nebeneinander gelten zu lassen.

Es ist ein weit verbreitetes Wissen, daß der Körper während der verbalen Rede einer Person etwas Eigenes mitteilt. Boris Cyrulnik gibt dafür ein schönes Beispiel:

> (...) Georges Devereux hatte Margaret Mead in sein ungarisches Heimatdorf eingeladen ... Sie hatte Strukturen ausfindig gemacht, die Familien zusammenschlossen oder aber trennten. Da sie kein einziges Wort verstand, und ihr alle Geschichten fremd waren, hatte sie zur Wahrnehmung nur ihre Augen (...). Weil sie zu keinem Gesprächsinhalt Zugang fand, mußte sie die Gesten des Sprechenden beobachten, die Intensität der Betonung, den Redefluß und die Blickrichtung. Sie hatte dadurch unmittelbaren Zugang zum sensorischen Aspekt der Bedeutungen, und dieser Eindruck ermöglichte ihr sehr schnell, die Gefühlsverbindungen zu entdecken, die im krassen Gegensatz zum Wortlaut standen (...). (Cyrulnik, 1993, S. 307)

Manchmal stimmen Körpersprache und Wortlaut überein, was darüber Aufschluß gibt, wie authentisch jemand ist. Authentizität verstärkt die Qualität und Ausdruckskraft seiner Kommunikation. Hitler war auf (monströse) Weise kongruent, weil seine Worte und sein Körper das Selbe ausdrückten, die selbe Zerstörungswut, den selben Wahnsinn. Herr Spitaels, ein belgischer sozialistischer Politiker, ist es nicht, weil Wärme und soziales Engagement für seine Sache seinem Körper völlig fehlen, wenn er spricht. In diesen Fällen – sie sind längst nicht die Ausnahme – spricht man von Dissonanz, Inkongruenz, fehlender Authentizität. Bleibt die Frage, welcher Kommunikationsform der Therapeut den Vorzug gibt.

Die Körpersprache ist sehr viel weniger für Verzerrungen empfänglich als die verbale Sprache – darüber besteht Einigkeit. Der Körper spricht, auch wenn die Person schweigt. Seit Freud wissen wir, wie stark der Wiederholungszwang unser Verhalten, unsere Gedanken und emotionalen Reaktionen beeinflußt. Dieser Zwang findet sich meiner Meinung nach in der Art und Weise wieder, in der unser physischer Organismus stillschweigend Konfliktsituationen unserer individuellen und familiären Vergangenheit reproduziert. Ich bin von seiner Existenz überzeugt, ich kenne seine Wichtigkeit nicht, aber ich vermute, daß sie größer ist, als man gemeinhin annimmt. Ob er eine angeborene Tendenz ist, weiß ich nicht – ich werde mich also hier dem »erworbenen« Teil dieser Verhaltensweisen widmen. Das Thema fand in einem vorangegangenen Artikel (Berliner 1993) breiten Raum. Ich liefere dazu erneut einige Beispiele.

Beim ersten Kontakt mit einem Klienten begrüße ich ihn mit Handschlag. Die Art, wie er mir die Hand reicht (die Dauer des Kontaktes, der ausgeübte Druck, der Einpassungsgrad unserer beider Hände, das schnelle oder langsame Wegziehen, die Wärme seiner Handinnenfläche, die Trockenheit oder das Schwitzen seiner Haut), gibt reichlich Aufschluß über seine Annäherung an mich als Übertragungsobjekt. Während wir uns die Hand reichen, blicke ich die Person an. Das tut sie in den meisten Fällen auch. Aber wie? Offen oder flüchtig? Mit Angst oder Vertrauen? Gefühlvoll oder mechanisch? Handelt es sich um einen Blickaustausch oder um eine Übung mit dem Ziel, mich die Augen niederschlagen, den Blick abwenden zu lassen?

Beim Betreten des Sprechzimmers kann ich seine Gangart beobachten: Locker oder steif, mit großen Schritten oder mit Greisentrippeln, integriert oder aber mechanisch, lärmend oder eher leise.

In meinem Sprechzimmer angelangt, bitte ich die Person, dort Platz zu nehmen, wo sie es wünscht. Die meisten wählen einen Sessel, der meinem gleicht. Andere setzen sich oberhalb von mir auf ein Bett. Noch andere setzen sich auf den Fußboden, unter mich. Sie zeigen mir so das Niveau, auf dem sie sich mir gegenüber befinden. Manche setzen sich knapp eine Handbreit auf den Sessel, so daß sie fast vornüber zu kippen drohen, so als fürchteten sie, meine Gastfreundschaft zu mißbrauchen: Gutes Benehmen ist das Wichtigste. Andere hängen schnell ganz entspannt ein Bein über eine Armlehne des Sessels – eine Herausforderung der gängigen Sitten und besonders der väterlichen Autorität.

Dies betrifft den bekleideten Klienten. Häufig möchte ich die generelle Anamnese durch eine körperliche Untersuchung vervollkommnen, um die zentrale Problematik des Klienten besser bestimmen zu können. Dazu bitte ich die Person zu einer gesonderten Sitzung im Badeanzug, Sportanzug o. ä. zu mir.

D. Das Körperlesen

Ein mehr oder weniger verrenkter, aus schlecht zueinander passenden Teilen bestehender Körper wird dann offensichtlich, wenn wir den unbekleideten Klienten betrachten. Auch das fast völlige Fehlen der Brust- und/oder Bauchatmung und die Art, sich aufrecht zu halten – locker oder steif –, die Stellung des Beckens – nach hinten gedrückt oder nach vorn; ein leerer oder erschreckter, cholerischer, mißtrauischer, verführerischer Blick; ein hängender Kopf, abfallende oder nach hinten geschlossene Schultern sind – all dies sind weitere Hinweise für den, der sich mit Hilfe des Körperlesens um ein psychodynamisches Verständnis bemüht.

Ich behaupte nicht, daß diese Anzeichen die Geschichte der Person sind, sondern daß sie über die auf ihre Art in Fleisch und Blut übergegangene Geschichte Zeugnis ablegen. Als solche gehören sie zu den Fakten, die der Therapeut anfangs sammeln muß, um eine Eingangsdiagnose zu erstellen.

Bei jeder Gruppe ersuche ich zwei Leute, sich für das Körperlesen bereitzustellen. Dabei handelt es sich entweder um Personen ohne Erfahrung in dieser Praxis oder um solche, die dies schon mitgemacht haben und die Erfahrung erneuern möchten. Ich kann mich nicht entsinnen, daß es in den 18 Jahren, seit ich Körperlesen praktiziere, einen Mangel an Kandidaten gegeben hätte!

Ich rate jedem Gruppenteilnehmer – und darin liegt meiner Meinung nach eine der Eigenheiten dieser Methode – sich aktiv an dieser Prozedur des Körperlesens zu beteiligen, an der »objektiven« sowie an der »subjektiven«, d. h., an der gefühlsmäßigen, inneren Erfahrung eines jeden Teilnehmers. Sobald eine Stellung, Mimik oder lokale Spannung von einem Gruppenteilnehmer genannt wird, bitte ich darum, daß er seine Wahrnehmung mit einer Hypothese über den vermeintlichen oder angenommenen Ursprung verbindet. Die Gruppenteilnehmer sind zumeist keine Therapeuten.

Mein Ziel ist also nicht, von den Gruppenteilnehmern sehr detaillierte und spezifische Beobachtungen zu verlangen. Ich verweile nicht bei falschen Beobachtungen, sondern ich hebe Wahrnehmungsfragmente heraus, die in meinen Augen korrekt sind und helfe, sie dabei mit Hypothesen anzureichern. Manchen gelingt es nach diesen wiederholten Erfahrungen, einen sowohl objektiven als auch subjektiven Blick zu entwickeln, der ihnen sowohl beim Erkennen der eigenen Körperstruktur hilft als auch beim schnelleren Erfassen und Unterscheiden von Menschen, die sie im Alltag treffen.

Es folgen beispielhaft einige Bemerkungen zum Körperlesen von Gruppenteilnehmern, die sich zu zwei Personen – Aline und Fréderic, diese Erfahrung machen wollten – äußerten. Meine eigenen Beobachtungen sind in diesen Bemerkungen nicht enthalten, sie folgen als Kommentar. Die beiden Personen sind:

Aline, eine 34jährige Frau. Später wird deutlich, wie sehr ich versucht war, die körperliche Betrachtung und die mündliche Untersuchung in Einklang zu bringen, um den Versuch zu machen, das Wesentliche in ihr herauszuarbeiten, den Körper als Schauplatz unbewußter Wiederholungen, die sich in allen ihren Beziehungen auswirkten, zu nutzen.

Fréderic, ein 60jähriger Mann, der seit einem halben Jahr zu mir kommt, nachdem er zehn Jahre lang anderweitig in psychoanalytischer Behandlung war.

Beide nehmen zum ersten Mal an einer Gruppe teil. Aline kommt nicht zur Einzeltherapie zu mir.

Aline

– Ich denke an eine sprießende Pflanze, du bist in dir selbst zusammengefaltet.
– Du hast eine ziemlich männliche Haltung.
– Der untere Teil deines Körpers ist gut ausgebildet, ich find ihn im Ganzen anziehend, aber der Oberkörper gleicht eher dem eines kleinen Mädchens, das ich in die Arme nehmen, liebkosen möchte.
– Obwohl ihre Beine kräftig und gut gebaut sind, tragen sie sie nicht, das ist eine Art Weiblichkeit, die sich nicht zur Schau stellen kann, sich nicht entwickeln, nicht öffnen kann.

- Sie wirkt wie 25–26 (anstatt 34) und von hinten noch jünger, wie 12–13 Jahre!!

Mein Kommentar: Der Bruch zwischen der sichtbaren körperlichen Reife (der eines kleinen Mädchens) und der Reife, die eine 34jährige haben müßte, wird den zentralen Hintergrund der Anamnese bilden (siehe später).

Frederic

- Er schiebt sein Becken nach vorn.
- Er hat einen sehr stämmigen Körper, stabile, feststehende Beine, den Körper eines Sumoringers, der unendlich einstecken kann, aber einen anderen Gesichtsausdruck: wie ein wirklicher »Pater«, ein ziemlich ätherischer Kirchenmann.
- Er hat unmögliche geile Augen!
- Ich hätte Lust, ihn wegzustoßen, denn er macht den Eindruck, als wolle er mich überfallen.
- Ich habe den Eindruck, als wolle er mir den Magen verderben – so unvereinbare Züge in ein und demselben Menschen zu sehen, das ist schwer zu verdauen.

Mein Kommentar: Seine Körperkraft und sein Gesichtsausdruck, die Geilheit in seinen Augen, sind ständig im Konflikt mit seinem »Herrn-Kaplan«-Ausdruck. Die nicht zusammenpassenden Teile zeugen von seiner Schwierigkeit, Sexualität und »Spiritualität« unter einen Hut zu bringen. Außerdem ist sein gewalttätiger Anteil, der in seinem Privat- sowie im Berufsleben und in den Sitzungen auf vielfältige Weise sichtbar wurde, ein schnell ins Auge springendes körperliches Detail.

Dem Körperlesen folgt zumeist – ohne daß die betreffende Person es bemerkt, weil es da manchmal einen unmerklichen Übergang gibt – entweder eine verbale Erforschung der zentralen Problematik (siehe das nachfolgende Beispiel von Aline) mit den psychischen und den körperlichen Widerständen, die das bewußte Ich schützen, oder es folgt die Arbeit an einem ganz speziellen Problem dieser Person, das ihr im Alltag zu schaffen macht.

Die sexuelle Anamnese, so wie ich sie in einem vorangegangenen Artikel (Berliner 1993) definierte, ist Bestandteil dieses Prozesses, weil sie meiner Meinung nach viel über unser Unterbewußtsein aussagt. Hier – auf eine ebenso realistische wie poetische Weise ausgedrückt – beschreibt Cyrulnik das sexuelle Eindringen des Mannes.

> Dieser Innenraum wird zu einem überbedeutungsvollen Ort. Die Erregung, die man in ihm verspürt, bildet ein biologisch Basis für unsere Vorstellungen. Man denkt sich, bei einer Frau zu wohnen, und die Art und Weise, wie man sich dort niederzulassen gedenkt, charakterisiert treffend unsere Beziehungsformen. Manche Männer bevorzugen ein langsames Eindringen, einen angenehmen und warmen Empfang. Die Bisse werden durch Spielereien mit dem Mund ersetzt, die Krallenhiebe durch Streicheln. Andere, die Krallen und Zähne vorziehen, dringen ein, als handele es sich um einen Einbruch. (...) Beobachtet man einen Geschlechtsakt, erkennt man die Struktur unseres Unterbewußtseins. (Cyrulnik, 1993, S. 227)

Mein technisches Vorgehen besteht darin, daß ausgewählte und bearbeitete Problem zu einem allgemeinen Teil der Persönlichkeit, des Charakters zu machen, indem ich seine affektiven kindlichen Wurzeln freilege. Auf dem Wege dieser Exploration der frühen Affekte kommt es immer wieder zu starken emotionalen Reaktionen, die manchmal sehr regressiv sind und von einem ausführlichen Redefluß begleitet werden. Diese beeindruckende Katharsis wühlt die anderen Teilnehmer innerlich auf, wobei ihnen eine ganze Reihe spontaner Assoziationen zu ihrer eigenen Geschichte einfallen: Ich nenne das »Billardkugel-Effekt« – als Ausdruck der Identifikationsfähigkeit, der intimen Resonanz, die jeder auf die anderen ausübt.

Am Ende dieser etwa 75–90minütigen Sitzung gelingt es den Teilnehmern, ein Feed-back zu geben, nicht etwa über das, was sie gesehen haben, beachtenswert oder herabsetzend fanden, sondern über die Wirkung, die die Erfahrung des Klienten, dessen Körper gelesen wurde, auf sie ausübte, d. h., was in ihnen durch die Erfahrung des anderen bewegt wurde und mit ihrer persönlichen Geschichte in Zusammenhang steht. Für viele trägt diese Möglichkeit tiefer Identifikation und emotionalen Miterlebens dazu bei, eine Arbeitsatmosphäre zu entwickeln, die zunächst helfen wird, eine unvermeidliche Gruppenillusion zu schaffen (eine Art symbiotischen Verschmelzens der Teilnehmer untereinander), bevor diese positive Atmosphäre zur Plattform für erste Differenzierungsversuche und ödipale Konflikte wird.

4. Die Einzelarbeit vor der Gruppe

Aline, oder: wenn mütterliche Zudringlichkeit
zu Differenzierungsstörungen führt

Ich war Aline vor ihrer Gruppenteilnahme nie begegnet. Sie war seit drei Jahren bei einer mir unbekannten Bioenergetikerin in Therapie. Bei ihr sprach nichts gegen eine Gruppenteilnahme (wie beispielsweise eine chronische oder verschärfte Psychose, Alkoholismus oder Drogensucht ohne Entzug). Sie begründete ihre Entscheidung zu mir in die Gruppe zu kommen wie folgt: »Ich hab mal mit jemandem aus dieser Gruppe gesprochen, der mir sagte, daß Sie viel an der Sexualität arbeiten.«

Bei der Vorstellung, ganz zu Beginn der Gruppenarbeit, hatte Aline nur ein paar wenig spezifische Fakten über sich mitgeteilt.

> Mir wurde klar, daß in meinem Leben und in meiner Arbeit manche Dinge nicht richtig liefen. Ich wollte Kinder haben, war aber mit einem Mann zusammen, der keine wollte. Obendrein bekam ich gesundheitliche Probleme, da sagte ich mir, daß sie vielleicht psychologischer Natur seien. Ich hatte immer Schwierigkeiten, Beziehungen aufzubauen und ich selbst zu sein. (...) Ihr werdet sehen, ich heule oft. (...) Meine Therapeutin ging kürzlich ins Krankenhaus, ich habe sie für zwei Monate verloren (...).

Auf meine Frage, ob sie den Verlust ihrer Therapeutin mit dem Verlust einer anderen Person in Verbindung brächte, nannte sie ihren Ex-Partner, von dem sie sich vor einem Jahr getrennt hatte.

In ihrer therapeutischen Beziehung tat sie zum ersten Mal nicht, was andere von ihr wollten. Hier konnte sie riskieren, dem Anderen »weh« zu tun, indem sie sich ihm nicht unterwarf, indem sie »nein« sagte. Sie hatte entdeckt, daß der Andere dieses Nein überlebte. Als ich sie fragte, was sie über ihre Sexualität sagen konnte, meinte sie (ohne daß ich weiter insistierte): »Nein, es fällt mir wirklich schwer, über meine Sexualität zu sprechen.«

Bei der körperlichen Untersuchung in der Gruppe erhielt Aline die Anweisung den Bemerkungen anderer zuzuhören, ohne zu antworten und sich auf die Wirkung zu konzentrieren, die die Kommentare der Gruppenmitglieder über sie auf sie selbst ausübten. Als sie von ihrem »jugendlichen« Alter sprechen hörte, hatte sie Lust, auf den Flegel zu »schießen«. Aber zum Schießen braucht man nun einmal Kraft, muß man sich auf den eigenen Beinen halten können, wovor sie stets Angst hatte (konkret versuchte sie in der Sitzung, sich ständig hinzusetzen). Die Kommentare zu ihrer Jugend erwiesen sich als treffend, denn sie sagte: »Ich fühlte mich lange Zeit nicht erwachsen, ich war ein Kind, die Leute um mich herum waren Erwachsene (...). Mein ehemaliger Freund war 23 Jahre älter als ich (...)«.

> Früher meinte ich immer, daß man keinen Mann braucht, um ein Kind zu haben (...). Ich habe meinen Vater nicht gekannt, obwohl er täglich zu Hause war, aber er sprach nicht. Gestern, als Sie ihre Hand auf Géraldine legten, sagte ich mir, daß ich auch diejenige hätte sein können (sie beginnt zu weinen), die einen Vater hat, der mich tröstet, indem er mir die Hand auflegt (...) Er war für das »Finanzielle«, die Schule da, aber nicht für das »Emotionale«; davon hatte er keine Ahnung. (...) Was war schlimmer? Meine Mutter, die sich um alles kümmerte (das ging soweit, daß ich sie fragte, ob ich richtig atmete ...), oder mein schweigender Vater?

So drang ich allmählich in Alines Familiengeschichte vor, in den Teil, der ihr bewußt war. Bei diesen Sitzungen, in denen die Vergangenheit und Gegenwart einer Person untersucht werden, vergleiche ich regelmäßig die Gefühle, die mir der Andere entgegenbringt, mit meiner Wahrnehmung und den Gefühlen, die in mir entstehen. Das Ziel ist, festzustellen, was sich auf der Beziehungsebene in der Sitzung aus einer ursprünglich zentralen Beziehung wiederholt.

Ich fragte Aline also, ob sie sich drüber im klaren war, in welche Richtung sich unsere Beziehung entwickelte. Ich hatte nämlich mir gegenüber ein Mißtrauen wahrgenommen und wollte diesen Eindruck entweder bestätigen oder aber entkräften. Es schien mir, als wollte Aline sich ständig vor negativen Bemerkungen des Anderen, die sie verletzen könnten, schützen. Sie drückte das nicht offen aus, aber atmosphärisch war ein Klima zwischen uns zu spüren. Aline nahm all dies nicht wahr.

Oft stelle ich die eine oder andere Frage über das Erleben der Beziehungen in der Sitzung, um die emotionale Wahrnehmung der Person, ihre Kommunikationsfähigkeit, die den Wortgehalt übersteigt, zu erkennen. Aline schien auf den Inhalt, nicht auf die Art der Kommunikation fixiert. Ich fragte mich daraufhin, wie und wann Alines Mutter sie körperlich berührt hatte. Dies schien der Fall gewesen zu sein, wenn Aline getröstet werden mußte. Und da Aline klein und schwach war, weinte sie oft und mußte häufig getröstet werden. Auf die Frage nach dem »Warum?« vermochte Aline keine Antwort zu geben.

In solchen Situationen, in denen sich manche – trotz mehrjähriger Therapie – nicht an solche familiären Dinge erinnern können, erkundige ich mich vor allem nach Familienfotos aus den ersten Kinderjahren. Sie liefern oft wertvolle Informationen, die häufig im Gegensatz zur bewußten Erinnerung des Klienten stehen.

Anläßlich dieses Beispiels mache ich einen kurzen Abstecher: Ein 34jähriger Mann suchte mich wegen völliger sexueller Impotenz (weder Erektion noch Masturbation, kein sexueller Kontakt mit einer Frau usw.) auf. In Einzeltherapie bei einer Kollegin, an die ich ihn verwiesen hatte, nahm er regelmäßig an meinen Gruppen teil und fiel durch heftiges und wiederholtes Verfluchen seiner Herkunftsfamilie (besonders seiner Mutter) auf. Er beklagte, daß er überhaupt keine Verbindung zu ihr habe, daß sie ihn keines Blickes würdige.

Wie groß war jedoch unser Erstaunen (meines und das der Teilnehmer), als er uns ein Foto seines neunten Geburtstages zeigte: Darauf tanzte er sehnsuchtsvoll mit seiner Mutter und zwischen ihnen – in dem Blick, den sie einander zuwarfen – lag unendlich viel Liebe! Zwischen Mutter und Sohn gab es also keinen Beziehungsmangel, sondern eine tiefe, inzestuöse Liebe. Diese inzestuöse Liebe hielt diesen Mann im Zustand des an seiner Mutter hängenden kleinen Kindes gefangen. Deshalb fehlte ihm jedes genitale Interesse eines erwachsenen Mannes an erwachsenen Frauen.

Doch kommen wir zurück zu Aline. Sie besaß noch Fotos aus ihren Kindertagen. Von einem, auf dem sie ca. 3–4 Jahre alt war, war sie regelrecht schockiert. Es zeigte sie angelehnt an ihren Vater. Schockiert war sie, weil das Foto angesichts ihrer heutigen Beziehung keinen Sinn ergab, im Gegenteil. Aline qualifizierte ihre Berührung auf dem Bild sogar als »fast erotisch«, so zufrieden sah sie auf dem Foto aus. Um sie zu beruhigen, sagte ich ihr, daß sie längst nicht die Einzige sei, die Fotos entdeckte, die in keinem Verhältnis zu der Geschichte stehen, die sie sich selbst zusammenreimten. Ich betonte mehrfach die starken Divergenzen zwischen der Familiengeschichte einer Person und der »anderen« Geschichte, die wirklich stattgefunden haben muß. Ich stellte sogar die Hypothese auf, daß das Leiden einer Person und damit ihr Verlangen nach Hilfe sich proportional zum Grad der Divergenz dieser beiden Geschichten verhält.

Die Fotos zeigten also, daß Aline sowohl von ihrem Vater, als auch von ihrer Mutter liebevolle Zuwendung erfahren hatte. Was war also die Ursache, wenn es keine »Entbehrung« von Hautkontakt gab? Vielleicht ein Übermaß an Zuwendung, das zu einer unvollständigen Trennung geführt hatte – zu körperlichen und psychisch verschwommenen Konturen, die in Alines Sprache und Verhalten beträchtliche Störungen hervorriefen.

In der Tat kamen mir Alines Sprechweise und ihre Gedanken ziemlich konfus vor (selten zu Ende geführte Sätze, kaum hörbare Laute, keine bestimmte und wirklich gezogene Begrenzung ihrer Worte). Um sie zu verstehen und um mich emotional anrühren zu lassen, mußte ich meine Aufmerksamkeit ihr gegenüber verdoppeln. Manchmal fühlte ich mich selbst im Begriffe, etwas konfus zu werden.

Während Aline sich über ihre kontrollierende und kritische Mutter beklagte, zerrieb sie unablässig die Fransenenden der Decke, die sie bei sich hielt. Sie spielte da wie ein Kind und gab kaum acht auf das, was sich zwischen uns abspielte. Ich hatte den Eindruck, daß sie sich wie ein kleines Mädchen verhielt, das nicht in der Lage war, einem Erwachsenen gegenüberzutreten, und das die Kritik der Mutter auf sich zu ziehen versuchte, welche sie andererseits so bitter beklagte. »Wir sprachen nur zwei mal fünf Minuten wie Erwachsene miteinander. Sie sagte mir immer: Du müßtest das machen, warum machst Du das nicht?« Ich spürte, daß auch ich ihr schnell diese Art von Bemerkungen hätte entgegenhalten können, so sehr mühte sie sich, wie ein kleines Mädchen zu mir zu sprechen. Ich hatte den Eindruck, daß sie eine ziemlich negative mütterliche Übertragung auf mich entwickelte.

Wir waren allmählich bei ihrer Sexualität angelangt, anfangs auf indirekte Art, d. h. über den Weg meiner Gegenübertragung. Ich verspürte eine gewisse Verführung, die von Aline ausging; sie war gut gebaut und angenehm anzuschauen, aber paradoxerweise spürte ich auf geschlechtlicher Ebene bei mir nichts von dieser Verführung, weder Empfindungen, noch Phantasien.

Aline hatte ihren Eltern im Alter von 13–14 Jahren erste Fragen über die Sexualität gestellt. Darauf bekam sie eine Antwort aus dem Lexikon vorgelesen. Mit 18 hatte sie angefangen, sich selbst zu befriedigen, eher zufällig, und sie sagte sich: »So muß das also sein, wenn man sich selbst befriedigt«. Sie ging dann für ein Jahr ins Ausland, wo sie bei einer Familie wohnte. Mit deren Sohn, den sie kurioserweise als »Bruder« betrachtete, hatte sie ihre erste sexuelle Beziehung, ohne intravaginalen Orgasmus, aber angenehm.

An diesem Punkt der Anamnese teilte mir Aline unter noch stärkeren Ausdrucksschwierigkeiten – weil viel Scham dabei mitspielte – ein Geheimnis mit, das sie sehr bedrückte und dessen Gehalt ich nicht ganz erfassen konnte, so abgehackt und konfus wurde ihr Bericht (ohne Zweifel war dieses Ereignis auch für sie konfus gewesen). Nach ihrer sexuellen Erfahrung im Ausland hatte sie (einmal? mehrfach?) in die Hose uriniert. Diese Ereignisse schienen von einem Orgasmus begleitet gewesen zu sein (sie war sich dessen nicht sicher). Sie hatte auch öfter einmal »gepinkelt, um Wollust zu empfinden«. Es passierte ihr auch heute noch, daß sie nachts aufwachte, weil sie urinieren mußte *und* gleichzeitig sexuelle Lust verspürte.

Es war mir nicht möglich, aus Aline herauszubekommen, ob die Lust von einer Selbstbefriedigung herrührte, die mit dem Bedürfnis nach Kotausscheidung oder Urinieren einherging, oder ob der Druck auf den analen Schließmuskel und den der Blase ausreichten, um die Lust herbeizuführen. Zweifellos wußte sie das selbst nicht. Tatsache war, daß das empfundene Vergnügen verbunden war mit einem »so etwas darf man auf keinen Fall machen« (d. h. in die Hose zu urinieren und zu defäzieren). Aline verstand das alles nicht, war sehr beschämt darüber, aber auch erleichtert, davon in der Gruppe gesprochen zu haben.

Sie hatte mehrere Männer gekannt. Einer davon, den sie ihre »sexuelle Offenbarung« nannte, lebte bei einer ihrer Freundinnen. Er wechselte regelmäßig zwischen den beiden Frauen hin und her, worunter Aline sehr litt. Würde er bleiben? Würde er sie verlassen und zu der anderen zurückkehren?

Sie hatte deswegen psychische »Schmerzen«, zusätzlich legte ihr Sexualpartner ziemlich »brutale« Verhaltensweisen an den Tag, ohne daß er sie schlug: Er »zwang« sie, »drängte sich auf, ohne zu fragen«. All dies führte bei Aline übrigens zu »sehr starken Orgasmen«. Jedenfalls blieb auch mit ihm ihr Vergnügen klitorial, nie intravaginal und trat häufiger durch die Zunge des Partners auf, als durch seinen Penis. Sie hatte bewußte Phantasien während des Geschlechtsaktes: »vergewaltigt werden während einer Festlichkeit im Mittelalter«, oder »ich schlafe mit einem Mann, mein Vater sucht mich«, oder »ich werde schwanger werden, ich will es aber nicht«, oder »ich bin ein Mann, und ich habe meiner Frau versprochen, sie nicht zu verführen, ich tue es aber trotzdem«.

All diese Fantasien, die bei ihrem Vergnügen mit dem befriedigten oder unbefriedigten Wunsch zu urinieren und zu koten in Verbindungen standen, zeigten meiner Meinung nach den Stellenwert der Gewalt und des nötigen Widerstandes bei ihr, um zur Lust zu gelangen. Diese Festlegungen der Objektwahl auf prägenitaler Ebene wurden noch durch andere sexuelle Praktiken verstärkt: »gegen ihren Willen genommen« zu werden, und mehrere parallele sexuelle Beziehungen zu Frauen. Auf meine Frage nach dem Part (männlich oder weiblich), den sie bei diesen Beziehungen vorzugsweise einnahm, meinte Aline nach dem üblichen: »Ich weiß nicht... Ja, nein, so...« schließlich: »Ich fühle mich als Mann, weil ich die Bestie bin. Es mußte weh tun...«.

Als ich Aline an diesem Punkt des Gespräches danach fragte, welche Art von Beziehung, von Kontakt zwischen uns bestand, antwortete sie mir: »Hm, es geht so...« und bewies damit, daß ihr nicht bewußt war, daß etwas von dieser für ihr Lustempfinden notwendigen Gewalt deutlich präsent sein mußte, vielleicht sogar ausgedrückt in der offenen Art, wie ich die sexuelle Befragung vor der Gruppe durchführte.

Ich war sogar noch weiter gegangen, indem ich ihr mitteilte, was sie in mir hervorrief und wie sie das machte.

Beim Anhören Ihrer Geschichte hatte ich langsam das Gefühl, zu einer zudringlichen Mutter in Ihrem Inneren zu werden (...). Irgend etwas in Ihnen verlangte nach dieser Zudringlichkeit (...). Aber damit das funktioniert, damit es mich reizt, muß ich eine Mutter sein, die schmerzhaft in Sie eindringen möchte, die Sie zwingen möchte. Ich fühle mich nicht wohl in dieser Rolle, deswegen reizen Sie mich auch nicht auf sexueller Ebene (...).

217

Nach dem gleichen Schema – das darin besteht, mich meiner Gegenübertragung zu bedienen, um der Person etwas von ihrer Gegenwart und ihrer Vergangenheit mitzuteilen – fügte ich hinzu:

> Wenn Sie mit mir sprechen, erzeugen Sie eine Situation, die der der Beziehung zwischen Ihrer Mutter und Ihnen zum Verwechseln ähnlich ist. Es ist nicht auszuschließen, daß Ihnen das so gut gelingt, weil Sie in mir Wesenszüge freilegen, die denen Ihrer Mutter tatsächlich ähneln. Und zwar, ohne daß ich mir dessen bewusst bin (...) Ich sage also nicht: Es sind Sie *oder* ich bin es, der brutal eindringend ist – sondern ich sage: *Dieser Vorgang geschieht zwischen uns beiden*, aber da Sie Ihre Vergangenheit in diesen Rahmen einbringen, werde ich in diesem Beziehungsprozeß sozusagen zur beteiligten Partei.

Die Reaktionen der Gruppenteilnehmer während des Einzelgesprächs vertiefen oft mein Verständnis der Person, besonders durch die emotionalen Reaktionen der Gruppenteilnehmer und ihre Mimik. Im Gesprächsverlauf stellte ich bei einigen Gruppenteilnehmern Ermüdungserscheinungen fest, bei anderen Irritation. Aline war als diejenige, »die immer Recht haben wollte«, in der Gruppe aufgetreten, oder als diejenige, die die Aufmerksamkeit der Gruppe ständig in Beschlag nahm. Diesen Gruppeneindruck im Hinterkopf übertrug ich auf mein Verständnis ihrer Familiendynamik und interpretierte:

> Bei dieser Interaktion zwischen uns beiden hat sich etwas ereignet, das die Anderen völlig draußen läßt. Sie sind darüber verärgert oder eingeschlafen. Was sich in dieser Interaktion entwickelt hat, muß zwischen Ihnen und Ihrer Mutter auch vorhanden gewesen sein; es hat die Anderen entmutigt, so stark war es.

Sie hatte mir von ihrer dreijährigen Therapie bei einer Kollegin berichtet, von der sie sich erhoffte, »die Angst, abgewiesen zu werden, zu überwinden«. Ich hatte wieder ihre Verwirrung bemerkt zwischen der Angst, von jemandem abgewiesen oder verlassen zu werden, und der der Angst, wegen all ihrer Phantasien und sexuellen Verhaltensweisen, die sie unakzeptabel fand, zurückgewiesen zu werden. Im Sinne einer Abwehr projizierte sie die Ablehnung nach außen und erlebte sie nun so, als sei sie von außen gegen sie gerichtet.

Während des weiteren Sitzungsverlaufes fiel mir ein, was Melanie Klein ihren Klienten an Unterstützung gibt und was ihnen wirklich Sicherheit verleiht:

Ich gestatte mir bei meinen kleinen Patienten niemals Geschenke, Liebkosungen (...) zu akzeptieren (...). Ich gebe meinen jungen Patienten die Erleichterung und die Unterstützung, die die Analyse bei ihnen sicherstellt, und die sie relativ schnell empfinden. (Klein 1989, S. 190–192)

Es geht nicht etwa um den Körperkontakt und die körperliche Unterstützung, sondern um das Erkennen und Interpretieren dessen, was bei ihnen zentral und erschreckend ist. In Alines Fall mußte ich ihr über den Weg adäquater Interpretationen helfen, ihren sexuellen Praktiken und Phantasien im Hinblick auf ihre kindlichen Beziehungen einen Sinn zu geben. *Das* würde sie wirklich beruhigen.

Dazu kam es gegen Sitzungsende, als sie mich fragte, was ich von ihrer Geschichte hielt. Ich hatte nicht den Eindruck, Aline durch die Mitteilung meines psychodynamischen Verständnisses emotional berührt zu haben. War sie nach dieser starken Erfahrung zu müde? Hatte sie vorher keine vergleichbaren Erfahrungen gemacht, und war dies alles zu neu oder auch zu viel für Sie? Hatte ich mich unangemessen ausgedrückt? Ich kann es nicht wirklich sagen.

Wieder einmal hatte mir die eingehende sexuelle Befragung erlaubt, in ihr den Wiederholungszwang zu identifizieren, ihr Verlangen nach Schmerz und ihre Lust daran. Alle ihre sexuellen Praktiken waren davon erfüllt; sie wiederholte ihre ersten Lustbeziehungen mit dem ersten Objekt ihrer Liebe – ihrer Mutter. Ich war davon überzeugt, daß ihre Mutter von Anfang an mit Gewalt und Zudringlichkeit auf sie einging; daß diese Umstände sie quasi zusammengeschweißt hatten, daß die Grundform ihrer Lust dieser frühen Erfahrung entsprochen haben mußte; daß dies ihre Art geworden war, mit anderen Menschen in Beziehung zu treten und daß sie danach verlangte, von Anderen ebenso behandelt zu werden. Ich sagte mir auch, daß die Zudringlichkeit der Mutter verhinderte, daß Aline ein strukturiertes Ich mit klaren Konturen entwickeln konnte.

Diese Interaktionserfahrungen hatte Aline unbewußt in ihr Sexualleben mit Männern hineingenommen und auf sie übertragen. Ich fragte mich (da sie bei homosexuellen Beziehungen den männlichen Part übernahm), ob ihre Eltern wohl einen Jungen erwartet hatten, mit der möglichen Folgerung, in der lesbischen sexuellen

Praktik symbolisch den kleinen Sohn zu spielen, der seine Mutter glücklich macht.

Ich weiß nicht, was Aline von dem vor drei Jahren begonnenen therapeutischen Prozeß erwartete. Glaubte sie, wie so viele Klienten, daß die Therapie ihre Vergangenheit verändern könnte? Das ist unmöglich, wenngleich das Verständnis und die Sinnsuche in Richtung Vergangenheit hilfreich sein können. Allerdings ist diese Frage müßig, weil die Vergangenheit für jeden von uns eine mythische Konstruktion ist. Cyrulnik drückt das meiner Meinung nach gut aus: »Die Lebewesen sammeln ihre Informationen, um – ausgehend von der Wirklichkeit – eine Chimäre zu erschaffen, wobei alle Elemente darin wahr sind, die Gesamtheit aber erfunden ist.« (Cyrulnik 1993, S. 19).

Er wiederholt das später mit anderen Worten:

> (...) Dieses Kind, das von unserer Beobachtung beschrieben wird, hat nichts mit dem Bild gemein, das die Psychoanalytiker von ihm haben. Erinnerungen müssen nicht mit der Beobachtung übereinstimmen. Der Mensch auf der Couch, der seine Vergangenheit wiederfindet, gestaltet eine mythische Konstruktion (...). (Cyrulnik, 1993, S. 73)

Wenn die Konstruktion einer verständlichen Vergangenheit in meinen Augen auch therapeutischen Wert besitzt, so betone ich doch immer mehr die korrigierende emotionale Erfahrung, die der Person im Rahmen der Übertragungsbeziehung helfen kann. Verhaltensweisen und wiederholtes Erleben in der Sitzung sind die immer noch lebendige Vergangenheit in der therapeutischen Beziehung, d. h. in der Übertragung. Der Patient wird dazu gebracht, dem Therapeuten nacheinander verschiedene Rollen zuzuschreiben (und dies zutiefst unbewußt). Ihre Wahrnehmung, ihr Erkennen, ihre Interpretation und die Weigerung des Therapeuten, sie zu übernehmen, eröffnen meiner Meinung nach tatsächlich die Möglichkeit einer therapeutischen Veränderung.

In Alines Fall schien dieser Ansatz nicht verfolgt worden zu sein, zumindest nach dem, was sie sagte. Im Rahmen ihrer Therapie nahm sie ihren Wunsch nach einer lustvollen, zudringlichen Beziehung mit ihrer Therapeutin nicht wahr – so wie es ihre Mutter mit ihr gemacht hatte, als sie klein war, indem sie ihre gegenseitige Liebe in diesen Schmerz und in diese Zudringlichkeit eingemauert hatte. Alines

»Krankheit« war die Person, die diese Zudringlichkeit erlitten hatte und die nun ihrerseits zudringlich geworden war. Diese unbewußte Person war es, die ans Tageslicht gebracht werden mußte.

Aline berichtete von einer in ihrem Alltag kürzlich gemachten Erfahrung mit einem Mann, die eindeutig in diese Richtung lief.

> Letztes Jahr habe ich einen Mann kennen gelernt. Es entwickelte sich kaum eine normale Beziehung mit ihm, aber wir hatten trotzdem sexuellen Kontakt. (...) Ich klammerte mich an ihn, was weh tat, aber schließlich spielte ich selbst ab einem gewissen Punkt das Spiel, in aufzureizen und dann wegzustoßen. Das hat mich so erschreckt, daß ich Schluß mit ihm machen wollte. Aber es ging nicht. Und im selben Augenblick, in dem ich aufhörte – in dem ich mir sagte: Das mache ich nie wieder! – hat er den Kontakt wieder aufgenommen. Es ist unglaublich (...).

Aline war sich nicht klar darüber, daß sie beim Erzählen dieses Erfahrungsfragmentes sehr lebhaft geworden war, daß die Blässe ihres Gesichtes verschwunden war, ebenso ihre starke Neigung zur Selbstbeobachtung; nur ihre Erregung kam zum Ausdruck, dieselbe, die meiner Meinung nach ihre primäre Beziehung zu ihrer Mutter kennzeichnete.

Für Aline bleibt die Frage, ob sie diese 100minütige Erfahrung verinnerlichen kann. Was hat sie davon ihrer Einzeltherapeutin berichtet? Mit welchen unvermeidlichen »Abweichungen«? Welchen Nutzen kann ihre Therapeutin daraus ziehen? Viele Fragen ohne Antwort, weil Aline von einer Psychotherapeutin betreut wird, die ich nicht kenne. Weil Aline mich nicht darum bat, Kontakt zu ihrer Therapeutin aufzunehmen.

Erfahrungen, gekennzeichnet durch solch gravierendes Vergessen und projizierte Verzerrung veranlaßten mich in den letzten Jahren immer häufiger, Patienten, die in Einzeltherapie zu mir kamen, solche Gruppenerfahrung vorzuschlagen. Diese Praxis begünstigt den Informations- und Interpretationsfluß zwischen der Gruppen- und der Einzeltherapie und hilft sehr, das Risiko des »Informationsverlustes« zu vermeiden.

Eine solche kombinierte Erfahrung zwischen Einzel- und Gruppenarbeit muß im Rahmen einer allgemeinen Theorie stehen, die den Beobachtungen und Interventionen des Gruppenleiters einen Sinn verleiht. Man kann sagen, daß sich seit der T-Gruppe von K.

Lewin aus den USA während des Krieges 40–45 die allgemeine Gruppentheorie in den Nachkriegsjahren erst allmählich und in den letzten 25 Jahren besonders ausgeprägt entwickelte.

Ich werde zunächst ihre Hauptzüge darstellen, bevor ich anhand von Beispielen die Theorie(n) genauer beschreibe, auf die ich mich in meiner Praxis beziehe.

5. Die psychoanalytische Theorie der Gruppe

Es ist dreißig Jahre her. Bions Werk »Recherche sur les petits groupes« scheint – zumindest in Europa – sowohl die Grundlage für die analytische Gruppentherapie, als auch für die theoretische Forschung gewesen zu sein. Einen bedeutenden Beitrag leisteten französische Psychoanalytiker wie Anzieu, Kaes und Missenard. Während der letzten 30 Jahre gab es eine beachtliche theoretische Entwicklung auf dem Gebiet der Übertragungs- und Gegenübertragungskonzepte in der Gruppe, der Theorie der Objektbeziehungen in ihrer Anwendung auf die Gruppe, der Interpretation usw.

Aus Neugier – und nicht ohne ein leises Schmunzeln – habe ich in einer Dokumentation des ersten internationalen Seminars über Gruppenpsychotherapie geblättert, das 1963 in Lausanne abgehalten wurde. Damals schon bekannte oder bald bekannt werdende Therapeuten nahmen daran teil, so u. a. Bergeret, Garrone, Guyotat, Schneider, Racamier. Da heißt es zum Beispiel: »In einigen Fällen ist die Gruppentherapie zur Vervollständigung der Einzeltherapie unerläßlich, sie wird diese aber nie ganz ersetzen können.« (Schneider 1965, S. 143).

Oder an anderer Stelle: »Diese Technik ist eine Möglichkeit, die zwischenmenschlichen Beziehungen des Kranken und deren Scheitern kennen zu lernen.« Das scheint mir richtig zu sein und bildet in meinen Augen eine wichtige Grundlage der Gruppenarbeit, während ich die folgende Behauptung bezweifle: »Ihr großer Vorteil ist darin zu sehen, daß Kranke, die in der Einzeltherapie keine Fortschritte machen können, in der Gruppe schnell und in relativ kurzer Zeit voran kommen« (ebd., S. 148).

Ein anderer kontroverser Punkt betrifft die Psychodynamik der Gruppe, die einige Analytiker vor dreißig Jahren schlicht und einfach von der Einzelarbeit auf die Gruppe übertrugen. Die Thesen von Kaes zeigen, daß es sich hierbei um ein Postulat handelt, welches bis heute nicht belegt werden konnte. Schon damals vertraten Analytiker die Auffassung, daß der Therapeut Frustration erzeugen müsse, damit bestimmte Entwicklungen in der Gruppe entstehen könnten. Ich selbst brauchte einige Zeit, um zu verstehen, daß die »frustrierende Haltung des Therapeuten wesentlich zu sein scheint (...). Sie löst Furcht und Regression der Patienten aus.« (Schneider 1965, S. 180).

Man sprach damals von einer Identifikation (der Gruppenteilnehmer) mit dem Ideal-Ich der Therapeuten – gleichermaßen präsent wie in der Einzeltherapie – aber auch davon, daß der Identifikationsprozess der Kranken untereinander ein Gruppenphänomen ist. Er bildet in meinen Augen eines der wichtigsten Merkmale der Gruppentherapie.

Ein pikantes Detail betrifft die Inhalte, die damals in den Gruppen behandelt wurden. Wenn ich etwa lese: »Im allgemeinen liefern die Teilnehmer keine Details über Kindheitsprobleme, erotische oder sexuelle Schwierigkeiten, auch nicht über Perversionen und geben keinerlei Auskünfte über die Ausscheidungsfunktionen.« (ebd., S. 146), kann ich nicht umhin zu glauben, daß sich darin die Prüderie der damaligen Therapeuten spiegelt.

Ein letzter – meiner Meinung nach sehr wichtiger – Punkt, über den ich in dem zitierten Werk nichts fand: Die Gruppentherapie hilft (affektiv und psychisch), einige Teilnehmer zu mobilisieren, die im Einzelprozeß unerreichbar zu sein scheinen. Ich denke dabei besonders an Patienten mit psychosomatischen Störungen, an die, die an einer »Charakterneurose« leiden, an Narzißten und an Personen mit »konkret operationalem Denken«.

A. Gruppendefinitionen und Gruppenarten

»Natürliche« Gruppen

Hierbei handelt es sich um die Kernfamilie im weiten Sinn. Sie ist der Schmelztiegel, in dem die Herausbildung des Individuums erfolgt. Aus der primären Zweierbeziehung entwickelt sich allmählich die Trennung zwischen dem Ich und dem Nicht-Ich, zwischen Innen und Außen, zwischen Wirklichkeit und Phantasie. Die psychischen Funktionen eines jeden tragen die zahlreichen »Stempel« seiner primären Zugehörigkeitsgruppe. Erste Werte, die daraus hervorgehen, sind das Erkennen des Geschlechts- und Generationsunterschiedes. Die Gesetze der Kastration und des Inzesttabus sind die grundlegenden Regeln in dieser Gruppe.

Sekundäre, »institutionalisierte« Gruppen

Eine Therapiegruppe ist ein Beispiel für eine sekundäre Gruppe. Jeder tritt als Einzelperson mit einer ganz bestimmten Position in seiner primären Zugehörigkeitsgruppe in die Gruppe ein – auf der tatsächlichen und der Phantasie-Ebene. Dort aktualisiert er einen Teil seiner unbewußten Bindungen, im Beziehungsgeflecht der Gruppe läßt er seine internalisierten Objekte Gestalt annehmen. Anders ausgedrückt: In die Therapiegruppe werden zahlreiche Elemente aus der primären Gruppe der Patienten verlagert, wiederholt und übertragen und hoffentlich (!) wenige des Analytikers.

Nach Anzieu erfüllt die Gruppe folgende Funktionen:

– Die Gruppe wird zu einem Behältnis für Impulse, Affekte, Phantasien, die zwischen den Teilnehmern fließen.
– Sie erleichtert die Bildung einer »psychischen Haut«, die jeder anstelle einer zu harten, zu löchrigen oder zu inkonsistenten Ich-Haut verinnerlichen kann.
– Außerdem erhalten die Teilnehmer Gelegenheit, fundamentale menschliche Zusammenhänge zu anderen, dem Psychoanalytiker, der Gruppe neu zu beleben und wiederzufinden:
– Der Zusammenhang zwischen Mund und Brust (Phantasie der Mund-Gruppe),
– der Zusammenhang zwischen der Verfolgung und der Verführung,
– der Zusammenhang zwischen dem Außen, das versteht und dem Innen, das sich gesehen fühlt,

– der Zusammenhang zwischen der Sache (Handlung) und dem Symbol.
– Die Analyse macht aus der Gruppe ein Instrument der Aufnahme, der Verarbeitung und Heilung von Übergriffen, von kumulierten Traumata, von kürzlich oder vormals erlittenen Trennungen und trägt dazu bei, die Symbolisierung wieder in Gang zu bringen. (Anzieu, 1981, S. 178)

B. Der Einzel-
und der Gruppenprozeβ

Es sieht so aus, als hätten die ersten analytischen Gruppentherapeuten wegen mangelnder oder nicht vorhandener Theorie die Vorgehensweise Freuds bei der Einzeltherapie einfach auf das Geschehen innerhalb einer Gruppe übertragen. Bestimmte Fragen bleiben jedoch offen. Z. B.:

– Läβt sich die psychoanalytische Technik, die in einer Zweierbeziehung Zugang zum Unterbewuβtsein des Einzelnen anstrebt, im Rahmen der Gruppe anwenden?

– Ist das von der Analyse aufgedeckte Unterbewuβte des Einzelnen identisch mit dem Unterbewuβten der Gruppe?

– Gibt es wirklich ein Unterbewuβtes der Gruppe?

– Erlaubt die veränderte Vorgehensweise (weg vom Gespräch unter vier Augen hin zur Gruppe) identische Merkmale bei der Einzelarbeit wie bei der Gruppenarbeit festzustellen?

– Hat die Einzelinterpretation auch innerhalb der Gruppe noch Gültigkeit?

– Welchen Sinn und welchen Wert besitzen »Gruppeninterpretationen«?

– Schafft die relative Gleichheit des Arbeitsrahmens bei der Einzel- und bei der Gruppentherapie psychische Phänomene, die auf die selbe Art beschrieben werden können?

Freud antwortete einem amerikanischen Psychiater auf die Frage nach einer möglichen Anwendung der Psychoanalyse auf Gruppen mit einem klaren, jeden Zweifel ausschlieβenden: »Nein!« Tatsächlich findet sich in den Schriften Freuds kein Hinweis darauf, daβ jener sein Verfahren für Gruppen anwendbar hält. Für Freud ist Psychoanalyse

1. ein Verfahren zur Erforschung psychischer Vorgänge, die anders kaum zugänglich wären.

2. eine Behandlungsmethode neurotischer Störungen, die auf dieser Erforschung basiert.
3. eine Reihe psychologischer Theorien und Begriffe, die gemeinsam allmählich eine neue Disziplin bilden.

Fast vierzig Jahre nach der Entwicklung der analytischen Gruppentherapie müssen wir feststellen, daß wir über keine explizite, ausdiskutierte Theorie über in bezug auf das Unterbewußtsein mit seinen grundlegenden Offenbarungen und Modalitäten auf Gruppenebene verfügen. Ebensowenig verfügen wir über eine tragfähige Hypothese von der Bildung des Unterbewußtseins beim Einzelnen in der intersubjektiven Gesamtheit. Wir bewegen uns daher in der Gruppentherapie immer noch auf der Ebene von Erfahrungswerten und Schätzungen und nicht auf der von theoretisch fundiertem Wissen.

Gruppentherapeuten wissen, wie rasch die »Teilnehmer« sich auf »die Gruppe« berufen, was nicht notwendigerweise auf die beginnende Verinnerlichung der Ausführungen des Therapeuten zurückzuführen ist. In Wirklichkeit existiert die Gruppe »per se« gar nicht. Sie ist eine Vorstellung. Folglich sind es Personen, die die Gruppe phantasieren, indem sie ihr spezifische Eigenschaften zuschreiben. Diese Phantasien verweisen auf:
- eine anthropomorphe Metapher des Körpers (die Gliedmaßen, die Haut, der Kopf usw.);
- Funktionen, z. B. auf eine orale Symbolik (Ernährung, Nahrungsaufnahme, Verzehr, Gleichheit der Eßgewohnheiten usw.);
- archaische Mutterimagines (Matrix, Nest, Uterus, gute Mutter usw.).

In bestimmten Momenten bildet die Gruppe ein vermittelndes Experimentierfeld zwischen der inneren und der äußeren Welt, zwischen psychischer und sozialer Realität.

C. Das Gruppensetting

Das Setting besteht aus Faktoren, die das Verhältnis zu Zeit und Raum begrenzen: Länge der Treffen, Anzahl und Ablauf der Sitzungen, aufgestellte Regeln, Zahlungsmodalitäten usw.

Die Gruppenzugehörigkeit hat eine dreifache Funktion:
- die des Zusammenhaltes,

- die des Übergangsraumes,
- die des identifizierbaren Bildes.

Die Gruppe ist ein Ort des Zusammenhaltes. Der Therapeut nimmt aktiv daran teil, weil von ihm erwartet wird, die psychischen Elemente, die ihm von den Gruppenteilnehmern übertragen werden, zu erfassen, aufzunehmen, umzuformen und zu symbolisieren. Dies verlangt, daß er mit einem hohen Ausmaß an Spannung gut umgehen kann, wie sie das Zusammentreffen vieler Psychen bewirkt; daß er den Haß ertragen kann, den die anderen in ihm erwecken; daß er depressive Gefühle in sich selbst akzeptiert und auch seine Schwierigkeiten, sie zu verstehen.

Es ist üblich, den Teilnehmern bei »Spielbeginn« die Gruppenregeln zu erläutern. Meistens werden sie zunächst kommentarlos hingenommen. Zunächst sieht es so aus, als seien sie von den Gruppenteilnehmern wirksam verarbeitet worden, häufig sind sie jedoch für Augenblicke wie vergessen, und in der Stille brauen sich Überschreitungsversuche zusammen... Es dauert eine ganze Weile, bevor sich offener Widerstand gegen die Regeln erhebt; ein Widerstand, der die Eignung dieser Regeln und die des Therapeuten auf die Probe stellt.

D. Gruppenphänomene und Gruppenfunktionen

Einige Fragen bilden eine Art Raster für die Gruppenaktivitäten. Sie betreffen sowohl die Bedeutung des Austausches zwischen den Teilnehmern, als auch die verschiedenen Rollen, die der Therapeut zu übernehmen veranlaßt wird. Es folgen einige Fragen bezüglich der Gruppe:

- Was tun die Teilnehmer, wenn sie in der Gruppe sprechen?
- Welche Funktion hat ihr Gespräch?
- Welche Rolle spielt der Affekt in der Unterhaltung?
- Welche Vorgänge spielen sich während der Regression ab?
- Wie äußert sie sich?
- Welche Rolle spielt das Schweigen?
- Inwiefern kann der Austausch innerhalb der Gruppe zur Veränderung der Teilnehmer beitragen? usw.

Fragen im Hinblick auf den Therapeuten:
- Auf welcher Ebene bewegen sich seine Interventionen?
- Sind seine Interventionen bezogen auf die Gruppe, den Einzelnen, die Beziehungen zwischen den Einzelnen?
- Sind die bezogen auf die Form, auf den Inhalt?
- Welche Funktionen haben seine Interventionen?
- Wann entscheidet er sich zu sprechen oder zu schweigen? Spricht er, um eine innere Spannung zu lösen? Spricht er, um jemandem ein »entgiftendes« Verständnis seiner Furcht zu vermitteln, das diese Furcht erträglich werden läßt? usw.

Zusammenhalt, Unterstützung, Austausch, Regression, Zusammenarbeit, Übersetzung, Differenzierung, Widerstand, Wettstreit, Vermittlung, Interpretation: dies sind einige Gruppenfunktionen.

Ich entwickle jetzt einige Parameter, die die Aufmerksamkeit, das Verständnis und in einigen Fällen das Eingreifen des Therapeuten erfordern.

a. Die Übertragung

Beziehungen innerhalb einer Gruppe in einem psychoanalytischen Setting sind (in der Hauptsache) Übertragungsmanifestationen.

Die Verschiebung, Projektion, Wiederholung, Verdichtung Dramatisierung sind die Mechanismen, die hier üblicherweise am Werk sind, so wie Freud es uns lehrte.

Die Übertragung geht in zwei Richtungen. Zunächst zum Gruppenleiter, der als (manchmal auch »geleugnetes«) elterliches Bild von Mutter oder Vater erlebt wird. Lange Zeit glaubte man, dies sei die einzig wirkende Übertragungsform.

Man stellte dann fest, daß die laterale Übertragung auf die Gruppenmitglieder, die als wirkliche oder eingebildete Geschwister erlebt werden, eine fast ebenso wichtige Rolle spielt. Diese laterale Übertragung ist einer der unbewußten Vorgänge, bei denen ein Patient einen anderen Gruppenteilnehmer an die Stelle einer Person aus seiner Kindheit setzt. Er überträgt dabei nicht nur ein Netz von Interaktionen, sondern belebt bestimmte Ereignisse aus seiner Familiengeschichte, die in der Gruppe als gegenwärtig erlebt werden.

Besonders bei Personen, die stark den Abwehrmechanismus der projektiven Identifikation einsetzen, kann die Übertragung sich nicht etwa durch Affekte und Phantasien beim Gruppenleiter oder den Gruppenteilnehmern ausdrücken, sondern durch das meist unangenehme Empfinden örtlicher Spannungen in verschiedenen Körperteilen des Analytikers.

Der Übertragungsschwerpunkt liegt bei der Person, aber auch bei imaginären Bindungen, die sich in der Gruppe wiederholen. Ich sagte bereits, daβ die Gesamtheit des Settings Anlaβ zur Übertragung geben kann.

b. Der Bereich der Gruppenerfahrung

Das Eintreten in eine analytische Gruppe setzt die Teilnehmer einem starken emotionalen Reiz aus. Sie werden mit Situationen konfrontiert, die eine beachtliche Herausforderung für sie darstellen.

Man muβ sich nur die Klagen und Kümmernisse der Gruppenteilnehmer an den Tagen anhören, die der Gruppensitzung vorausgehen. Das Verhältnis zur Gruppe stellt sie vor ähnliche Schwierigkeiten, wie das Verhältnis des Neugeborenen zur Mutterbrust. Da sind Erwartung, Hoffnung, aber auch Ungewiβheit, Zusammenschluβ-Phantasien und das Gefühl der Verfolgung.

In lebhaften Sitzungen (es gibt sie!) wollen manchmal mehrere Teilnehmer gleichzeitig das Wort ergreifen, solch anregende Wirkung haben die Worte, der Kommentar oder die Aussage eines anderen Gruppenmitglieds gehabt. Manchmal ist die Ungeduld so groβ, daβ mehrere gleichzeitig anfangen zu sprechen.

Bis auf wenige Ausnahmen behalten die meisten Teilnehmer oft nur wenige Bruchstücke der zahlreichen ausgesprochenen Gedanken und Phantasien. Diese »Reste« werden in der Einzeltherapie oft fruchtbar verarbeitet.

Parallel zum Bereich der Gruppenerfahrung beobachtet man die Entwicklung eines Gruppenzusammenhalts. Jede Person wird von der Phantasie geleitet, sie könne ihre eigenen geistigen Inhalte in den Raum einbringen, der durch Körper und Geister der anderen definiert ist. Die Kommunikation dient also entweder dem Abladen dieser Inhalte (etwa wie eine Reinigung), oder sie bildet den ersten Schritt auf dem Weg der Verarbeitung.

Natürlich hängt diese gesamte emotionale und gedankliche Austauschbewegung von den Teilnehmern ab, von ihrer bewußten oder unbewußten Interaktion, aber auch von der affektiven Nähe und der guten Gesundheit des Therapeuten. Beide Eigenschaften wirken sich belebend und fruchtbar auf die Gruppe aus. Dagegen läßt die emotionale Gleichgültigkeit des Leiters eine Katastrophe befürchten. Eine Schwierigkeit der Gruppenleiterfunktion besteht darin, sich für jeden Teilnehmer zu interessieren, aber nicht so intensiv und beständig, daß das Interesse an der Gemeinschaftsarbeit darunter leidet.

c. Das Herausarbeiten des Gruppenzusammenhalts

Damit eine Übertragungsinterpretation den psychischen Horizont eines oder mehrerer Teilnehmer erweitern kann, muß der Gruppenleiter darauf achten, daß sich innerhalb der Gruppe (wie in der Einzeltherapie) ein therapeutisches Bündnis bildet, das als Stütze dient.

Woraus besteht dieses Bündnis? Die Flitterwochen der Einzeltherapie gibt es in der Gruppe nicht. Der Therapeut ist nahe (in Sichtweite) aber auch fern, auf der anderen Seite. Die anderen sind zwangsläufig bedrohend durch das Unbekannte, das sie verkörpern, und durch ihre Vielzahl beängstigend.

Wer zuerst das Wort ergreift, der setzt sich natürlich einem Risiko aus (besonders, wenn er sich gegenüber dem einen oder anderen Teilnehmer kritisch äußern möchte). Dieses Risiko gilt weniger für diejenigen, die das Wort ergreifen, um sich gegen eine unerträgliche Erfahrung zu verteidigen oder um eine Spannung zu »entladen«. Die Aggressionsphantasien treten als erste in der Gruppe auf, selbst wenn es sich dabei »offiziell« um Unterstützung, Hilfe oder Zuneigung handelt.

Die Zusammenhaltsfunktion der Gruppe bildet sich gleich zu Anfang, meist in den ersten Stunden. Von ihr hängt die Schaffung einer Vertrauensbasis zwischen den Teilnehmern (einschließlich des Gruppenleiters) ab, wenn die Grenzen des Rahmens nicht nur erforscht, sondern auch erprobt worden sind. Die Redefreiheit innerhalb des Rahmens und der vom Therapeuten definierten und garantierten Grenzen trägt erheblich zur Schaffung des Arbeitsbündnisses bei.

Theoretisch ausgedrückt läßt sich sagen, daß sich das Arbeitsbündnis herausbildet, wenn sich die Zusammenhaltsfunktion der Gruppe von der »realen« Gruppe unterscheidet. Wenn sich in ihr eine gewisse Phantasiefähigkeit entwickelt, die bisweilen interpretationstauglich ist. Konkrete Anzeichen dafür sind: das allgemeine affektive Klima ändert sich, das Gespräch fließt freier. Diese Phase bildet die »Grundlage der Übertragung«, das heißt, die Beständigkeit der Bindung, die die Analyse der Übertragung ermöglicht.

d. Die Dramatisierung

Wenn der Gruppenzusammenhalt entsteht, kann sich die Übertragung entwickeln. Einige teilen dem Therapeuten und einigen Gruppenteilnehmern ihre bewußten Phantasien mit. Andere weiten sie aus, indem sie sie, je nach dem Echo, das sie damit hervorrufen, ausschmücken oder im Gegenteil eingrenzen. Im ersten Fall werden die Phantasien des einen zu Phantasien des anderen. Beim Übergang vom einen auf den anderen verändern sie sich, wobei es bei der Verarbeitung zu zärtlichen, komischen oder konfliktgeladenen Szenen kommt.

Diese Dramatisierung weist auf die Übertragung hin, was sich bei ihrer Interpretation doppeldeutig auswirken kann. Auf der einen Seite wissen wir, daß bei Aussagen ohne emotionale Ladung keinerlei Interpretation möglich ist (es sei denn die des fehlenden Affektes). Andererseits verringert die Dramatisierung von Phantasien, die an eine Übertragungssituation gebunden sind, die Wirksamkeit der Interpretation. Die Gruppe begünstigt also das Auftreten von Phantasien, aber die automatische Dramatisierung dieser Phantasien würde die Person um den verarbeitenden Effekt der Übertragung bringen. Diese Erkenntnis zeigt die Gefahr einer exzessiven Dramatisierung von Affekten in körperbezogenen Gruppen, so lange man nicht übersieht, daß das Herausarbeiten der Übertragung oberstes Ziel des Gruppenleiters bleibt.

Jede menschliche Gruppe erzeugt beim Einzelnen einen regressiven Zustand, der Abhängigkeit begünstigt. Zwei Faktoren der Gruppenarbeit – im Gegensatz zur Einzelarbeit – geben u. a. der Übertragung eine besondere Note: Die Vielzahl der Akteure und die Möglichkeit eines jeden zu sehen und von anderen gesehen zu werden. Beide Faktoren begünstigen eine gesteigerte Dramatisierung.

In der Gruppensituation nehmen die Anderen an jeder Zweierbeziehung teil, die jemand aufzubauen versucht. Sie können Anlass für eine brüderliche Rivalität innerhalb einer übertragenen Liebesbeziehung sein. Sie können Ziele der Verführung, der Beeinflussung sein. Sie können bedrohliche Gestalten von Fremden sein, die jemanden dazu veranlassen, sich zu verteidigen, indem er die Unterstützung der Autorität sucht. Diese Anderen stellen immer wieder verschiedene Facetten der Person dar, die so zu einer unausweichlichen Konfrontation mit den vielfältigen Facetten seines Ichs genötigt wird, mit den zahlreichen Abwehrhaltungen, derer es sich bedient.

e. Projektive Identifizierung

Hierbei handelt es sich um einen primitiven Abwehrmechanismus, der sich bei Gesunden und Kranken findet. Zur Erinnerung des Freudschen Gedankens hier zunächst die beiden Hauptformen der Identifizierung:

Die erste, primäre, ist unabhängig von der Objektwahl. Es handelt sich um eine Identifizierung »mit dem Vater der väterlichen Vorgeschichte«. Es geht darum, zugleich der Vater zu sein und ihn zu haben, wie bei der kannibalischen Inkorporation.

Die andere, sekundäre, ist an ein »reales« Objekt gebunden. Sie bewirkt auf zwei verschiedene Arten einen Identifikationsprozeß: Auf narzißtische und auf melancholische Art.

Bei der narzißtischen Identifikation ist das Objekt zwar gut introjiziert, aber dem Ich nicht gut angepaßt, das heißt, daß die Loslösung vom Objekt nicht vollzogen, die Trauerarbeit nicht abgeschlossen ist. Das Objekt wurde auf narzißtische Weise gewählt: das zu lieben, was »man ist, gewesen ist, sein möchte«. Auf dieser Stufe währt eine gewisse Verwechslung von Subjekt- und Objektidentität fort, und die Idealisierung verfälscht die Liebesfähigkeit.

Bei der sekundären Identifikation der melancholischen Art paßt sich das Objekt dem Ich durch seine Trauer an. Das betrifft vor allem die Aufgabe der inzestuösen Wünsche. Das Ich geht gestärkt daraus hervor, mit Hilfe einer – wenn auch nur partiellen – ödipalen Lösung.

Die projektive Identifizierung ist eine narzißtische Identifizierung, die für die schizoparanoide Phase des Objektbezugs charakteristisch ist. Sie besteht darin, abgespaltene Teile des Selbst auf ein Objekt zu übertragen und sich mit diesem Objekt zu identifizieren, das man fortan durch diese Projektion gekennzeichnet hat. Die Ziele eines solchen psychischen Vorgangs sind vielfältig:

– Unerwünschte Element zu entfernen, sich ihrer zu entledigen. So macht beispielsweise ein Frustgefühl aus dem Objekt einen Verfolger, den man beschuldigen kann.
– Schutz zu gewähren, um sie vor den »guten« Seiten des Selbst zu schützen.
– Sich das Objekt anzueignen, um es zu kommandieren, zu beherrschen.
– Aus dem Objekt den Vertreter seiner verbotenen Wünsche zu machen.

Die Gruppensituation bewirkt die Vervielfältigung projektiver Identifizierungen. In jeder Gruppe gibt es eine Vielzahl projektiver Identifizierungen, da die gespaltenen Objekte auf verschiedene Personen projiziert werden können.

Der Gruppentherapeut interpretiert die Übertragung auf der Grundlage seiner Gegenübertragung. Wenn es darum geht, eine projektive Identifizierung herauszuarbeiten, muß er darauf achten, jede überstürzte Interpretation zu vermeiden, die die Verfolgungsphantasien des Teilnehmers verstärken könnte, selbst wenn eine solche Intervention den Therapeuten von diffusen, unangenehmen Empfindungen befreien würde. Auch die Teilnehmer müssen eine persönliche Arbeit leisten, indem sie die projizierten Anteile des anderen als ihnen fremd erkennen und ihm dann zurückgeben müssen. Diese Zurückweisung (durch den Therapeuten und die betroffenen Gruppenteilnehmer) wird nicht ohne starke emotionale Intensität ablaufen.

E. Die Übertragung und ihre Interpretation: Für wen? Wann? Wie?

Der Analytiker hat eine doppelte Rolle als Interpret: Er trägt sowohl zum Einzelprozeß jedes Gruppenteilnehmers der Gruppe bei, als auch zur Gruppendynamik als Einheit. Er achtet darauf, dass das emotionale und mentale Erleben eines jeden sich vertieft und erweitert.

Deshalb besteht die erste Aufgabe des Therapeuten darin, die Kommunikationsmöglichleiten der Gruppenmitglieder zu erleichtern. Er organisiert die Umstände und definiert ihre zeitlichen und räumlichen Grenzen: Er trägt zum »holding«, zum Zusammenhalt, bei, damit Einstellungen und starke Emotionen in Sicherheit erprobt werden können. Der Sinn der therapeutischen Arbeit liegt darin, ein Modell davon abzugeben, wie Ängste und starke Emotionen beherrscht, gewalttätige Empfindungen verdaut und klaren Gedanken vermittelt werden können.

Beim Interpretieren verläßt der Therapeut zeitlich begrenzt seine »haltende« Funktion. Er muß also ständig abwägen, inwieweit er zuhören muß (= haltend sein) und wann er sprechen muß (= handeln). Man kann seine Interventionen also aus einem dreifachen Blickwinkel betrachten:
- Die Interpretation ist ein Angebot, ein Versuch, einen sich in der Gruppe entwickelnden Aspekt mitzuteilen.
- Die Interpretation ist eine Übersetzung. Sie drückt in einer anderen Sprache eine Version dessen aus, was der Klient ausgedrückt, aber auch unterdrückt hat.
- Die Interpretation ist auch eine Art »Leihgabe«. Wir leihen Teile von uns, von unseren emotionalen Kräften, unseren Überzeugungen.

Die Gruppe ist ein Forum, in dem Austausch stattfindet, die Interpretation ist dabei der lebenswichtigste Teil. Ausgetauscht wird:
- die Oberfläche gegen die Tiefe,
- das Symptom gegen den Sinn,
- die Isolation gegen die Kommunikation.

Die Interpretation des Therapeuten kann nicht von seinem persönlichen Erleben losgelöst werden. Bion sagte, daß der Patient bei der

Interpretation nicht nur auf das hört, was der Analytiker sagt, sondern auch auf das, was er empfindet.

F. Die Gegenübertragung in der Gruppe

In einer Gruppe zu sein, erfordert die Fähigkeit, gemeinsame symbiotische Wünsche einzubringen, was beim Einzelnen eine relative Labilität und Durchlässigkeit der Ich-Grenzen voraussetzt. Die Gegenübertragung ist in erster Linie »der Andere in einem selbst«.

Freud schrieb 1913, daß jeder in seinem Unterbewußtsein über das Werkzeug verfügt, das es ihm ermöglicht, die Äußerungen des Unterbewußtseins des Anderen zu interpretieren. Das Unterbewußtsein einer Person kann direkt auf das einer anderen einwirken, ohne den Weg über das Bewußtsein genommen zu haben.

Wenn es auch schwierig ist, zu erklären wie oder wodurch, so ändert das nichts an der Tatsache, daß es dieses Phänomen gibt. Die Gegenübertragung ist deswegen so unerträglich, weil sie die partielle Anwesenheit des anderen in einem selbst aufdeckt, sogar die psychische Einwirkung des anderen auf einen selbst, ja daß es manchmal schwierig ist, klar zu unterscheiden, was von einem selbst, und was von jemand anderem herrührt. Das wurde in der Einzelsitzung mit Aline offenkundig.

In diesem psychischen Begegnungsraum kann nur dann eine Beziehung hergestellt werden, wenn in ihm Austausch, Verschiebung und Durchlässigkeit möglich ist. Diese Fähigkeit einen gemeinsamen Ort so wahrzunehmen, scheint von einem doppelten Vorgang abhängig zu sein, der darin besteht, ein System aus den verschiedenen Einzelnen zu bilden, indem ein »psychisches Gruppensystem« geschaffen wird, um zusammen eine gemeinsame Haut zu bilden, eine Haut für mehrere. Diese gemeinsame Haut ist nicht so sehr Hülle oder Trennung, sondern vielmehr »Schnittstelle« oder Bezugsgrenze zwischen sich selbst und seinem Nachbarn.

Wir bemühen uns, Verbindungen zwischen den Erinnerungen und dem, was in der Gruppe »inszeniert« wird, herzustellen, um dem Ganzen einen Sinn zu geben. Diese Bewußtwerdung scheint der

235

Motor der Veränderung zu sein und dazu beizutragen, aus der Teilnahme an dieser Gruppe eine mögliche korrigierende emotionale Erfahrung zu machen.

G. Hypothesen über den Gruppenprozeß

a. Die Basishypothesen

Bion hat in seinem Werk »Recherche sur les petits groupes« (1965) die Untersuchungen zusammengefaßt, die er seit dem letzten Weltkrieg über Gruppen aller Art durchgeführt hat. Darin weist er nach, daß

> die Aktivität der Arbeitsgruppen von anderen mentalen Aktivitäten, denen allen eine starke affektive Kraft innewohnt, behindert, verdreht und bisweilen gestützt wird. Diese Aktivitäten, die vom ersten Augenblick an chaotisch erscheinen, erhalten einen gewissen Zusammenhang, wenn man annimmt, daß sie ihren Ursprung in Grundannahmen aller Gruppenteilnehmer haben. (Bion, 1965, S. 99)

Die erste Grundannahme bezieht sich auf die Abhängigkeit und besagt, daß die Gruppe nur zusammengekommen ist, um von einem Leiter, von dem sie abhängig ist, unterstützt zu werden hinsichtlich materieller und geistiger Nahrung und Schutz. Die Phantasie, die dies ausdrückt, könnte man wie folgt beschreiben: Die Gruppe ist eine Gebärmutter, in der jeder Teilnehmer warm gehalten wird, in der es keine Unterschiede gibt, keine Konflikte, alle sind in inniger Symbiose mit den anderen verbunden. Ziel ist es, in dieser wärmenden Gebärmutter zu bleiben.

Die zweite Grundannahme bezieht sich auf die Paarbildung. Zwei Gruppenteilnehmer entwickeln eine privilegierte Beziehung, dominieren mit stillschweigender Zustimmung der anderen Teilnehmer die Kommunikation. Sie können verschiedenen Geschlechts sein, aber das ist keine Voraussetzung. Bion sieht darin das Anzeichen dafür, daß »die Gruppe dazu neigt, einen Messias zu erschaffen, das heißt, die »Hoffnung« für die »Zukunft« zu geben und zu erhalten.» (Bion, 1965, S. 103). Ich sehe darin eher den Versuch, eine sexuelle Beziehung mit einem anderen Teilnehmer herzustellen, um der psychotischen (zerstörerischen, fragmentierenden) Angst vor dem Gruppenleben zu begegnen.

Die dritte Grundannahme ist die Angriffs- bzw. Fluchthypothese.

Die Gruppe kommt zusammen, um gegen eine Gefahr zu kämpfen oder vor ihr zu fliehen. Meiner Meinung nach weist die Angriffs- bzw. Fluchthypothese auf das Vorhandensein einer schizo-paranoiden Position hin, die in der Gruppe stimuliert wird.
Bion stellt die Frage:

> (...) Wir fragen uns, ob sich die Basishypothesen auf etwas Grundlegenderes reduzieren lassen. (...) Welche Basishypothese auch wirksam sein mag, man stellt fest, daß die Elemente der affektiven Situation so stark mit vergangenen Angstphantasien verbunden sind, daß die Gruppe sich gezwungen sieht, sich jedes Mal in die Defensive zu begeben, wenn die Spannung sich erhöht (...) So entsteht der Wunsch nach Paarbildung zum Teil aus der psychotischen Angst, verbunden mit primitiven ödipalen Konflikten, die aus partiellen Objektbeziehungen entstehen. (ebd., S. 111)

Und er folgert:

> Die Basishypothesen entspringen als Sekundärformationen einem ursprünglichen, sehr alten Szenario. Dieses ursprüngliche Szenario war auf der Ebene von partiellen Objektbeziehungen nachgewiesen worden und war mit psychotischer Angst, Spaltungsmechanismen und projektiver Identifizierung verbunden, wie sie von M. Klein für die schizo-paranoide und depressive Position als charakteristisch beschrieben wurden. (ebd., S. 112)

Je stärker die Gruppe gestört ist, desto offensichtlicher sind die Phantasien und primitiven Abwehrmechanismen. Je stabiler die Gruppe, desto eher entspricht sie der Freudschen Gruppenbeschreibung einer Wiederholung familiärer Gruppen und neurotischer Mechanismen.

b. Der ödipale Konflikt

Der Konflikt ist integraler Bestandteil der Gruppenstruktur: Koalitionen, die Führungsrolle (bzw. der Kampf um sie), männliche und weibliche Verführungsversuche, der Sündenbock, der Wettstreit usw.

Anzieu behauptet, daß jede Gruppe »symbolisch« den Mord an ihrem Gründervater begangen haben muß. Ich teile seine Meinung. Er fügt hinzu: »Das Inzestverbot ist das Gesetz, welches das soziale Leben begründet, indem es die soziale Beziehung zwischen den Geschlechtern und den Generationen regelt« (Anzieu 1981, S. 192). Ich würde sagen: Es ermöglicht das Leben in der Gruppe, insbesondere in unserem Fall, weil es die Kommunikation zwischen den

237

Mitgliedern erlaubt. Das gilt gleichermaßen für »therapeutische« wie für »professionelle« Gruppen. Bei letzteren müssen sich die Machtkämpfe und das Streben nach intellektueller Leistung auf die strikte Einhaltung des Inzestverbotes gründen. Es kommt aber auch vor, daß Teilnehmer die Gruppe als »ödipale Fassade« benutzen, um sich vor einer prägenitalen Regression mit quasi psychotischen Phantasien zu schützen.

Auch wenn Freud die Familie als den Ort ödipaler Kämpfe sah, behaupten andere zu recht, daß die Gruppe – im Gegensatz zum Einzelnen – kein Geschlecht hat. Die Gruppe ist eine ältere psychische Realität als die der Geschlechterdifferenzierung. In ihr sind unbewußte narzißtische und homosexuelle Bindungen am stärksten (sie bilden einen guten Schutz gegen die potentielle Aggressivität zwischen den Mitgliedern). Diese Verbindungen gründen sich auf unbewußte individuelle Phantasien, auf elterliche Imagines, auf ursprüngliche Phantasien, mit anderen Worten: auf prägenitale Strukturen.

Die Familie wäre also der Ort für ödipale Konflikte, die institutionalisierte Gruppe der Ort für präödipale Phänomene, und die therapeutische Gruppe hätte einen vermittelnden Stand zwischen Gruppe und Familie.

c. Archaische Prozesse, Identität,
die Gefahr des Auseinanderfallens

In der Gruppendynamik wird der wichtigste Raum von primitiven Abwehrmechanismen eingenommen, wie sie von M. Klein als Bestandteile der depressiven und paranoid-schizoiden Position beschrieben wurden – beides Vorstadien der Identitätsbildung. Wir sahen, daß Bion sich bei seinen Grundannahmen auf diese Entwicklungsphasen bezog. Die Bedeutung der primären Prozesse, der somatischen Phänomene, die Mobilisierung archaischer Strukturen des Unterbewußtseins sind »psychotische Positionen«, die für gewöhnlich in jedem Gruppenprozeß auftreten. Diese Prozesse stellen eine Gefahr für die höher strukturierte Identität der Person dar.

Folgende Konsequenz ergibt sich aus der Identitätsbedrohung, wie sie durch die Gruppensituation ausgelöst wird: Da jeder Gruppenteilnehmer seine internalisierte Objekt-Beziehungs-Struktur mitbringt, die ihm seinen Platz in der Gruppe zuweist, legt er damit auch den Platz fest, der nach seiner Erwartung von den anderen eingenommen werden soll. Jeder wird also versuchen, die anderen unbewußt so zu manipulieren, daß sie die komplementären Rollen, entsprechend seiner eigenen Geschichte, übernehmen.

Körpertechniken (Entspannung, Psychodrama, die analytische körpervermittelte Psychotherapie u. a.) sind ein Mittel, um die Beziehung eines jeden zu seinem eigenen Körper zu erforschen, um Erinnerungen wachzurufen dort, wo das verinnerlichte Objekt keinerlei Gedankenassoziationen hervorrufen würde. Es handelt sich hierbei um verschiedene Methoden, deren Ziel es ist, ein externes Objekt (den Therapeuten oder den »realen Körper«) durch ein verinnerlichtes, aber durch Gedankenassoziationen nicht mehr zum Sprechen zu bringendes, zu ersetzen.

Man findet in der Gruppe auch Strukturierungsprozesse, die der Identität vorausgehen, die an Introjektion, mißlungene Introjektion oder Inkorporation, oder an projektive Identifizierung gebunden sind.

d. Die Objektbeziehung

Man hat das Freudsche »Triebmodell« oft zu Unrecht dem Modell der »Objektbeziehung« gegenübergestellt (Bouvet, Mahler, Jacobson, Kernberg, etc.). Diese Modelle widersprechen einander nicht, sie ergänzen sich. Das Objekt ist in der Tat ein Trieb-Objekt. Seinetwegen wird ein Trieb hervorgerufen, strebt nach seinen Ziel und seiner Befriedigung.

Der Begriff der Objektbeziehung impliziert eine Verbindung zwischen dem Subjekt und dem Objekt. Das Objekt ist nicht unabhängig von der Art, wie es das Subjekt erfaßt, und umgekehrt kann die Psyche nicht für sich allein bestehen, sie ist nur in dem Maße faßbar, wie sie in Beziehung mit ihren Objekten steht.

Die Objektbeziehung wird manchmal fälschlicherweise mit der zwischenmenschlichen Beziehung verwechselt. Die erste ist ein theoretisches Modell der klinischen Psychoanalyse mit Bezug zur Metapsychologie. Das Objekt ist nie die persönliche Realität eines ande-

ren, sondern das, was das Verlangen des Subjektes durch seine unterbewußte triebhafte Struktur daraus macht, ähnlich dem Traum, der
nach Green, auf Freud bezugnehmend, »Substitut einer kindlichen
Szene ist, die aus einem Verlangen verändert und durch Übertragung
in einen aktuellen Bereich verschoben wird« (Green, 1994, S. 135).
»Keine Beobachtung der Welt (des Objektes) läßt erkennen, wie sich
die intrapsychische Verarbeitung vollzieht.« (ebd.)

Dieses Objekt ist weder »eins«, noch von einer einzigen einheitli-
chen psychischen Sphäre umgeben. Es handelt sich um ein Objekt
der Liebe und des Hasses, ein Objekt in der bewußten, vorbewußten
und unbewußten Phantasie, ein Teilobjekt im Dienste des Primär-
prozesses sowie um ein totales Objekt in Ausübung des Sekundär-
prozesses und in Bezug auf die Realität.

Infolgedessen kann man sich bezüglich des Gruppenprozesses im
Zusammenhang mit der Objektbeziehung einige Fragen stellen.
Welche Objektbeziehung agiert jeder Teilnehmer innerhalb der Grup-
pe? Wie äußern sich die unbewußten individuellen Strukturen? Wie
werden die Teil-Objektbeziehungen eines jeden Teilnehmers das
Leben in der Gruppe gestalten?

Wie werden sich die individuellen Phantasien in der Gruppe
entwickeln? Kann Gruppentherapie die Art und Weise verändern, wie
ein Teilnehmer mit seinen intrapsychischen und äußeren Objekten
Verbindung aufnimmt? Diese letzte Frage erscheint mir für jeden
Gruppentherapeuten wesentlich.

e. Die Gruppenimago

Anzieu, dem wir einen bedeutenden Beitrag zur Gruppenimago
verdanken, schreibt:

> Wir unterscheiden heute die imaginäre Dimension von Gruppen, von ihrer rein phan-
> tasmatischen Dimension, und wir messen der Phantasie ihre individuelle und subjek-
> tive Bedeutung bei, da sich das Gruppenleben zunächst um die individuellen Phanta-
> sien des oder der einzelnen bildet, deren Initiative von anderen aufgegriffen wird (...).
> Die Phantasien einer Anzahl anderer treten so in Widerhall mit denen des oder der
> ersten (...). Die Gruppe bildet sich und kommt voran, solange diese ersten Phantasien
> bei einer ausreichenden Teilnehmerzahl diesen Widerhall hervorruft, und so lange die
> übrigen Teilnehmer sich nicht durch die sich entwickelnden kollektiven Phantasien
> betroffen fühlen und sich nicht auf eine passive, periphere Position zurückziehen. Die
> Konflikte innerhalb der Gruppe werden verursacht entweder durch die gewaltsame

Mobilisierung von Abwehrmechanismen mehrerer Teilnehmer gegen diese Initialp-
hantasien, oder durch das Auftreten weiterer widersprüchlicher, dominanter Einzelp-
hantasien, um die sich eine andere Minderheit gruppiert (...). (Anzieu 1981, S. 122)

Zwischen den Gruppenteilnehmern existiert eher eine imaginäre
Beziehung als ein reales Kräfteverhältnis. Das Ziel der Gruppenarbeit
ist, dieses Imaginäre in seinen verschiedenen Ausdrucksformen zu
erfassen.

Zu Beginn besteht bei jedem die Angst vor Zersplitterung im
Angesicht der anderen: Das ist die heute wohlbekannte Regression
auf archaische Positionen. Es kommt zu einer regelrechten Bedrohung des Körperselbst. Eine der ersten Aufgaben der Gruppe ist es,
diese anfängliche Angst vor Zerstückelung durch eine gemeinsame,
verbindende Emotion zu überwinden, etwa durch gemeinsame Aktivitäten wie Lachen und Essen. So entsteht ein Selbstbild der Gruppe als »Körper«.

In jedem wirksamen Gruppenverlauf gibt es eine imaginäre
Vorstellung, die von der Gesamtheit der Mitglieder geteilt wird.
Natürlich läßt sich eine Vorstellung verscheuchen, sie wird jedoch
augenblicklich durch eine andere ersetzt. So gibt es bei jeder Grup-
penaktivität einen konstanten Bestand an Phantasien. Es gibt zum
Beispiel die Betrachtungsweise :

– Die Gruppe als lebender Organismus, mit der archaischen Angst
  vor Ich-Zerstörung, vor dem »Verlust der Gliedmaßen«.

– Die Gruppe als eine gemeinsame Gebärmutter, die gleichartige
  Föten enthält.

– Die Gruppe als eine »Maschine«: Es geht darum, diese Maschine
  in Gang zu bringen, ihre größte Leistungsfähigkeit zu erreichen.

– Die Gruppe als Traum, als Ort kindlicher Wünsche.

– Die Gruppe als mythischer Ort für Kreuzzüge (oder die Suche
  nach dem Gral): Das Verlangen des Einzelnen bestimmt einen
  heiligen Ort, der ihm vorenthalten wird und auf dessen Suche er
  sich macht. Dieser heilige Ort ist der »Wiederbesitz der Mutter«,
  den der Ödipuskomplex und das Inzestverbot ihm genommen
  haben, usw.

– Die Gruppe als Ort einer »Illusion des Wohlbefindens«, die
  folgende Regressionen einschließt: örtliche (die beiden beherr-

schenden Instanzen der Psyche sind das ideale Es und Ich; der Betreffende strebt nach einer verschmelzenden Beziehung mit der allmächtigen Mutter), chronologische (die erschreckende Gefahr des Ich-Identitätsverlustes), formale (Rückgriff auf archaische Ausdrucksformen, die den Primärprozessen nahe stehen). Die Illusion könnte so benannt werden: »Wir fühlen uns zusammen wohl, wir bilden eine gute Gruppe, unser Leiter ist ein guter Leiter usw.«. Bei dieser Symbiose wird die Abwehr jeglicher Differenzierung, Individualisierung deutlich, bei Verleugnung ursprünglicher Phantasien, z. B. des Geschlechtsunterschiedes. Der Bedrohung, die die Gruppe für die Identität des Einzelnen darstellt, entspricht ein imaginäres Gruppen-Ich, das die bedrohte individuelle Identität schützen soll.

– Die Gruppe als Ort oraler Phantasien. Die Gruppe wird als eine Hydra betrachtet, ein Organismus mit zehn Armen und jeweils einem Kopf und einem Mund. Jeder Teil funktioniert unabhängig vom anderen, ständig auf der Lauer nach einer Beute, die von der Bestie mit ihren zahlreichen Tentakeln umschlungen und erstickt wird, bevor sie ihr ihre Saugnäpfe aufdrückt, und sie besitzt Mäuler, die sich gegebenenfalls gegeneinander richten und verschlingen können.

H. Der körperliche Ansatz und die analytische Gruppenpsychotherapie

Das Interesse für die körperliche Dimension kam mit der üblicherweise notwendigen fünf- bis zehnjährigen Verspätung über den Atlantik aus den USA zu uns. Die Reichianer – und Neo-Reichianer, die Anhänger der Gestalttherapie, die Gruppen, die nach dem Muster von Esalen abgehalten wurden, schienen am Anfang dieser Bewegung zu stehen. In Europa meinte man, diese neuen Gruppentherapien mit den Philosophien und Düften des Orients mixen zu müssen; man findet findet bei uns Gruppen, in denen Psychoanalyse mit Tantra, Chakrenlehre, Yoga, Gestalt usw. in zuweilen recht widersprüchlichen Mischungen vereint ist.

Ich arbeite mit Gruppen, deren Hauptmedium die Sprache ist und bei denen die körperlichen Interventionen innerhalb eines psychoanalytischen Rahmens angesiedelt sind. Teilnehmern, die mit der Sprache allein nicht immer erreicht werden können, will ich auf der emotionalen Ebene über körperliche Interventionen begegnen können.

In Gruppen, in denen der Körper mobilisiert wird, liegt die Betonung besonders auf dem »agierenden Körper« als Quelle für Affekte, so als wäre die Bewegung besser geeignet, zur »erlebten, empfundenen, lebenden« Dimension des Körpers hinzuführen. Ich bin jedoch der Ansicht, daß der Affekt nicht Folge der Bewegung an sich ist, sondern der Hingabe an einen regressiven Prozeß (wie bei einer echte Hypnose à la Mesmer oder bei Freud in seinen ersten Arbeiten mit Hysterikerinnen) im Rahmen einer starken Übertragung auf die Person des Vaters oder der Mutter, die die Gruppe leiten. So versteht sich, daß der Glaube an die alleinige Wirksamkeit der Bewegung eher auf einem »Gewußt wie«, manchmal auf einem »Gewährenlassen« beruht, die die unbewußten, individuellen und gruppenspezifischen Dimensionen außer acht läßt. Eine der Folgen daraus ist ein pragmatisches Wissen, was man als Leiter einer solchen Gruppe machen muß.

Und doch zeigt die Erfahrung, daß die körperliche Intervention und der Körperausdruck häufig den Personen emotionalen Zugang eröffnet, die entweder stark narzißtisch oder auf eine frühe Entwicklungsphasen fixiert sind, oder aber psychotische Züge aufweisen; also besonders die, von denen Freud meinte, daß für sie die Psychoanalyse ohne Nutzen sei. Sicher hat sich seither vieles verändert.

Theorien über Borderline-Patienten, den Narzißmus und die Psychose haben den individuellen Zugang zu diesen pathologischen Konstellationen über die therapeutische Beziehung ermöglicht. Man muß regelmäßig mit Personen in Gruppen gearbeitet haben, die zu Beginn ihres Lebens wie Objekte behandelt wurden, die sich selbst und andere folglich als unbeseelte Objekte ansehen, um den enormen Nutzen abschätzen zu können, den sie mehr oder weniger langfristig aus einer körperbezogenen Form der Gruppenarbeit ziehen können – z. B. durch den gemeinsame Blick auf ihr Verhalten, ihre

Wirkung auf andere, die emotionalen Antworten, die ihnen gegeben werden, die verschiedenen Identifikationsmöglichkeiten und die emotionale Resonanz. Der Rückgriff auf primäre, präverbale Kommunikationsformen (die Berührung, der Blick, der Schrei, die Bewegung usw.) ist eine häufig notwendige Stufe, um Zugang zu einer symbolhaltigen Sprache zu erlangen, d. h. einer Sprache, die weder von Spaltung noch von affektiver Verleugnung beherrscht wird; einer Sprache, die vor allem dem Austausch mit dem anderen dient und nicht dem Rückzug auf sich selbst.

Ziel dieser körperbezogenen Gruppen ist es, in einem psychoanalytischen Rahmen Körper und Sprache zu verbinden und nicht etwa umgekehrt zu spalten, zu trennen. Wenn der Rahmen nicht oder nur unzureichend analytisch ist, besteht die Gefahr, daß die durch die körperbezogene Arbeit ausgelöste hohe Affektspannung nicht ausreichend gehalten werden kann, sondern ausagiert wird bzw. im Sinne eines Vorherrschens unkontrollierbarer Affekte aus den Fugen gerät. Nehmen Gruppenteilnehmer nicht an einer einzigen Gruppe kontinuierlich teil (sondern sporadisch und wiederholt an verschiedenen Gruppen), werden zwar manchmal stark geladene Erfahrungen erreicht, die aber langfristig zu keiner Veränderung führen, weil keine Kontinuität vorhanden ist, die eine Bearbeitung der zentral wichtigen Strukturen ermöglichen würde. Bei einigen Gruppenteilnehmern folgt daraus das mehr oder weniger chronische »Gruppitis-Syndrom«, das dazu führt, daß sie ihr Leben (oder zumindest einen größeren Teil davon) in verschiedenen Gruppen verbringen, anstatt ihre Gruppenerfahrung dazu zu nutzen, ihren Alltag zu verändern.

Bauchesne u. a. sprechen sich für die Möglichkeit aus (ich stimme ihnen vollends zu), die körperliche Intervention in Gruppen in einen psychoanalytischen Rahmen zu integrieren. Ich praktiziere dies nun seit gut zehn Jahren. Ihr Hauptanliegen ist die Analyse archaischer und narzißtischer Dimensionen. Einige Psychoanalytiker, die sich unter dem Pseudonym JALLAN (den Anfangsbuchstaben ihrer sechs Namen) zusammenschlossen, schlagen eine Erfahrung vor, die die »Psychoanalyse mit der Atemdynamik verbindet« (Dunod, 1988.). Sie berichten darin von ihrer Gruppenerfahrung, die sie in die Psychoanalyse zu integrieren versuchen.

Ähnliche Bestrebungen haben in den USA das »Rebirthing« hervorgebracht. Nach Auffassung des Erfinders dieses Verfahrens ermöglicht es diese Methode zum »Geburtstrauma« zurückzukommen, das nach seiner Überzeugung stets an den ersten Atemzug gekoppelt ist. Durch Hyperventilation läßt sich eine Befreiung von diesem Trauma erreichen. Dieses Werk stellt erneut die Frage (auf die es für viele keine Antwort gibt) nach dem Trauma und der tiefen Regression, die nötig ist, um Zugang zu ihm zu finden. Auch die Frage nach der unglaublichen, unvorstellbaren Verzweiflung wird aufgeworfen. Wichtig ist die Berührung des Patienten durch den Therapeuten und die Sprache vor, während und nach der Hyperventilation.

Ich halte Rebirthing für eine durch starke Hypnose ausgelöste tiefe Regression, die mittels Hyperventilation zum Ziel gelangt. Auch hier spielt die Suggestion eine wichtige, wenn nicht die zentrale Rolle.

Außer den Gefahren dieser Methode im Zusammenhang mit fehlender verbaler Verarbeitung oder falscher Interpretation teile ich die Auffassung der Autoren, daß Therapeuten in ihrer Therapieausbildung ihr Hinhören auf unbekannte oder weniger deutlich wahrnehmbare emotionale Ausdrucksformen vertiefen sollten. In dieser Hinsicht bietet die genannte Methode die gleichen Vorzüge für den Therapeuten, wie die Bioenergetische Analyse, die mir beigebracht wurde.

Noch ein Aspekt des Körpers ist von Bedeutung: der interaktionelle Körper – unbewußte, individuelle und familienhistorische Aspekte, die er – ohne Kenntnis der Person – ausdrückt; also die Interaktion, die sich aufgrund unbewußter Körperbewegungen zwischen Personen entwickelt hat. Ich möchte aber nicht den Fehler derjenigen mitmachen, die die »körperliche Interaktion« mit der Objektbeziehung verwechseln. So wie A. Green (1994, S. 137-143) an mehreren Stellen schreibt:

Was mich am Kind interessiert, ist die Arbeit an Deformationen, also an der seelischen Struktur (...). Sie ist das Produkt des Zusammentreffens der inneren mit der äußeren Welt (...)

und

> Die psychische Strukturierung entsteht aus der inneren psychischen Realität, den Trieben, den Phantasien, und aus deren Beziehung zur äußeren Welt. Keine Beobachtung der Welt kann Aufschluß darüber geben, wie sie geformt oder verarbeitet wird (...)

und

> Wenn jemand die phantasmatische Entwicklung beim Säugling und der Mutter Interaktion nennt, hat dies nichts mit Beobachtung zu tun. (...) Der Hinweis auf das ›Präverbale‹ geht nicht ›tiefer‹, er richtet sich besonders auf das, was nicht Gegenstand gedanklicher Arbeit sein kann, und gibt sich mit einer Beschreibung gegenständlicher Projektionen zufrieden.

Green weiterhin:

> Daniel Stern unterliegt einem totalen Irrtum, wenn er behauptet, daß es keine orale Phase gibt und auch keine Reizschwelle (...). Er bringt die Ebenen der Konzeptualisierung, der heuristischen Hypothesen und der Wahrnehmung durcheinander(...)«.

Übersetzung aus dem Französischen: Michael Hepke und Claudia Klaar
Abschließende Bearbeitung: Peter Geißler

[1] Original: Apport du travail de groupe au processus individuell en psychotherapie analytique a mediation corporelle. Der vorliegende Beitrag stellt den ersten Teil des Gesamttextes dar. Der zweite Teil ist nachlesbar in: Geißler, P. (Hg.) Analytische Körperpsychotherapie in der Praxis, »Leben lernen« 127, Pfeiffer bei Klett-Cotta, München, 1998, S. 176-266.

Literatur

Anzieu, D. (1981): Le groupe et l'Inconscient. Paris (Dunod)
Berliner, J. (1989): Travail corporel et activation transférentielle. Unveröffentlichtes Manuskript, beim Autor
Berliner, J. (1991): Ein kritischer Blick auf das theoretische Modell der Bioenergetischen Analyse. Unveröffentlichtes Manuskript, beim Autor
Berliner, J. (1993): Sexuelle Anamnese unter diagnostischem Blickwinkel. In: Forum der Bioenergetischen Analyse, 2, S. 4-30
Berliner, J. (1995): Psychoanalyse, Bioenergetische Analyse, analytische körpervermittelte Psychotherapie: Konzepte und Praxis. Ähnlichkeiten, Unterschiede und Besonderheiten. In: Geißler, P. (Hg.) Psychoanalyse und Bioenergetische Analyse. Im Spannungsfeld zwischen Abgrenzung und Integration. Frankfurt/M. (Peter-Lang)
Bion, W. R. (1965): Recherche sur les petit groupes. Paris (P.U.F.)
Breittmayer, J. (1982): Revue Autrement, Nr. 43, Paris, S. 45-55
Cyrulnik, B. (1993): Sous le signe du lien. Paris (Hachette)
Dolto, F. (1984): L'image inconsciente du corps. Paris (Seuil)
Freud, S. (1910): Über « wilde » Psychoanalyse. In: Sigmund-Freud-Studienausgabe. Ergänzungsband Schriften zur Behandlungstechnik (1970). Frankfurt/M. (Fischer)
Freud, S., Breuer J. (1985): Studien über Hysterie. Franz.: Etudes sur l'hystérie. Paris (P.U.F.)
Godfrind, J. (1993): Les deux courants du transfert. Paris (P.U.F.)
Green, A. (1992): Le discours vivant. La conception psychoanalytique de l'affect. Paris (P.U.F.)
Green, A. (1994): Un psychoanalyste engagé. Paris (Calmann-Levy)
Klein, M. (1989): Essais de psychoanalyse 1921-1945. Paris (Payot)
Marty, P., De M'Uzan, M., David, C. (1963): L'investigation psychosomatique. Paris (P.U.F.)
Nayraut, M. (1979): Le transfert. Le fil rouge. Paris (P.U.F.)
Reich, W. (1972): Die Funktion des Orgasmus. Die Entdeckung des Orgons. Frankfurt/M. (Fischer)
Reich, W. (1973): L'analyse charactérielle. Paris (Payot)
Schneider, P. (1965): Practique de la psychothérapie de groupe. Paris (P.U.F.)
Thuillier, J. (1988): Fr. A. Mesmer ou l'extase magnétique. Paris (Robert Laffont)

Peter Geißler (Hg.)
Mediation – die neue Streitkultur
Kooperatives
Konfliktmanagement
in der Praxis

edition ■psychosozial

2000
284 Seiten · Broschur
DM 49,90 · öS 364,–
SFr 46,– · Euro 25,51
ISBN 3-89806-009-8

Mediation ist eine wirkungsvolle und in vielen Ländern bereits institutionell etablierte Methode zur Konfliktregelung in privaten und öffentlichen Streitfällen. Die praxisorientierten Beiträge führender Vertreter dieses Ansatzes verdeutlichen die Grundideen der Mediation: Problemlösung im Konsens mittels Verhandlung, Konfliktbewußtsein auf der Basis von Fairneß und Verantwortung, Förderung von menschlichem und sozialem Wachstum.

Mit Beiträgen von:

John Haynes, Thomas Usdin, Noa Davenport,
Duss-von Werdt, Günter Kienast, Tilman Metzger,
Angela Mickley, Reinhard Sellnow, Horst Zilleßen u. a.

P🔲V
Psychosozial-Verlag

Peter Geißler (Hg.)

Über den Körper zur Sexualität finden

edition psychosozial

2001 · ca. 310 Seiten
Broschur
DM 49,90 · öS 364,–
SFr 46,– · EUR 25,51
ISBN 3-89806-064-0

Warum verschwinden sexuelle Themen immer mehr aus Psychoanalysen und Psychotherapien? Welchen Stellenwert hat Sexualität in Theorie und Praxis? Gibt es tatsächlich eine infantile Sexualität? Kann uns die Säuglings- und Kleinkindforschung bei der Beantwortung dieser Frage helfen?

Diesen und anderen Fragen im Spannungsfeld von Psychoanalyse und analytischer Körperpsychotherapie widmen sich die Autorinnen und Autoren dieses Sammelbandes.

Im Unterschied zur bisherigen Literatur kommen hier erstmals sowohl Psychoanalytiker als auch Vertreter der analytischen Körperpsychotherapie zu Wort und diskutieren miteinander die Thematik »Erotik und Sexualität in der Therapie«. Einigkeit besteht darüber, dass das körperlich-sinnliche Erleben – trotz unterschiedlicher Settings – einen zentralen Zugang zu Erotik und Sexualität darstellt.

P V
Psychosozial-Verlag

Elmar Brähler (Hg.)

Körpererleben

Ein subjektiver Ausdruck von Körper und Seele
Beiträge zur psychosomatischen Medizin

edition ■ psychosozial

1995 · 268 Seiten
Broschur
DM 38,– · sFr 35,–
öS 277,– · EUR 19,43
ISBN 3-930096-31-5

Wir erleben seit einiger Zeit eine Renaissance des Körpers. Nachdem der Körper zunächst lediglich in einigen Therapie- und Selbsterfahrungszirkeln große Bedeutung erlangt hatte, ist heute »die Wiederkehr de Körpers« nicht nur in der Kunst, in der Literatur, im Film und im Theater festzustellen, auch in den Wissenschaften vollzieht sich eine »emotionale Wende«.

P🔲V
Psychosozial-Verlag

Karin Schreiber-Willnow
**Körper-, Selbst-
und Gruppenerleben
in der stationären
Konzentrativen
Bewegungstherapie**

Psychosozial-
Verlag

2000 · 209 Seiten
Broschur
DM 79,– · öS 577,–
SFr 72,– · EUR 40,39
ISBN 3-89806-013-6

Mit diesem Buch liegt eine erste klinische Studie über Wirkfaktoren in der Konzentrativen Bewegungstherapie vor. Es liefert empirische und theoretische Belege für die Wirksamkeit der Konzentrativen Bewegungstherapie und anderen körperorientierten Verfahren und schließt damit eine Forschungslücke.

Konzentrative Bewegungstherapie wird in vielen psychosomatischen und psychotherapeutischen Kliniken angewandt. Das Buch faßt theoretische Grundlagen der Methode zusammen. Es wird ein Instrumentarium zur empirischen Untersuchung der KBT als gruppentherapeutische Methode entwickelt.

In einer klinischen Studie wird die Theorie überprüft. Der Zugang zum Körper und den eigenen Empfindungen erweist sich als methodenspezifischer Wirkfaktor.

P🜨V
Psychosozial-Verlag

Hans Becker

Konzentrative
Bewegungstherapie

Integrationsversuch von Körperlichkeit und
Handeln in den psychoanalytischen Prozeß

edition ∎psychosozial

*1997 · 163 Seiten
Broschur
28,– DM · sFr 26,–
öS 204,– · EUR 14,32
ISBN 3-932133-15-3*

Während sogenannte Körpertherapien noch in den 70er Jahren unter Psychoanalytikern mit der Etikettierung »Abstinzverletzung« oder »Agieren« im antianalytischen Sinne gehandelt wurden, gilt es heute als Selbstverständlichkeit und Basis für einen Psychoanalytiker, Selbsterfahrung und Kenntnisse in körpertherapeutischen Psychotherapieverfahren zu haben. Dies ist notwendig und gut, da Grundvoraussetzung für Indikationsstellung und therapeutische Kooperation. G. Groddeck, V. von Weizsäcker, S. Ferenczi, W. Reich, M. Balint, D. W. Winnicott und nicht zuletzt die kinderanalytischen Schulen beginnend mit Anna Freud, sind von Beginn der Psychoanalyse an ausgesprochen oder unausgesprochen auch sogenannte Körperpsychotherapeuten gewesen.

P🔲V
Psychosozial-Verlag

psychosozial

23. Jahrgang • Nr. 82 • 2000 • Heft IV

82

Schwerpunktthema:

Schau- und Zeigelust

Herausgegeben von Rolf Haubl

Psychosozial-Verlag

*Erscheinungsweise: vierteljährlich
144 Seiten · Broschur
Einzelheft DM 32,– · öS 234,–
SFr 29,50 · EUR 16,36
Jahrgang DM 98,– · öS 715,–
SFr 89,– · EUR 50,11
(Studenten 50 % Rabatt
auf Jahrgang/Abo)
ISSN 0171-3434*

Die Zeitschrift »psychosozial« zeigt seit dem Erscheinen des ersten Heftes im Jahr 1978 die Wechselbeziehungen zwischen psychischer und sozialer Realität auf. Die vielschichtigen Veränderungen, die sich in den unterschiedlichsten Lebenszusammenhängen seither ergaben, haben deutlich gemacht, daß das Anliegen der Zeitschrift ständig an Bedeutung gewinnt. Unsere sich selbst gefährdende, immer komplexer werdende Zivilisation bedarf zunehmend in allen ihren Teilbereichen der psychosozialen Analyse, um eine bewußte und humane Gestaltung der Lebensverhältnisse zu ermöglichen.

Die Themen 2001:

Nr. 83 · Heft I, März: Deutsch-Israelische Begegnungen
Nr. 84 · Heft II, Juni: Zeitgemäßes über Krieg und Tod
Nr. 85 · Heft III, Sept.:   Psychoanalyse interdisziplinär
Nr. 86 · Heft IV, Dez.:   Kibbutzerziehung

P⬚V
Psychosozial-Verlag

Beziehungsdynamik

Zeitschrift für psychoanalytische Paar-, Familien- und Sozialtherapie

1. Jahrgang • 2000 • Heft 1

Die Familie im gesellschaftlichen Umbruch– Herausforderung an die Psychoanalytische Familientherapie

Christine Bergmann: Rede anläßlich der Tagung »Die Familie im gesellschaftlichen Umbruche • Joachim Küchenhoff: Neue Familienformen: Herausforderung und Chancen • Michael Buchholz: Warum psychoanalytische Familientherapie? Annette Simon: »Wir wollten immer artig sein« – Generationskonflikte in Ost und West • Horst-Eberhard Richter: Die Familie im gesellschaftlichen Wandel – Abbild oder Korrektiv?

Psychosozial-Verlag

Erscheinungsweise: halbjährlich
ca. 100 Seiten · Broschur
Einzelheft DM 29,90 · öS 218,–
SFr 27,50 · EUR 15,29
Jahrgang   DM 49,– · öS 358,–
SFr 45,50 · EUR 25,05
Studenten DM 39,– · öS 285,–
SFr 36,– · EUR 19,94
ISSN 1616-8836

Die Zeitschrift Beziehungsdynamik soll für alle diejenigen ein Forum für Information, Diskussion und Weiterbildung sein, die sich auf dem Gebiet der psychoanalytischen Paar- und Familientherapie fachlich weiterentwickeln wollen. Auch Angehörige von Berufsgruppen, die in psychoanalytisch orientierter Familienberatung oder Sozialtherapie tätig sind, sollen angesprochen werden. Die Orientierung an den Problemen der praktischen Arbeit mit Paaren, Familien und neuen Formen von "Beziehungen" stehen im Vordergrund. Sowohl die paar- und familientherapeutische Arbeit im engeren Sinne als auch die familien- und sozialtherapeutische Arbeit in unterschiedlichen Versorgungsfeldern und in unterschiedlichen institutionellen Zusammenhängen werden hier thematisiert.

P🗝V
Psychosozial-Verlag

Besuchen Sie uns im Internet!

www.psychosozial-verlag.de

Sie finden Interessantes zu allen unseren
Büchern, zu unseren Autoren und zum Verlag.
Sie können in unserer Datenbank recherchieren
und natürlich auch bestellen.

www.ingramcontent.com/pod-product-compliance
Lightning Source LLC
Chambersburg PA
CBHW030646270326
41929CB00007B/229